# Kinderpsychologische Tests

Ein Kompendium für Kinderärzte

Udo Rauchfleisch

3., überarbeitete und erweiterte Auflage

40 Abbildungen
23 Tabellen

Georg Thieme Verlag
Stuttgart · New York

Prof. Dr. Udo Rauchfleisch
Klinische Psychologie
an der Universität Basel und
Psychotherapeut in privater Praxis
Hauptstr. 49
CH-4102 Binningen

*Die Deutsche Bibliothek – CIP-Einheitsaufnahme*

**Rauchfleisch, Udo:**
Kinderpsychologische Tests : ein Kompendium für Kinderärzte / Udo Rauchfleisch. – 3., überarb. und erw. Aufl., – Stuttgart : Thieme, 2001

1. und 2. Aufl.
**Bücherei des Pädiaters**: Beihefte zur Zeitschrift „Klinische Pädiatrie". – Stuttgart; New York: Thieme
Früher Schriftenreihe. – Teilw. im Verlag Enke, Stuttgart
Reihe Bücherei des Pädiaters zu:
Klinische Pädiatrie
ISSN 0373-3165
Bd. 95. Kinderpsychologische Tests.
– 1. Aufl. 1991, 2. Aufl. 1993

**Wichtiger Hinweis:** Wie jede Wissenschaft ist die Medizin ständigen Entwicklungen unterworfen. Forschung und klinische Erfahrung erweitern unsere Erkenntnisse, insbesondere was Behandlung und medikamentöse Therapie anbelangt. Soweit in diesem Werk eine Dosierung oder eine Applikation erwähnt wird, darf der Leser zwar darauf vertrauen, daß Autoren, Herausgeber und Verlag große Sorgfalt darauf verwandt haben, daß diese Angabe **dem Wissensstand bei Fertigstellung des Werkes** entspricht.

Für Angaben über Dosierungsanweisungen und Applikationsformen kann vom Verlag jedoch keine Gewähr übernommen werden. **Jeder Benutzer ist angehalten**, durch sorgfältige Prüfung der Beipackzettel der verwendeten Präparate und gegebenenfalls nach Konsultation eines Spezialisten festzustellen, ob die dort gegebene Empfehlung für Dosierungen oder die Beachtung von Kontraindikationen gegenüber der Angabe in diesem Buch abweicht. Eine solche Prüfung ist besonders wichtig bei selten verwendeten Präparaten oder solchen, die neu auf den Markt gebracht worden sind. **Jede Dosierung oder Applikation erfolgt auf eigene Gefahr des Benutzers**. Autoren und Verlag appellieren an jeden Benutzer, ihm etwa auffallende Ungenauigkeiten dem Verlag mitzuteilen.

© 2001 Georg Thieme Verlag
Rüdigerstraße 14
D-70469 Stuttgart
Unsere Homepage: http://www.thieme.de

Printed in Germany

Zeichnungen: Barbara Gay, Stuttgart
Umschlaggestaltung: Renate Stockinger, Stuttgart
Satz und Druck: Gulde-Druck GmbH, Tübingen

ISBN 3-13-126533-7           1 2 3 4 5 6

Geschützte Warennamen werden **nicht** besonders kenntlich gemacht. Aus dem Fehlen eines solchen Hinweises kann also nicht geschlossen werden, daß es sich um einen freien Warennamen handelte.

Das Werk, einschließlich aller seiner Teile, ist urheberrechtlich geschützt. Jede Verwertung außerhalb der engen Grenzen des Urheberrechtsgesetzes ist ohne Zustimmung des Verlages unzulässig und strafbar. Das gilt insbesondere für Vervielfältigungen, Übersetzungen, Mikroverfilmungen und die Einspeicherung und Verarbeitung in elektronischen Systemen.

# Vorwort zur 3. Auflage

In den 7 Jahren, die seit der letzten Auflage dieses Buches vergangen sind, hat die Diagnostik von Störungen im Kindesalter zwar keine grundsätzliche Änderung durchgemacht, doch sind inzwischen einige neue Verfahren entwickelt und andere überarbeitet bzw. modifiziert worden. Es war deshalb notwendig, die nun vorliegende 3. Auflage zu überarbeiten und zu aktualisieren. Um den Umfang des Buches nicht wesentlich zu erweitern, habe ich mich entschlossen, das in der 1. und 2. Auflage lediglich 1 Seite umfassende Kapitel „Verhaltensbeobachtung" zu streichen. Es war in der bisherigen knappen Form für mich unbefriedigend und hätte bei einer Beibehaltung einer erheblichen Überarbeitung und Erweiterung bedurft.

Ich hoffe, daß auch diese neue Auflage allen, die im pädiatrischen, psychiatrischen und psychologischen Bereich mit Kindern arbeiten, ihre Tätigkeit erleichtert und ihnen hilft, einen besseren Zugang zum Erleben von Kindern und Eltern zu finden.

Binningen, im Herbst 2000     Udo Rauchfleisch

# Vorwort zur 1. Auflage

Warum ein Kompendium von Tests zur Untersuchung von Kindern für den Pädiater? Ist es nicht in erster Linie der Psychologe oder der Kinder- und Jugendpsychiater, der solche Untersuchungen vornimmt? Diese und ähnliche Fragen wird sich der Leser, der dieses Buch zur Hand nimmt, vielleicht stellen. Die kritischen Argumente gegen eine Psychodiagnostik, die von Pädiatern ausgeübt wird, lassen sich sogar noch vermehren, wenn man außerdem die Fragen aufwirft, ob denn der Kinderarzt überhaupt Zeit für solche Untersuchungen hat und über die für psychodiagnostische Abklärungen nötige theoretische und praktische Erfahrung verfügt.

All dies sind zweifellos ernstzunehmende Bedenken, die man nicht einfach beiseite schieben kann. Doch ist die Intention des vorliegenden Buches nicht, den Pädiater zu einem „Schmalspurpsychologen" zu machen, der in letztlich nicht verantwortbarer Weise Testuntersuchungen durchführt. Es geht vielmehr darum, die besondere Situation, in der sich der Pädiater durch seinen beruflichen Auftrag befindet, möglichst optimal zu nutzen und ihm die Methoden an die Hand zu geben, die ihm seine Arbeit erleichtern können und die den von ihm behandelten Kindern und ihren Eltern Leiden ersparen bzw. dieses wenigstens vermindern. Beim Versuch, dieses Ziel zu erreichen, vermögen Testverfahren eine große Hilfe zu leisten.

Ein weiteres Ziel dieses Buches liegt darin, den Pädiater genauer über die Tests zu informieren, die von Kinderpsychologen und -psychiatern vielfach eingesetzt werden und deren Befunde dementsprechend häufig in Untersuchungsberichten aufgeführt werden. Für die Zusammenarbeit zwischen den Vertretern der verschiedenen Disziplinen ist es von großer Bedeutung, daß sie die verwendeten Instrumente mit ihren diagnostischen Möglichkeiten und Grenzen kennen und eine „gemeinsame Sprache" sprechen, wenn es darum geht, sich über die Resultate aus derartigen Untersuchungen zu verständigen. Dies ist m.E. eine der Grundvoraussetzungen für eine fruchtbare Kommunikation für alle, die Eltern und Kind auf ihrem Wege begleiten.

Während sich der Pädiater in der Vergangenheit vor allem vor die Aufgaben gestellt sah, die hohe Säuglingssterblichkeit zu bekämpfen, schwere akute und chronische Ernährungsstörungen, Rachitis und Infektionskrankheiten zu behandeln und zu verhüten, hat sich in der Gegenwart sein Arbeitsspektrum u.a. dahin verlagert, präventiv tätig zu sein und Kinder mit Sozialisations- und Verhaltensstörungen zu behandeln bzw. bei deren Betreuung mitzuwirken. Aus dieser Schwerpunktverschiebung ergibt sich für ihn die Aufgabe, möglichst frühzeitig Entwicklungs- und Verhaltensauffälligkeiten festzustellen, sorgfältig zu beobachten und, falls nötig, gezielte Förder- und Therapiemaßnahmen einzuleiten. Dabei wird er eng mit Vertretern anderer Disziplinen zusammenarbeiten müssen.

Für die verantwortungsvolle Aufgabe der Früherkennung von Störungen im Kindesalter ist der Pädiater wie kein zweiter besonders geeignet: Ist er doch vor allem in der Vorkindergarten- und Vorschulzeit oft der einzige außerfamiliale Fachmann, der im Rahmen von Impfungen und bei der Behandlung akuter Erkrankungen mit dem Kind und seinen Eltern in Kontakt tritt. Außerdem begleitet er die Familie häufig über längere Zeit hin und ist deshalb in der Lage, die Situation des Kindes nicht nur punktuell, sondern im Längsschnitt zu beurteilen. Dies wiederum ermöglicht es ihm, zur rechten Zeit Förder- und Therapiemaßnahmen einzuleiten. Außerdem wird er aufgrund der ihm zur Verfügung stehenden Daten für die Vertreter anderer Disziplinen zu einer wichtigen Informationsperson.

Um die geschilderten Ziele erreichen zu können, müssen dem Pädiater jedoch Methoden zur Verfügung gestellt werden, die ihm die Erfüllung seiner diagnostischen Aufgaben ermöglichen. Von seiner Arbeitssituation und seinem beruflichen Auftrag her handelt es sich dabei nicht um eine hochspezialisierte kinderpsychiatrische oder kinderpsychologische Diagnostik ganz bestimmter Phänomene. Es geht für ihn vielmehr darum, schnell durchführbare und leicht auswertbare Verfahren zu besitzen, die ihm eine erste Orientierung über den Entwicklungsstand und allfällige psychische Störungen und Verhaltensauffälligkeiten ermöglicht. Aufgrund seiner Untersuchungsbefunde wird er dann, falls sich Auffälligkeiten zeigen, Eltern und Kind einer gezielteren Abklärung zuführen. Nur im Einzelfall wird er, bei entsprechender Weiterbildung, selber differenziertere Testverfahren einsetzen.

Entsprechend dieser Zielsetzung habe ich im vorliegenden Kompendium das Schwergewicht auf die *Screening-Tests*, Verfahren zu einer ersten groben Abschätzung bestimmter Verhaltens- und Erlebensbereiche, gelegt (Kapitel 4). Damit der Leser möglichst schnell entscheiden kann, ob ein bestimmtes Verfahren für seine Fragestellung geeignet ist, werden die Screening-Tests jeweils im vollen Wortlaut bzw. mit Angabe aller zur Durchführung nötigen Informationen und Hilfsmittel abgedruckt. Den entsprechenden Verlagen und Autoren sei für die Erlaubnis dieser Reproduktionen gedankt. Der *Anamneseerhebung* und den diagnostischen Möglichkeiten, die sich aus den *Beobachtungsmethoden* ergeben, sind je eigene Kapitel (3 und 8) gewidmet.

Unter Umständen wird sich der diagnostisch interessierte Pädiater aber auch etwas weiter in einzelne *differenziertere Tests* einarbeiten wollen. Um ihm diese Arbeit zu erleichtern und um aufzuzeigen, welche Möglichkeiten solche Verfahren bieten, habe ich in den Kapiteln 5, 6 und 7 einige derartige Tests angeführt und zum Teil anhand von Beispielen zu veranschaulichen versucht.

Auch wenn dieses Buch ein vorwiegend praxisorientiertes Werk sein soll, erschien es mir doch notwendig, wenigstens kurz auf die theoretischen *Grundlagen der Psychodiagnostik* einzugehen (Kapitel 2). Diese Ausführungen sollen dem Leser dabei behilflich sein, eine kritische, realitätsgerechte Einstellung den Testmethoden gegenüber zu entwickeln und Möglichkeiten und Grenzen der Diagnostik besser einzuschätzen. Außerdem liegt es auf der Hand, daß bei Fragen der Früherkennung und Prävention auch ein – zumindest kurzer – Exkurs in das Gebiet der *Epidemiologie* unerläßlich ist. Die damit zusammenhängenden Fragen werden in Kapitel 1 abgehandelt. Schließlich würde eine Darstellung diagnostischer Methoden höchst unvollständig bleiben, wenn man nicht auch das *Beratungsgespräch* mit in die Betrachtungen einbezöge. Dieses m.E. sehr wichtige Thema werde ich in Kapitel 9 behandeln.

Ein Werk wie das vorliegende wäre nicht möglich ohne die Unterstützung von Kolleginnen und Kollegen und ohne die Anregungen aus Gesprächen mit Fachleuten verwandter Disziplinen. Mein Dank gilt deshalb meinem Kollegen und Freund Prof. *Raymond Battegay,* dem Chefarzt der Psychiatrischen Universitätspoliklinik Basel, sowie Frau Dipl.-Psych. *Dorothee Biebricher* und Herrn Dipl.-Psych. Dr. *Johann Kraler-Bergmann,* die mir bei der Beschaffung und Sichtung von Testmaterial behilflich waren. Auf viele wichtige Probleme haben mich ferner meine Studenten durch ihre Fragen aufmerksam gemacht. Frau *Margaretha Avis* sei für die speditive Erledigung der Sekretariatsarbeit herzlich gedankt. Mein Dank richtet sich schließlich auch an Frau Dr. *Marlis Kuhlmann,* Verlagsleiterin des Ferdinand Enke Verlags. Von ihr ging die Anregung, ein solches Buch zu verfassen, aus, und sie hat die Entstehung dieses Werkes in wohlwollender Weise begleitet.

Ich lege dieses Buch nun der Öffentlichkeit vor in der Hoffnung, es möge Pädiatern und anderen Interessierten eine Hilfe bei ihrer schwierigen und so außerordentlich wichtigen Arbeit in der Diagnostik kindlicher Störungen sein.

Basel, im Mai 1990            Udo Rauchfleisch

# Inhalt

| | | |
|---|---|---|
| **1** | **Epidemiologie psychischer Störungen im Kindesalter** | 1 |
| **2** | **Allgemeine Grundlagen der Psychodiagnostik** | 8 |
| **3** | **Anamnese** | 11 |
| **4** | **Screening-Verfahren** | 20 |
| 4.1 | Entwicklungsdiagnostische Screening-Verfahren | 21 |
| 4.1.1 | Denver-Entwicklungstest | 21 |
| 4.1.2 | Entwicklungstabellen | 24 |
| 4.1.2.1 | Sensomotorisches Entwicklungsgitter von *Kiphard* | 24 |
| 4.1.2.2 | Entwicklungstabellen von *Strassmeier* | 29 |
| 4.1.3 | Mann-Zeichen-Test (MZT) | 32 |
| 4.2 | Screening-Verfahren zur Erfassung von psychiatrischen Störungen und Verhaltensauffälligkeiten | 40 |
| 4.2.1 | Fragebogen zur Erfassung von Verhaltensstörungen im Vorschulalter | 40 |
| 4.2.2 | Screening-Fragen an Eltern zur Einschätzung von Verhaltensauffälligkeiten im Einschulungsalter | 42 |
| 4.2.3 | Elternfragebogen zur Erfassung kinderpsychiatrisch auffälliger 8jähriger | 42 |
| 4.3 | Screening-Verfahren zur Untersuchung der sozialen Entwicklung | 45 |
| 4.3.1 | Vineland Social Maturity Scale | 45 |
| 4.3.2 | Skala zur Erfassung des Sozialverhaltens von Vorschulkindern | 47 |
| 4.4 | Screening-Verfahren zur Erfassung von intellektuellen Minderbegabungen | 48 |
| 4.4.1 | Mann-Zeichen-Test (MZT) | 48 |
| 4.4.2 | Columbia Mental Maturity Scale, CMM | 49 |
| 4.4.3 | Coloured Progressive Matrices von *Raven* | 49 |
| 4.5 | Screening-Verfahren zur Erfassung von Teilleistungsschwächen im Vorschulalter | 50 |
| **5** | **Differenzierte Intelligenzuntersuchungen** | 55 |
| 5.1 | Hannover-Wechsler-Intelligenztest für das Vorschulalter, HAWIVA | 55 |
| 5.2 | *Kramer* Test | 60 |
| 5.3 | Hamburg-Wechsler-Intelligenztest für Kinder, Revision 1983, HAWIK-R | 61 |
| 5.4 | Hamburg-Wechsler-Intelligenztest für Erwachsene, Revision 1991 | 63 |
| 5.5 | Progressiver Matrizentest von *Raven* | 64 |
| 5.6 | Kaufman Assessment Battery for Children (K-ABC), deutsche Version (K-ABC) | 64 |
| 5.7 | Testbatterie für geistig behinderte Kinder (TBGB) | 64 |

| | | | | | |
|---|---|---|---|---|---|
| **6** | **Spezielle Entwicklungs- und Leistungstests** | | | | 65 |
| 6.1 | Münchener Funktionelle Entwicklungsdiagnostik für das 2. und 3. Lebensjahr | 65 | 6.3 | *Frostigs* Entwicklungstest der visuellen Wahrnehmung, FEW | 70 |
| 6.2 | Psycholinguistischer Entwicklungstest, PET | 65 | 6.4 | *Benton*-Test | 72 |

| | | | | | |
|---|---|---|---|---|---|
| **7** | **Spezielle Verfahren zur Diagnostik emotionaler Probleme** | | | | 74 |
| 7.1 | Satzergänzungstest | 74 | 7.6 | Scenotest | 82 |
| 7.2 | „10-Wünsche-Phantasiespiel" | 77 | 7.7 | Thematische Apperzeptionsverfahren | 84 |
| 7.3 | *Düss*-Fabeltest | 78 | | | |
| 7.4 | Hamburger Erziehungsverhaltensliste für Mütter, HAMEL | 81 | 7.8 | „Zeichne Deine Familie in Tieren" | 86 |
| | | | 7.9 | Freie zeichnerische Gestaltungen | 88 |
| 7.5 | Familiensystem-Test (FAST) | 81 | | | |

| | | |
|---|---|---|
| **8** | **Beratung** | 90 |
| | **Literatur** | 94 |
| | **Sachregister** | 99 |

# 1 Epidemiologie psychischer Störungen im Kindesalter

Bei der Beantwortung der Frage, inwieweit es sinnvoll ist, psychologische Verfahren zur Erfassung psychischer Störungen im Kindesalter einzusetzen, sind die Resultate epidemiologischer Erhebungen von großer Bedeutung. Der Einsatz solcher Verfahren rechtfertigt sich ja nur dann, wenn die entsprechenden Krankheitsphänomene relativ häufig auftreten und sich mit großer Wahrscheinlichkeit nachteilig auf die weitere Entwicklung der betroffenen Kinder auswirken. Hinzu kommt, daß die Störungen, die man mit Hilfe psychologischer Verfahren erfassen möchte, grundsätzlich behandelbar sein sollen und daß sich die Behandlungsaussichten durch ihr frühzeitiges Erkennen deutlich verbessern lassen.

Es ist das Ziel epidemiologischer Erhebungen, Aussagen über Häufigkeit und Verteilung von Krankheiten und über die Determinanten dieser Größen zu machen. Angaben über die Epidemiologie psychischer Störungen beruhen in der Regel auf der *Prävalenz*, d.h. auf dem Maß für die Häufigkeit einer Erkrankung zu einem bestimmten Zeitpunkt oder innerhalb eines definierten Zeitintervalls.

Will man die Bedeutung epidemiologischer Daten richtig verstehen und angemessene Schlußfolgerungen ziehen, so ist es notwendig, sich zuvor über einige grundsätzliche Probleme Klarheit zu verschaffen. Die Güte und der Aussagewert solcher Daten hängt von wenigstens 3 Faktoren ab (Schmidt et al., 1985):

### 1. Von der *Repräsentativität* der untersuchten Stichprobe

Da es in der Regel nicht möglich ist, auch nur einen einzigen Jahrgang von Kindern in einer bestimmten Stadt, geschweige denn mehrere Jahrgänge von Kindern aus verschiedenen Gebieten, zu untersuchen, ist man auf eine *Stichprobe* aus einer solchen Grundgesamtheit angewiesen. Bei der Zusammenstellung dieser Stichprobe achtet man beispielsweise darauf, daß der Anteil von Mädchen und Jungen, die Altersverteilung, der sozioökonomische Status der Familie und anderes in der Untersuchungsgruppe mit der Verteilung der Merkmale in der Gesamtgruppe übereinstimmen. Dann wählt man nach dem Zufallsprinzip einen bestimmten Prozentsatz von Personen der in Frage kommenden Gruppe aus und erhebt an dieser Teilgruppe die Daten.

Bei der weiteren Verwendung der so gewonnenen Befunde ist zu beachten, daß beispielsweise eine Stichprobe der einheimischen Bevölkerung nicht unbedingt repräsentativ für ausländische Bewohner ist. Da bei epidemiologischen Studien die Rücklaufquote (z.B. bei Fragebögen, die den Mitgliedern der Stichprobe zugeschickt werden, oder bei Interviews, zu denen die Probanden eingeladen werden) niemals 100% beträgt, gilt es ferner bei der Interpretation der Daten auch zu berücksichtigen, ob sich die Verweigerer nicht gerade durch ganz spezifische Merkmale auszeichnen (z.B. in Familien, die nicht zur Mitarbeit bereit sind, sich gehäuft Kinder mit Auffälligkeiten finden).

### 2. Von der sogenannten *„Falldefinition"*

Es liegt auf der Hand, daß man zu unterschiedlichen epidemiologischen Resultaten gelangt, je nachdem ob man die Kinder selber befragt, Informationen von Eltern und Lehrern einholt oder eine Untersuchung durch einen Fachmann vornehmen läßt.

Außerdem führen Fragebögen, welche die zu Untersuchenden selber ausfüllen, mitunter zu anderen Resultaten als Interviews (beispielsweise weil der Fragebogen anfälliger für Antworttendenzen im Sinne sozial erwünschten Verhaltens ist). So berichtet Richman (1977) von einer Erhebung, bei der ein Interview mit den Müttern 7% falsch-positive und 10% falsch-negative Einschätzungen erbrachte. Die Beurteilung anhand von Fragebögen, welche die Mütter selber ausgefüllt hatten, ergab hingegen mit 13% fast doppelt so viel falsch-positive Einschätzungen, und mit 30% falsch-negativen Klassifizierungen wurden 2 mal mehr Kinder übersehen als bei der direkten Befragung.

Die Situation wird bei der Untersuchung psychischer Auffälligkeiten nochmals komplizierter durch die Tatsache, daß es selbst unter Fachleuten keine allgemeinverbindliche und vor allem eindeutig operationalisierbare Definition von „psychischer Gesundheit" gibt. Man muß deshalb bei epidemiologischen Studien entweder die Ebene von *Symptomen oder Syndromen* wählen (z.B. Einteilung der Auffälligkeiten in die 3 Syndrome „emotionale Störungen", „Störungen des Sozialverhaltens" und „hyperkinetische bzw. unreife Kinder", Achenbach et al., 1978). Oder man versucht das beobachtete bzw. berichtete Verhalten *klinischen Diagnosen* auf der Basis eines geeigneten *Klassifikationssystems* zuzuordnen (z.B. dem „Multiaxialen Klassifikationsschema für psychiatrische Erkrankungen im Kindes- und Jugendalter" nach Rutter et al., deutsche Ausgabe von Remschmidt et al., 1994). Als besonders günstig hat es sich erwiesen, wenn eine solche diagnostische Klassifikation auch noch eine Einschätzung des Schweregrades der Erkrankung ermöglicht.

### 3. Von der *benutzten Informationsquelle*

Bei epidemiologischen Studien an Kindern befindet man sich zwar in einer besonders günstigen Lage dadurch, daß dem Untersucher zur Erhebung der Befunde nicht nur der Proband selber als Informant zur Verfügung steht. Im Falle von Kindern kann man außerdem Informationen von Eltern oder anderen Pflegepersonen und Lehrern einholen. Die Erfahrung zeigt nun aber, daß die Resultate, je nach der benutzten Informationsquelle, z.T. erheblich voneinander abweichen. So liefern Eltern zumeist exaktere Angaben über Leistungsstörungen, Lehrer und Erzieher sind sensibler für auffällig expansives Verhalten, Kinder selber informieren besser über emotionale Probleme (Schmidt et al., 1985). Aus diesem Grunde wählt man in epidemiologischen Untersuchungen mitunter einen Mittelweg, indem man Eltern *und* Kinder befragt. Zudem ist zu berücksichtigen, daß gerade im Falle von Kindern langfristige Verhaltensbeobachtungen genauere Resultate erbringen. Ein solches Vorgehen ist aber gerade bei großen epidemiologischen Studien meist nicht möglich.

Bei der Frage nach der Quelle der Informationen muß man sich ferner der Tatsache bewußt sein, daß Fragebogenerhebungen (vor allem in postalischer Form, bei der die Antwortenden keine Möglichkeiten zu Rückfragen haben und der Untersucher unverständliche oder ungenaue Angaben nicht weiter klären kann) mit zahlreichen Fehlern behaftet sind. Aus diesem Grunde versucht man in epidemiologischen Studien neben der Datenerhebung mittels verschickter Fragebögen möglichst auch Interviews durchzuführen (zur Methodik und Problematik von Interviews und Fragebögen s. Rauchfleisch, 1994).

Wie eingangs ausgeführt, rechtfertigt sich der breite Einsatz psychologischer Verfahren zur Erfassung psychischer Störungen im Kindes- und Jugendalter nur, wenn die entsprechenden Krankheitsphänomene relativ häufig auftreten und sich mit einiger Wahrscheinlichkeit nachteilig auf die weitere Entwicklung der betroffenen Kinder auswirken. Trotz mancher Unterschiede zwischen den Resultaten der verschiedenen epidemiologischen Studien ergibt sich doch insofern eine bemerkenswerte Übereinstimmung, als die *Prävalenzrate im Durchschnitt bei 10 bis 15%* liegt. Detzner et al. (1988) haben die in Tab. **1.1** aufgeführten Resultate aus epidemiologischen Untersuchungen, die bei verschiedenen Gruppen durchgeführt worden sind, zusammengestellt.

Die Befunde lassen erkennen, daß die Häufigkeit psychiatrischer Störungen vor allem bei Großstadtkindern relativ hoch ist (eher über 15%). So berichten Esser et al. (1992) in einer prospektiven epidemiologischen Längsschnittstudie von 8 über 13 bis 18 Jahren von einer Gesamtprävalenz psychischer Auffälligkeiten über die Alterszeitpunkte hinweg von konstant 16–18%. Die uns vorliegenden Untersuchungen zur Prävalenz psychischer Störungen weisen ferner auf eine sehr hohe Prävalenzrate bei ausländischen Kindern hin (Detzner et al., 1988).

In diesem Zusammenhang ist zu berücksichtigen, daß wir bei Kindern, deren Eltern als Flüchtlinge aus anderen Kulturen in unseren Ländern im Exil leben (insbesondere wenn die Eltern Extremtraumatisierungen ausgesetzt waren), mit nochmals wesentlich höheren Prävalenzraten bezüglich psychischer und körperlicher Störungen

Tabelle 1.1  Prävalenz psychiatrischer Störungen bei Kindern und Jugendlichen bei Falldefinition durch die Diagnose (Detzner, M., Schmidt, M.H.: Epidemiologische Methoden. In.: H. Remschmidt, M.H. Schmidt (Hrsg.): Kinder- und Jugendpsychiatrie in Klinik und Praxis, Band I Grundprobleme, Pathogenese, Diagnostik, Therapie. Thieme, Stuttgart 1988, S. 329)

| Autor und Erscheinungsjahr | Stichprobe (N) | Vorgehen | Alter (Jahre) | Prävalenzrate | Verweigereranteil |
|---|---|---|---|---|---|
| Jenkins et al. 1980 | Londoner Vorschulkinder (40 + 73 + 59) | klinische Untersuchung | 2<br>3<br>4–5 | 5%<br>11%<br>7% | k.A. |
| Kastrup 1977 | dän. Kinder aus der Großstadt (119) und vom Land (56) | klinische Untersuchung | 6 | 8%<br><br>11% | 3% |
| Schmidt et al. 1982 | Mannheimer Kinder (216) | Elterninterview | 8 | 16% | 38% |
| Kastrup 1983 | dänische Kinder (164) | klinische Untersuchung | 9–10 | 9% | 6% |
| Rutter et al. 1975 | Londoner Kinder (1689) Kinder der Isle of Wight (1279) | Lehrerfragebogen und Elterninterview | 10–11 | 25%<br><br>12% | 8% |
| Werner u. Smith 1979 | Kinder aus Hawaii (594) | Elterninterview und klin. Untersuchung | 10 | 14% | k.A. |
| Esser u. Schmidt 1985 | Mannheimer Kinder (191) | Interview mit Eltern und Kindern | 13 | 18% | k.A. |
| Lavik 1977 | Jugendliche aus Oslo (382) und vom Land (101) | Interview mit den Jugendlichen | 15–16 | 19%<br><br>8% | k.A. |
| Castell et al. 1981 | bayrische Landkinder (358) | Elterninterview, klin. Untersuchung | 3–14 | 20% | 5% |
| Langner et al. 1974 | Kinder aus Manhattan (1034) | Elterninterview | 6–18 | 13,5% | 15% |

k.A. keine Angaben
(N)  Stichprobengröße

rechnen müssen. So berichtet ein dänisches Team, bestehend aus Pädiatern, Kinderpsychiatern, Sozialarbeitern und Krankenschwestern (Cohn et al., 1988), aufgrund von Untersuchungen, die über fünf Jahre hinweg an 88 im Exil lebenden chilenischen Kindern durchgeführt worden sind, von folgenden Hauptresultaten (diese seien hier stellvertretend für viele andere gleichlautende Befunde zitiert): Ca. 30% der Kinder waren extrem ängstlich. Sie reagierten sehr empfindlich auf Lärm, wobei schon ganz alltägliche Geräusche wie das Bremsen und Anhalten von Autos in ihrer Nähe, Menschen, die laut sprachen, sie aus der Fassung bringen konnten. Solche akustischen Wahrnehmungen lösten bei manchen von ihnen Weinkrämpfe aus. Rund ein Drittel der untersuchten Kinder hatte Schlafstörungen. Sie litten unter Einschlafstörungen, hatten Alpträume von Soldaten, Polizisten, Mord und Totschlag. Einige litten auch unter Nachtwandeln. Ca. 17% zeigten Verhaltensstörungen mit ausgeprägter Aggressivität, ca. 16% zogen sich sozial völlig zurück und imponierten als depressiv. Diese Kinder hatten vor allem Mühe, soziale Kontakte mit Gleichaltrigen einzugehen. Einige wenige Kinder litten auch an Anorexia nervosa, chronischen Kopfschmerzen sowie Konzentrations- und Merkfähigkeitsstörungen. Dazu zeigten einige psychogen bedingte Magenbeschwerden und Obstipation. 25% aller untersuchten Kinder litten überdies an sekundärem Einnässen. Bei diesen hohen Raten von psychischen und somatischen Störungen ist zu bedenken, daß es sich hierbei um die direkten und indirekten Folgen von Extremtraumatisierungen und politischer Verfolgung handelt und diese Störungen sich durch das Leben im Exil und die dort erfahrenen zusätzlichen Belastungen nochmals potenzieren. („Exil-Syndrom": Munoz, 1979; „Child of Survivors Complex": Kestenberg, 1982; Levine, 1982; s. auch Rauchfleisch, 1996, 2000a).

Eine Unterteilung dieser globalen Daten zeigt für die einzelnen Diagnosengruppen folgendes Bild: *Neurotische Störungen* finden sich in 4% bis 7%, *expansive*, d.h. vor allem *Verhaltensstörungen* in 6% bis 10%, verschiedene *spezifische Symptome* werden mit 4% angegeben. Die Häufigkeiten *autistischer Syndrome* liegen bei 0,04%, die *juveniler Psychosen* bei 0,12%. Die *Pubertätsmagersucht* zeigt eine Prävalenzrate von 0,7%. Außerdem nennt Detzner die folgenden Ziffern für *vollzogene Suizide:* Im Jahre 1981 entfielen auf 100000 Einwohner 0,06 Suizide bei den unter 10jährigen, 2,7 bei den 10- bis 14jährigen und 11,7 bei den 15- bis 19jährigen. Der *illegale Drogengebrauch* wird bei Jugendlichen mit 5% angegeben, 0,4% der Jugendlichen gelten als drogenabhängig.

Betrachtet man die Prävalenzraten für *einzelne Symptome*, so ergeben sich die in Tab. 1.2 aufgeführten Häufigkeiten (nach Schmidt et al., 1985).

Wie schon ein grober Überblick über diese Daten zeigt, treten einige Symptome ausgesprochen häufig auf (wobei allerdings zu berücksichtigen ist, daß es sich bei den in Tab. 1.2 zusammengestellten Angaben um Mittelwerte über verschiedene Altersstufen hin handelt). Die höchsten Prävalenzraten finden sich bei Schlaf-, Konzentrations- und Eßstörungen sowie beim Nägelkauen. Andere Symptome sind demgegenüber ausgesprochen selten zu beobachten (z.B. aus der Gruppe der Verhaltensauffälligkeiten „Umherstreifen", „Destruktivität" und „Stehlen", aber auch das Symptom des Stotterns). Bei der Interpretation der Befunde ist zu berücksichtigen, daß für manche häufig untersuchte Störungen (z.B. Schlafstörungen und Daumenlutschen) der prognostische Aussagewert nicht eindeutig geklärt ist.

Schmidt et al. (1985) verweisen mit Recht darauf, daß neben solchen psychiatrischen Störungen im engeren Sinne häufig auch Intelligenzminderungen und Teilleistungsschwächen Anlässe für eine Konsultation beim Pädiater oder beim Kinder- und Jugendpsychiater sind. Diese Störungen bedürfen insofern einer besonderen Beach-

Tabelle 1.2 Prävalenzangaben für einzelne Symptome von Kindern und Jugendlichen (Medianwerte) (Schmidt, M.H., Esser, G.: Psychologie für Kinderärzte. Enke, Stuttgart 1985, S. 32)

| Symptome | Mittlere Häufigkeit | Zahl der Studien |
| --- | --- | --- |
| Enuresis nocturna | 6,8% | 15 |
| Enuresis diurna | 5,0% | 6 |
| Enkopresis | 2,9% | 5 |
| Eßstörungen | 14,5% | 11 |
| Schlafstörungen | 20,0% | 13 |
| Stimmungslabil, depressiv | 9,5% | 11 |
| Ängstlichkeit, Phobien | 9,7% | 17 |
| Beziehungsschwierigkeiten | 8,5% | 19 |
| Unselbständigkeit | 11,1% | 4 |
| Wutanfälle | 7,0% | 15 |
| Aggressivität | 6,5% | 12 |
| Destruktivität | 4,0% | 10 |
| Stehlen | 4,6% | 13 |
| Lügen | 10,1% | 7 |
| Umherstreifen | 1,8% | 8 |
| Schwierig zu erziehen | 12,0% | 13 |
| Hypermotorik | 19,3% | 23 |
| Konzentrationsschwierigkeiten | 20,0% | 14 |
| Tics, Stereotypien | 5,9% | 15 |
| Stottern | 4,0% | 4 |
| Nägelkauen | 15,0% | 15 |
| Daumenlutschen | 9,0% | 15 |

tung, als sie nicht nur selber Ausdruck von Entwicklungsbehinderungen sind, sondern psychiatrische Störungen auslösen oder verschlimmern können, z.B. in Form der von Lempp (1970) beschriebenen sekundären Neurotisierungen bei Kindern mit frühkindlichen Hirnschäden.

Die *Intelligenzminderungen* stellen in der Regel zwar relativ stationäre Entwicklungsbeeinträchtigungen dar. Bei der Interpretation von Untersuchungsbefunden müssen jedoch die folgenden drei Faktoren in Rechnung gestellt werden:

1. Das *Alter*

Je jünger die Kinder sind, desto vorsichtiger sollte man mit prognostischen Aussagen sein.

2. Der *Grad der Intelligenzminderung*

Die diagnostischen Resultate sollten um so vorsichtiger formuliert werden, je leichter der Ausprägungsgrad der Intelligenzminderung ist. Eine verläßliche Beurteilung der Intelligenzminderung ist vor allem bei schweren Intelligenzdefekten möglich.

### 3. Das *verwendete Untersuchungsinstrument*

Wie in Kap. 5 noch ausführlicher darzustellen sein wird, bestehen zwischen den verschiedenen Verfahren zur Intelligenzmessung je nach dem ihnen zugrundeliegenden Intelligenzkonzept recht große Unterschiede, z.B. ob sie eher den verbalen oder den averbalen Bereich ansprechen, ob sie auch die Erfassung der sozialen Kompetenz einbeziehen etc. Von diesen Voraussetzungen her wird natürlich das Resultat solcher Intelligenzuntersuchungen maßgeblich bestimmt.

Was die Prävalenzraten der Intelligenzminderungen betrifft, kann man von folgenden Häufigkeiten ausgehen: Nach Remschmidt (1987) werden 3 bis 4% der Bevölkerung als debil eingestuft, der Anteil für Imbezillität liegt bei 0,5% und der für Idiotie bei 0,25%, d.h. ca. 5% der Gesamtbevölkerung müssen als oligophren gelten. Nach Schmidt et al. (1985) ist von den 7% aller Kinder in der BRD, die Sonderschulen besuchen, bei gut ¾ mangelnde Leistungsfähigkeit Grund für den Sonderschulbesuch. 5% aller Schulkinder weisen einen Intelligenzquotienten von weniger als 75 auf. Die 2,6% von Kindern mit einem Intelligenzquotienten von weniger als 70 besuchen Sonderschulen für Lernbehinderte. Die relative Häufigkeit eines Intelligenzquotienten von weniger als 60 beträgt 0,8%, die eines Intelligenzquotienten unter 50 0,4%, wobei die letzteren Kinder eine Schule für Geistigbehinderte besuchen müssen.

Die *Teilleistungsschwächen* stellen Folgen einzelner oder kombinierter neuropsychologischer Defizite für das Erlernen spezifischer Fertigkeiten bei altersgemäßer Intelligenz und altersgemäßer Förderung dar. Die Häufigkeitsangaben schwanken zwischen 4 bis 7% (Remschmidt, 1987) und 10% (Schmidt et al., 1985). Dabei überwiegen die verbalen Teilleistungsschwächen die nichtverbalen im Verhältnis 7 : 5. Von besonderer Bedeutung sind unter den verbalen Störungen die Lese-Rechtschreibschwäche und die Sprachentwicklungsverzögerungen. Nach Wehrlis (1980) Sichtung der einschlägigen Fachliteratur schwanken die Angaben über Prävalenzraten von *„frühkindlichen Hirnschädigungen"* in der Normalpopulation zwischen 3% und 18%. Schenck et al. (1970) nehmen bei 2,7% der normalen Schulpopulation eine sichere Hirnschädigung und bei 14,9% eine Verdachtsdiagnose an. Zu ähnlichen Zahlen kommen Strunk et al. (1967): 1,9% gesicherte und 11,8% Verdachtsdiagnosen. Göllnitz et al. (1975) sprechen von 7% frühkindlichen Hirnschädigungen in der Normalpopulation. Demgegenüber nimmt Lempp (1970) bei einer unausgelesenen Schulpopulation sogar bei 17,9% eine wahrscheinliche frühkindliche Hirnschädigung an (mindestens 2 hinweisende Symptome, d.h. entweder auffällige Anamnese für die Zeit der Schwangerschaft, der Geburt oder der Säuglingszeit, neurologische Auffälligkeiten und/oder Erkrankungen oder Unfälle während des 1. Lebensjahres).

Immer wieder haben Autoren auch darauf hingewiesen, daß solchen frühkindlichen Hirnschädigungen, vor allem den sog. „minimal brain dysfunctions", große Bedeutung für die Entwicklung einer (sekundären) *Neurotisierung* dieser Kinder zukommt. So berichtet Lempp (1970) bei der Untersuchung von neurotischen Kindern von 40%, bei denen eine frühkindliche Hirnschädigung nachweisbar sei. Klosinski et al. (1972) stellten bei Kindern mit Schulschwierigkeiten in Tübingen bei 42,7% der Jungen und bei 36,2% der Mädchen und in Heidelberg bei 43,7% der Jungen und bei 37,4% der Mädchen die Diagnose einer frühkindlichen Hirnschädigung. Schenck et al. (1967) schließlich berichten von ambulant untersuchten Verhaltensgestörten (Klientel der Kinderklinik), daß bei ihnen in 20,6% gesicherte und in 18% mögliche frühkindliche Hirnschädigungen und in 3% spätere Hirnschädigungen bestanden.

So wichtig einerseits die frühe und exakte Diagnostik hirnorganischer Störungen bei Kindern ist, so problematisch kann sie sich andererseits aber gerade wegen der Diagnose „POS" gestalten, wenn diese Etikettierung von Eltern und Lehrern, mitunter aber auch von Fachleuten medizinischer und psychologischer Provenienz – fälschlicherweise – als Hinweis auf ein unveränderbares Persönlichkeitsmerkmal aufgefaßt wird, das keinerlei Zusammenhang mit dem näheren und weiteren sozialen Umfeld des Kindes aufweise. Bei einer solchen ausschließlich auf das Kind zentrierten Sicht würden für die Behandlung des Kindes und für die Begleitung der Familie wichtige Aspekte übersehen. Von großer Bedeutung ist es hingegen, immer auch die *systemischen Aspekte* im Auge zu behalten und das kranke bzw. behinderte Kind im Interaktionsnetz von Familie und weiterer Sozietät zu sehen und diese systemische Komponente in der Behandlung zu berücksichtigen.

Aus Verlaufsuntersuchungen, die ihr Augenmerk insbesondere auf die *Permanenz psychischer Störungen* gerichtet haben, wissen wir, daß im Vorschulalter feststellbare Verhaltensprobleme einen prognostischen Wert für die weitere psychische Entwicklung besitzen (O'Neal et al., 1958; Kohlberg et al., 1972; Mellsop, 1972; Chazan et al., 1974; Report, 1977; Rutter et al., 1977; Otto et al., 1978; Robins, 1979; John et al., 1982; Thomas et al., 1984; Lerner et al., 1985; Esser et al., 1987 a, 1987 b; Aronen, 1988). *Insgesamt* liegt die Persistenz psychischer Störungen nach einer prospektiven epidemiologischen Längsschnittstudie (Esser et al., 1992) über die Altersstufen von 8 bis 18 Jahre hinweg konstant bei 50%. *Emotionale Störungen* weisen insgesamt eine sehr günstige Prognose auf, während *Störungen des Sozialverhaltens* prognostisch im allgemeinen ungünstiger sind, insbesondere wenn es sich um *dissoziale* Störungen handelt. *Isolierte Symptome und Syndrome* haben, abgesehen von der Anorexia nervosa und einzelnen umschriebenen Sprachstörungen, eine günstigere Prognose. Demgegenüber persistieren die bei *hyperkinetischen Syndromen* auftretende Impulsivität und Aufmerksamkeitsstörung zumeist, während die *Hypermotorik* mit der Zeit abnimmt.

Auch wenn sich bei Kindern, je nach Art der Störung und je nach Umweltbedingungen, generell durchaus *Spontanremissionen* beobachten lassen (Rutter et al., 1970; Barcay et al., 1972), muß man aufgrund der referierten Befunde doch sagen, daß in Kindheit und Jugend feststellbare psychische Störungen insgesamt eine relativ hohe Persistenz aufweisen. Ihre frühzeitige Erfassung ist deshalb für die weitere Entwicklung dieser Kinder von erheblicher Bedeutung.

Den zitierten relativ hohen Prävalenzraten steht die Tatsache gegenüber, daß – gemäß epidemiologischen Studien – lediglich ein Bruchteil der betroffenen Kinder und Jugendlichen fachliche Hilfe in Anspruch nimmt. Da die Erstellung sog. Fallregister (mit deren Hilfe der Weg identifizierbarer Patienten durch die verschiedenen Institutionen nachverfolgbar wäre) aus Datenschutzgründen nicht möglich ist, sind wir auf *Schätzungen der Inanspruchnahme fachlicher Hilfe* angewiesen. Dabei ist zu berücksichtigen, daß die Analyse der Inanspruchnahme von kinderpsychiatrischen Diensten und anderen Beratungsstellen für Kinder und Jugendliche keine Resultate liefert, die man verallgemeinern dürfte. Die Befunde sind stets stichprobenabhängig.

Die Schätzungen über die Zahl der Kinder und Jugendlichen, die (nach eigener Ansicht oder nach dem Urteil von Experten) *behandlungsbedürftig* sind und sich *tatsächlich in Behandlung begeben,* schwanken zwischen 2% (Castell et al., 1981) und 14% (Schmidt et al., 1985). Dabei ist zu berücksichtigen, daß je nach Störungsbereich Eltern und Erzieher unterschiedlich sensibel reagieren (Schmidt et al., 1985). So werden etwa emotionale Störungen bei Kindern von Eltern eher übergangen oder vertuscht, d.h. es wird trotz objektiver Behandlungsbedürftigkeit oft keine Hilfe gesucht. Schulschwierigkeiten hingegen werden von den Eltern häufig als alarmierend erlebt, und sie drängen deshalb auf Interventionen, auch wenn diese objektiv nicht dringend notwendig sind. Generell werden psychiatrische und sonstige Beratungsstellen vor allem von Kindern mit sozial störenden Symptomen in Anspruch genommen, wobei Jungen – zumindest im Schulalter – deutlich überrepräsentiert sind. Die Behandelten entstammen eher Familien mit höherem sozioökonomischen Status.

Untersuchungen über Kinder, die von niedergelassenen Ärzten behandelt werden (Asam et al., 1979; Dittmann et al., 1981; Hennicke, 1985), zeigen zudem, daß ca. 16 bis 17% von ihnen Psychopharmaka erhalten (der *Deutsche Kinderschutzbund* sprach in einer Pressemitteilung vom 10.1. 1984 sogar von 35% aller Schüler, die psychotrope Substanzen einnehmen!). Auch wenn mitunter eine psychopharmakologische Behandlung nötig ist, weisen diese Zahlen m.E. doch darauf hin, daß psychisch gestörte Kinder zu einem gewissen Teil zwar ärztlich erfaßt werden, viele von ihnen aber nicht die ihnen entsprechende fachliche Hilfe finden.

Als Fazit der Ausführungen über die Inanspruchnahme fachlicher Hilfe ist folgendes festzuhalten: Selbst wenn die zitierten groben Schätzungen der Inanspruchnahme psychiatrischer und anderer Dienste (2 bis 14%) zu tief gegriffen sein sollten, besteht offensichtlich doch ein hoher Prozentsatz von Kindern und Jugendlichen, die fachlicher Hilfe bedürften, diese aber aus den verschiedensten Gründen nicht finden. Diese Tatsache unterstreicht noch einmal die Bedeutung, die gerade dem Pädiater bei der Früherfassung und der Vermittlung einer kompetenten Behandlung zukommt.

# 2 Allgemeine Grundlagen der Psychodiagnostik

Legt man einem Menschen Tests vor, so trifft man zumeist auf eine der beiden folgenden Haltungen: Entweder äußert sich der Betreffende außerordentlich *skeptisch* bis ablehnend über derartige Methoden und lehnt es unter Umständen ab, sich einer solchen Untersuchung überhaupt zu unterziehen. Oder der Proband tritt diesen Verfahren mit *großen Erwartungen* (mitunter allerdings auch mit Ängsten) entgegen, da er die Vorstellung besitzt, der Einsatz von Tests ermögliche es dem Diagnostiker, in ihm wie in einem „offenen Buch zu lesen". Dies sind – zugegebenermaßen – 2 Extrempositionen, die sich in der Praxis zumeist in abgeschwächter Form finden. Oft bleiben die erwähnten Vorstellungen und Gefühle der Probanden auch unausgesprochen, nicht selten sind sie ihnen selber nicht einmal bewußt.

Dennoch oder gerade wegen ihrer untergründigen Wirksamkeit muß man diese Einstellungen der Diagnostik gegenüber sehr ernst nehmen. Läßt man sie außer acht, so können sie sich außerordentlich hinderlich im diagnostischen Prozeß oder bei der anschließenden Beratung auswirken. Aus diesem Grunde ist es notwendig, vor jeder Testuntersuchung mit dem Klienten ein *Vorbereitungsgespräch* zu führen. Dabei sollen neben dem Zweck der Untersuchung und der Schilderung des Untersuchungsablaufs auch die Erwartungen, Hoffnungen, Ängste und Abwehrhaltungen in bezug auf die Tests und die Abklärung als Ganze angesprochen werden. Auch wenn es nicht immer gelingt, die latenten Gefühle umfassend zu klären, so ist es doch wenigstens möglich, in einem solchen vorbereitenden Gespräch einerseits über die realistischen Möglichkeiten der Psychodiagnostik zu informieren und andererseits besonders ausgeprägte Fehleinstellungen etwas zu korrigieren.

Solche Überschätzungen der Diagnostik einerseits und dezidierte Ablehnung andererseits hören wir jedoch nicht nur von Patienten selber, sondern ebenso von den Vertretern zuweisender Disziplinen (Neurologen, Psychiatern, Lehrern usw.) und von Fachkollegen. Wenn auch etwas anders formuliert, sind es letztlich die beiden gleichen Extrempositionen: Große Erwartungen in den Diagnostiker, der nun mit Hilfe der Tests etwas „objektivieren" soll, was beim Einsatz anderer Untersuchungsmethoden bisher unklar geblieben ist, und Einwände gegen die Diagnostik als „unwissenschaftlich" und als geradezu unethischen Eingriff in die Autonomie des Probanden (zu dieser Kontroverse s. Rauchfleisch, 1990, 1994).

Auch im Gespräch mit Kolleginnen und Kollegen sowie zuweisenden Stellen ist es deshalb wichtig, die realistischen Möglichkeiten dessen aufzuzeigen, was Tests zu leisten vermögen, und sowohl unangemessene Skepsis als auch vor allem übergroße Erwartungen abzubauen. Gerade die letztere „Fehlhaltung" ist bei der Bitte um psychodiagnostische Abklärungen besonders häufig und sollte möglichst frühzeitig vom Untersucher angesprochen werden.

Aus den bisherigen Ausführungen ergibt sich die Frage, welche Aussagen ein Test uns denn zu liefern vermag und wie verläßlich diese Informationen sind. Ein erstes Problem bei der Beantwortung dieser Frage entsteht dort, wo wir unser Augenmerk auf einen *einzelnen* Test richten: Die mit einem einzigen Verfahren gewonnenen Befunde können uns höchstens *Hinweise* auf bestimmte Phänomene liefern, erlauben jedoch in der Regel keine Aussagen, die mit hinreichender Sicherheit formuliert werden können. Im allgemeinen verwendet man deshalb *Testbatterien*, d.h. eine Reihe von Tests, die auf verschiedene Weise die zu untersuchenden Phänomene erfassen. Erst aufgrund der Gesamtresultate aus allen diesen Verfahren ist eine einigermaßen verläßliche Aussage möglich.

Ein weiteres Problem liegt darin, daß wir im Hinblick auf die Verläßlichkeit der Aussagen große Unterschiede zwischen den verschiedenen Tests finden. Es liegt auf der Hand, daß ein Beobachtungsbogen, mit dessen Hilfe das manifeste

Verhalten eines Kindes registriert wird, oder ein Fragenkatalog, der sich an die Eltern richtet, anders zu werten sind als zeichnerische oder szenische Gestaltungen, aus denen man Rückschlüsse über das Erleben und die Konflikte des Kindes zu ziehen versucht. Damit hängt zusammen, daß die Verläßlichkeit einer Aussage selbstverständlich auch durch die Art des zu erfassenden Phänomens bestimmt wird: Es ist etwas völlig anderes, ob man eine bestimmte Sinnesfunktion oder einen motorischen Ablauf prüft und die Resultate in quantitativer Form darstellen kann oder ein so komplexes, schwer operationalisierbares und nur qualitativ erfaßbares Phänomen wie Identitätsunsicherheit oder ein bestimmtes Fehlverhalten als Ausdruck intrafamilialer Konflikte zu diagnostizieren versucht. Verständlicherweise ist die Sicherheit, mit der man aufgrund von Testuntersuchungen Aussagen über die genannten Phänomene formulieren kann, völlig unterschiedlich.

Es geht bei der Auseinandersetzung mit diesen Problemen m.E. allerdings weniger um die Frage, welcher Test „besser" sei, sondern in erster Linie darum, daß sich der Untersucher von vornherein über die Grenzen und Möglichkeiten der von ihm verwendeten Verfahren klar ist und auch in der Beratung von Eltern und Kind diese Bedingungen berücksichtigt. Ich werde deshalb bei der Darstellung der einzelnen Verfahren auch jeweils ausdrücklich auf ihre Aussagemöglichkeiten und Grenzen hinweisen.

Im Verlaufe der knapp 100jährigen Geschichte der wissenschaftlichen Psychodiagnostik ist eine große Zahl z. T. sehr komplizierter statistischer Verfahren zur Prüfung der „Güte" von Tests entwickelt worden. Es ist nicht möglich, hier im einzelnen auf diese Methoden einzugehen. Doch sollen wenigstens die Hauptaspekte der Test-Güte-Prüfungen kurz besprochen werden. Wir unterscheiden zwischen den 3 Hauptgütekriterien „Objektivität", „Reliabilität" und „Validität". Hinzu kommen einige Nebengütekriterien, von denen hier auf „Ökonomie", „Nützlichkeit" und „Normierung" eingegangen werden soll. Eine ausführlichere Darstellung findet der interessierte Leser bei Lienert (1969) und Rauchfleisch (1994).

Mit „*Objektivität*" bezeichnet man den Grad, in dem die Ergebnisse eines Tests vom Untersucher unabhängig sind. Dabei kann man zwischen einer Durchführungs-, einer Auswertungs- und einer Interpretationsobjektivität unterscheiden. Die Vorgabe von standardisiertem Testmaterial sowie genaue Instruktionen hinsichtlich Testdurchführung, -auswertung und -interpretation sind Voraussetzungen für eine möglichst hohe Objektivität.

Bei der „*Reliabilität*" geht es um die formale Exaktheit der Merkmalserfassung. Dieses Gütekriterium kann durch Testwiederholung, durch Verwendung von Paralleltests oder durch verschiedene Methoden der Testhalbierung geprüft werden.

Die „*Validität*" schließlich bezeichnet die inhaltliche Genauigkeit und gibt an, ob bzw. in welchem Ausmaß ein Test ein Persönlichkeitsmerkmal, das er zu messen beansprucht, auch tatsächlich erfaßt. Zur Prüfung dieses Gütekriteriums ist eine große Zahl von Methoden entwickelt worden, die man auch unter dem Begriff der „Konstruktvalidierung" zusammenfaßt (dazu gehören etwa Extremgruppenvergleiche, Korrelationen mit Außenkriterien und mit anderen bereits bekannten Verfahren usw.).

Die zu den Nebengütekriterien zählende „*Nützlichkeit*" beinhaltet die im Grunde triviale Tatsache, daß nur ein solcher Test konzipiert und in den Handel gebracht werden sollte, „für dessen Untersuchung ein praktisches Bedürfnis besteht" (Lienert, 1969). Dieses Kriterium scheint zwar selbstverständlich zu sein. Betrachtet man jedoch die Fülle von Verfahren, die in den Testlisten der Verlage angeboten werden und über die in der Literatur berichtet wird, so scheint mir das Kriterium der Nützlichkeit allerdings keineswegs immer erfüllt zu sein. Der Testbenutzer sollte sich bei der Verwendung von Verfahren auch unbedingt an diesem Kriterium orientieren.

Das Kriterium der „*Ökonomie*" umfaßt 5 Aspekte: Kurze Durchführungszeit, wenig Materialverbrauch, einfache Handhabung, möglichst Durchführung als Gruppentest und schnelle und bequeme Auswertbarkeit. Dieses Kriterium dürfte vor allem bei Verfahren, die der Pädiater anwendet, von großer Bedeutung sein.

Das Kriterium der „*Normierung*" besagt, daß über einen Test Angaben vorliegen sollten, welche die Einordnung des individuellen Prüfergebnisses in ein Bezugssystem ermöglichen. Ein solches Bezugssystem wird in der Regel eine Stichprobe aus der „Normalbevölkerung" sein. Mitunter finden sich aber auch Verfahren, die dem Untersucher Normen aus verschiedenen klinischen Bezugsgruppen liefern. Selbstverständlich ist das Kriterium der Normierung nur auf solche Verfahren anwendbar, die eine Quantifizierung der Resultate erlauben.

# 3 Anamnese

Die Erhebung der Anamnese stellt einen integralen Bestandteil jeder ärztlichen Untersuchung dar. Viele Krankheitssymptome können diagnostisch erst richtig eingeordnet werden, wenn der Patient dem Arzt Angaben über seine „Vorgeschichte" liefert. Auch therapeutische Interventionen und prognostische Überlegungen werden mitunter maßgeblich davon bestimmt, ob und in welcher Weise bereits früher Krankheitsphasen durchlaufen worden sind. Außerdem spielen nicht selten auch soziale Faktoren der Vergangenheit und Gegenwart eine für Ätiologie, Therapie und Prognose wichtige Rolle, so daß es für den Arzt auch aus diesem Grunde notwendig ist, sich ein möglichst genaues Bild von den aktuellen und früheren Lebensumständen des Patienten zu machen.

In ganz besonderer Weise trifft dies für den Pädiater und den Allgemeinarzt zu, dem ein Kind oder Jugendlicher vorgestellt wird. Bei der Untersuchung dieser Patienten befindet er sich insofern in einer speziellen Situation, als er im allgemeinen nicht nur mit dem Patienten selber konfrontiert ist, sondern zumindest zwei „Ansprechpartner" hat: Kind *und* Eltern.

Diese Konstellation stellt auf der einen Seite eine günstige Bedingung dar, da der Untersucher nicht nur auf den Patienten als einzigen Informanden angewiesen ist, – der zudem aufgrund seiner persönlichen Betroffenheit (zumindest im Hinblick auf bestimmte Fragen) mitunter keine sehr verläßlichen Angaben machen kann oder (im Falle kleiner Kinder) über manche Probleme keine Informationen zu liefern vermag. Auf der anderen Seite wird die Situation aber dadurch auch komplizierter, daß der Arzt es nie mit dem Patienten allein zu tun hat, sondern immer auch das (nähere und weitere) Umfeld des Kindes mit in seine Betrachtungen einbeziehen muß. Dazu gehören in erster Linie die Eltern oder Elternersatzpersonen, daneben aber, je nach den Problemen des Kindes, unter Umständen auch Kindergärtnerinnen, Erzieher, Lehrer und andere. Diese Bezugspersonen stehen in einem ganz spezifischen Verhältnis zum Kind, wobei ihre Beziehung zu ihm unter anderem durch die Funktion, die sie dem Kind gegenüber erfüllen, aber auch durch ihre eigene Lebensgeschichte geprägt wird. Dabei muß man sich als Untersucher der Tatsache bewußt sein, daß diese Beziehungen (wie alle anderen auch) sowohl bewußte als auch den Interaktionspartnern selber unbewußte Anteile und Dynamismen enthalten.

Angesichts dieser Ausgangssituation ist es gerade für die Behandlung von Kindern von großer Bedeutung, daß der Untersucher durch die Aufnahme einer Anamnese ein möglichst genaues Bild von der bisherigen Entwicklung und von den aktuellen Lebensumständen des Kindes zu gewinnen versucht. Gewiß darf man die Aussagekraft solcher anamnestischer Daten nicht überschätzen. Immer bedarf es neben der Anamnese selbstverständlich einer sorgfältigen körperlichen und psychologischen Untersuchung des Kindes. Doch weisen die praktischen Erfahrungen, die jeder Arzt im Verlaufe seiner Tätigkeit sammelt, ebenso wie wissenschaftliche Erhebungen an z. T. großen Stichproben von kranken und gesunden Personen darauf hin, daß gerade Störungen im psychosozialen Bereich ohne Kenntnis der Biographie des Betroffenen kaum richtig verstanden und dementsprechend nicht angemessen behandelt werden können (vgl. Holmes et al., 1967; Rutter et al., 1977; Dührssen, 1984).

Allerdings ist zu berücksichtigen, daß der Untersucher im konkreten Fall nicht ohne weiteres beurteilen kann, ob ein bestimmtes lebensgeschichtliches Ereignis *an sich* pathogenetisch bedeutsam ist. Vielmehr bedarf es dazu (abgesehen von schwersten, den Betroffenen in seiner Existenz bedrohenden Traumatisierungen) der Kenntnis, wie das Ereignis vom Betroffenen selber *subjektiv erlebt* worden ist und welche Verarbeitungs- und Kompensationsmöglichkeiten ihm zur Verfügung standen. Dies ist ein weiterer Grund dafür, daß der Untersucher mit dem Kind und seinen wichtigsten Bezugspersonen ein sorgfältiges anamnestisches Gespräch führen sollte. Ein solches Gespräch dient nicht nur der Sammlung „harter Fakten", sondern ist letztlich immer auch eine „Erlebnisgeschichte", aus der die gegenwärtige Persönlichkeit in ihrer Struktur und Dynamik verstanden werden kann (Schraml, 1964; Rauchfleisch, 1994).

Ein Überblick über die Literatur zum Thema „Anamnese" zeigt eine große Zahl verschiedener, zum Teil stark divergierender Konzepte (vgl. Schmidt et al., 1976; Jäger, 1992; Remschmidt, 1992). Das Vorgehen bei der Erhebung, die Art der Darstellung und die Interpretation der anamnestischen Befunde werden wesentlich durch das Persönlichkeitskonzept, mit dem der Interviewer arbeitet, und durch die diagnostische Zielsetzung der Untersuchung bestimmt. Ferner gilt es im Falle von Kindern und Jugendlichen jeweils zu entscheiden, ob der Arzt zunächst mit den Eltern oder mit dem Kind sprechen möchte. In dieser Hinsicht lassen sich keine allgemeinverbindlichen Richtlinien aufstellen. Es liegt auf der Hand, daß die Bedeutung der Eltern als erste Informanden um so größer ist, je jünger und je stärker behindert das Kind ist. Doch kann es, etwa auch bei einem Vorschulkind, mitunter durchaus sinnvoll sein, nach einem ersten orientierenden Gespräch, das mit Eltern und Kind gemeinsam geführt wird, zu Beginn der eigentlichen diagnostischen Phase das Kind zunächst allein zu explorieren.

Gewiß richten sich, wie erwähnt, Umfang und Inhalt der anamnestischen Gespräche wesentlich nach den diagnostischen Zielen der Untersuchung, und zweifellos hängt die pathogenetische Bedeutung von Lebensereignissen wesentlich vom subjektiven Erleben des Betroffenen ab. Doch haben sich in großen Anamnese-Forschungsprojekten immer wieder in übereinstimmender Weise bestimmte lebensgeschichtliche Ereignisse als diagnostisch und prognostisch besonders relevant erwiesen. Es sind Merkmale, denen im Hinblick auf die psychische Entwicklung eine große Bedeutung bei der Differenzierung zwischen Gesunden und psychisch Kranken zukommt. In den vergangenen Jahren ist auch von der *Life Event-Forschung* (Dohrenwend et al., 1974; Brown et al., 1979, 1989; Cohen et al., 1985; Jäger, 1992) ein umfangreiches Material vorgelegt worden zur Beantwortung der Frage nach lebensgeschichtlich relevanten Ereignissen, die pathogenetisch von Bedeutung sind. In Übereinstimmung mit anderen Autoren nennen Brown und Harris (1979, 1989) acht Gruppen von kritischen Lebensereignissen, die je Änderungen in der Aktivität und der Rolle, in bezug auf Personen oder auf persönliche Werte betreffen.

Der Untersucher sollte sich dieser Risikofaktoren unbedingt bewußt sein, und er sollte im Rahmen des anamnestischen Gesprächs festzustellen versuchen, ob sie bei einem Kind bestehen oder nicht. Selbstverständlich darf man aus dem bloßen Vorhandensein von Risikomerkmalen nicht unkritisch auf das Bestehen psychischer Störungen schließen. Doch sollten solche Faktoren, vor allem wenn sich gleichzeitig mehrere von ihnen bei einem Kind eruieren lassen, den Untersucher im Sinne eines Screenings hellhörig machen und ihn zu einer genaueren Abklärung anregen.

Die Anamnese-Studien haben zu – mehr oder weniger umfangreichen – Listen von Risikofaktoren geführt, wobei die einzelnen Merkmale mitunter, je nach ihrer pathogenetischen Bedeutung, noch eine spezielle Gewichtung erfahren. Als Beispiel für einen lediglich sechs Merkmale enthaltenen Katalog dieser Art sei die Zusammenstellung von Rutter et al. (1977) genannt. Der Autor hält aufgrund seiner Untersuchungen die folgenden Variablen für ätiologisch besonders bedeutsame Belastungsfaktoren:

- Vater ungelernter oder angelernter Arbeiter.
- Beengte Wohnverhältnisse (wenigstens 4 Kinder oder mehr als eine Person pro Raum).
- Andauernde Ehezwistigkeiten oder eine unvollständige Familie.
- Depression oder Neurose der Mutter.
- Kriminalität des Vaters.
- Heimaufenthalt des Kindes für mindestens eine Woche.

Wenn 2 oder mehr Risikofaktoren vorliegen, so ist nach Rutter et al. mit relativ großer Wahrscheinlichkeit beim Kind mit psychopathologischen Symptomen zu rechnen. D. h. der Untersucher sollte, z.B. durch den Einsatz differenzierterer Screening-Verfahren (vgl. Kap. 4.2 und 4.3), die Frage klären, ob das Kind eine – vielleicht auf den ersten Blick nicht erkennbare – psychische Fehlentwicklung durchmacht. Die Verwendung der von Rutter et al. zusammengestellten Liste hat sich als anamnestisches Screening-Verfahren durchaus bewährt (obwohl der umgekehrte

Schluß, das Fehlen solcher Risikofaktoren schließe psychische Fehlentwicklungen aus, selbstverständlich nicht möglich ist) (Warnke, 1988),

Bei der Suche nach belastenden Lebensereignissen, die Auslöser psychischer Fehlentwicklungen darstellen, kamen Holmes et al. (1967) und Dührssen (1984) zu umfangreichen Listen „kritischer Lebensereignisse": Holmes et al.: 43 Merkmale; Dührssen: 67 Merkmale. Die Autoren haben den Variablen je nach ihrer pathogenetischen Bedeutung Gewichte zugeordnet.

Wendet man die Holmessche „Social Readjustment Rating Scale" (1967) im Sinne eines anamnestischen Screening-Verfahrens auf die Eltern eines vorgestellten Kindes an, so kann man aus dem Vorliegen der Risikofaktoren mit den höchsten Gewichten auf eine das Kind besonders belastende familiäre Konstellation schließen. Die für die Eltern – und damit indirekt auch für das Kind – bedeutsamsten Belastungsfaktoren sind nach Holmes et al.: Tod des Ehepartners, Scheidung, Trennung vom Ehepartner, Haftstrafe, Tod eines Familienangehörigen und Unfallverletzung oder Krankheit.

Auch Dührssen (1984) kommt aufgrund ihrer vergleichenden Untersuchung von 458 „Inanspruchnahme-Patienten" und 448 nach Alter, Geschlecht und sozialem Status parallelisierten psychisch gesunden Kontrollpersonen zum Ergebnis, daß eine Reihe lebensgeschichtlicher Ereignisse besondere Bedeutung als Risikofaktoren für die Entwicklung neurotischer Erkrankungen besitzen. Als besonders belastende Faktoren erwiesen sich (unter den geprüften 67 Merkmalen) die folgenden: Verlust von Vater oder Mutter in Kindheit und Jugend, schwere chronische körperliche oder psychische Erkrankungen von Vater, Mutter oder anderen Bezugspersonen in der Kindheit des späteren Patienten sowie eine erhebliche Beeinträchtigung der Familienatmosphäre (bis zum 6. Lebensjahr des Patienten) und geringe Beständigkeit der frühen Bezugspersonen.

Aus diesen Befunden ergibt sich für anamnestische Gespräche mit Eltern, die dem Pädiater oder dem Allgemeinarzt ein Kind vorstellen, daß der Untersucher sein Augenmerk einerseits darauf richten sollte, ob das Kind selber den genannten Belastungsfaktoren ausgesetzt und damit in erhöhtem Maße gefährdet ist, jetzt oder später eine psychische Fehlentwicklung zu durchlaufen. Andererseits kann es zum Verständnis des Kindes und seines Umfeldes aber auch wichtig sein zu eruieren, ob die Eltern ihrerseits den angeführten Risikosituationen in ihrer Kindheit unterworfen waren. Im Falle einer erheblichen Belastung der Eltern sollte der Untersucher zu eruieren versuchen, inwieweit die Eltern die daraus resultierenden Probleme verarbeitet haben oder ob die aus ihrer eigenen Kindheit stammenden Konflikte in der Beziehung zum Kind nun aktualisiert und in einer für beide Interaktionspartner verhängnisvollen Weise neu inszeniert werden. Eine besonders tragische Konstellation dieser Art ist die bekannte Tatsache, daß Eltern, die in ihrer eigenen Kindheit schweren körperlichen und/oder seelischen Mißhandlungen ausgesetzt waren, nicht selten – entgegen allen Vorsätzen! – ihre eigenen Kinder wiederum mißhandeln (Rauchfleisch, 1996a).

Warnke (1988) hat die in verschiedenen Untersuchungen ermittelten Risikofaktoren, nach Risikobereichen unterteilt, zusammengestellt (Tab. 3.1):

Wie die Übersicht erkennen läßt, können die Risikofaktoren, welche die Entwicklung eines Kindes nachteilig zu beeinflussen vermögen, in *Merkmale der Kinder, ihrer Eltern und der sozioökonomischen Verhältnisse* aufgegliedert werden. Dabei ist zu berücksichtigen, daß ein Teil der Bedingungsfaktoren eine *unspezifische* psychopathogenetische Bedeutung besitzt (z.B. sozioökonomische Beeinträchtigungen). Andere Merkmale hingegen beinhalten ein größeres Risiko für eine *spezifische* psychiatrische Erkrankung (z.B. Entwicklung einer Schizophrenie bei einem Kind schizophrener Eltern oder Alkoholembryopathie bei schwerem Alkoholmißbrauch der Mutter während der Schwangerschaft).

So wichtig die Beachtung solcher Risikofaktoren und ihre Erfassung im anamnestischen Gespräch mit Eltern und Kind im Hinblick auf Diagnostik, Therapie und Prognose auch sind, darf ihre Bedeutung doch nicht überschätzt werden. Wie bereits erwähnt, wird die pathogenetische Relevanz eines lebensgeschichtlichen Ereignisses wesentlich vom subjektiven Erleben des betroffenen Kindes bestimmt. Ob ein Ereignis sich traumatisch für ein Kind auswirkt und zu einer Fehlentwicklung führt, hängt u.a. von der Entwicklungsphase des Kindes, von seinem näheren und weiteren sozialen Umfeld (mit eventuellen stabilisierenden oder labilisierenden Faktoren), von

Tabelle 3.1  Empirisch ermittelte Risikofaktoren nach Risikobereichen (Warnke, A.: Früherkennung. in.: H. Remschmidt, M.H. Schmidt (Hrsg.): Kinder- und Jugendpsychiatrie in Klinik und Praxis. Band I: Grundprobleme, Pathogenese, Diagnostik, Therapie. Thieme, Stuttgart 1988, S. 572)

| Risikobereich | Risikofaktor |
|---|---|
| 1. Aspekte des Kindes | – Kinder mit schwerem obstetrischem Risiko |
| | – chronisch kranke Kinder (Steinhausen 1984) |
| | – geistig- und mehrfachbehinderte Kinder (Schmidt u. Voll 1985) |
| | – Kinder mit „schwierigem Temperament" im Alter von drei Jahren (mit Unregelmäßigkeit biologischer Funktionen, Schreiverhalten usw.; Umstellungsschwierigkeiten; impulsive, negativ betonte emotionale Reaktionstendenz) (Thomas u. Chess 1984) |
| | – Kinder mit Teilleistungsstörungen wie z.B. schwergradiger Legasthenie (Weinschenk 1972, 1980; Weinschenk u. Foitzik 1967; Lempp 1979; Sturge 1982; Silverton u. Mitarb. 1984) |
| 2. Aspekte der Eltern | – Störung in der Persönlichkeitsentwicklung bei einem oder beiden Elternteilen (Rutter 1966) |
| | – Depression der Eltern und emotionale Gestörtheit wie pathologische Ängste, die auf das Kind einwirken (Rutter u. Hersov 1976; Gammon u. Mitarb. 1984) |
| | – Alkoholkrankheit und Alkoholmißbrauch der Eltern (Jacobson u. Mitarb. 1984; Bohmann u. Mitarb. 1984; Steinhausen 1984) |
| | – Schizophrenie der Eltern (Remschmidt 1980; Erlenmeyer-Kimling u. Cornblatt 1984) |
| | – Eltern mit endogen-phasischer Psychose (Remschmidt 1980) |
| | – Delinquenz der Eltern (Rutter u. Hersov 1976; Bohman u. Mitarb. 1984) |
| 3. Aspekte des psychosozialen Milieus | – Scheidung der Eltern (Lempp 1980; Wallerstein 1984, 1985; Hetherington u. Mitarb. 1985) |
| | – anhaltende Ehekonflikte und familiäre Disharmonien unter Einbeziehung des Kindes besonders im Alter des Kindes von drei Jahren (Rutter u. Hersov 1976; Thomas u. Chess 1984; Strunk 1980) |
| | – sozioökonomische Belastungen und Beeinträchtigungen (beengte Wohnverhältnisse, finanzielle Notlage, Arbeitslosigkeit des Vaters usw.) (Dührssen 1984; Göllnitz u. Mitarb. 1983) |

speziellen Begabungen und Kompensationsmöglichkeiten des Kindes und vielen anderen Lebensumständen ab. Der Untersucher darf deshalb das Vorliegen von Risikofaktoren nicht in kurzschlüssiger Weise als absolut sicheren Hinweis auf eine psychische Störung interpretieren. Treten bei einer Anamneseerhebung Risikofaktoren hervor, so sollte dies den Untersucher lediglich hellhörig machen und ihn beispielsweise veranlassen, eine differenziertere Abklärung vorzunehmen. Außerdem kann die anamnestische Ermittlung von Risikofaktoren den Arzt anregen, das Kind mehr oder weniger regelmäßig zu sehen, um prophylaktisch wirksam zu werden oder zumindest beim ersten Auftreten manifester psychischer Störungen sofort eingreifen zu können. Schließlich ist es bei der Anamneseerhebung wichtig, sich im Sinne der *Salutogenese* (Tress, 1986, 1987; Antonovsky, 1987; Udris, 1990) auch Informationen über die das Kind gesund erhaltenden Kräfte und über seine persönlichen wie familiären Ressourcen zu verschaffen. Gerade diesen Aspekten kommt für die weitere Entwicklung, aber auch für die Einleitung von Förder- und Therapiemaßnahmen eine nicht zu unterschätzende Bedeutung zu.

Die kritische Distanz zu Auflistungen von Risikofaktoren, wie sie hier zitiert sind, ist nicht zuletzt deshalb von großer Bedeutung, weil sich auch in die Planung von Untersuchungen und in die Interpretationen von Forschungsresultaten nicht selten „ideologische" Verzerrungen einschleichen, indem beispielsweise von den Forschenden unreflektiert gesellschaftliche Vorurteile übernommen werden. Dies gilt in besonderer Weise für die Situation von *Eineltern*, die sich – auch von Fachleuten des medizinischen und psychosozialen Bereichs – häufig mit der sie kulpabilisierenden Einstellung konfrontiert sehen, die „unvollständige" Familie (dieser Begriff zeigt bereits die negative Vorannahme) müsse für die Kinder geradezu zwangsläufig Quelle von psychischen Fehlentwicklungen sein. Tatsächlich zeigen hingegen große Längsschnittstudien an Kindern, die mit nur einem Elternteil aufgewachsen sind, daß sie sich, wenn man größere Zeiträume betrachtet, keineswegs schlechter entwickeln als Kinder aus sog. „vollständigen" Familien (eine Übersicht über diese Untersuchungen habe ich an anderer Stelle [Rauchfleisch, 1997] gegeben). Das gleiche gilt für *lesbische Mütter und schwule Väter*, die ebenfalls von seiten der medizinischen und psychologischen Fachleute häufig äußerst negativ eingeschätzt werden und denen – wie Längsschnittuntersuchungen zeigen: zu Unrecht – vielfach die Erziehungskompetenz abgesprochen wird. Auch ihre Kinder entwickeln sich, wie ich an anderer Stelle ausgeführt habe (Rauchfleisch, 1997), weitgehend ähnlich wie Kinder heterosexueller Eltern.

Die z.T. in der Literatur referierten Belastungen, denen Kinder von Eineltern und gleichgeschlechtlich empfindenden Müttern und Vätern ausgesetzt sein sollen, bestehen lediglich zur Zeit, in der die bisherige Familienstruktur sich ändert und deshalb von den Kindern wie von den Eltern erhöhte Adaptationsleistungen gefordert werden. Untersucht man jedoch die Entwicklung über eine längere Lebensspanne hin, so zeigt sich, daß Menschen, die in derartigen Konstellationen aufgewachsen sind, eine gegenüber Kindern aus traditionellen (heterosexuellen) Zwei-Eltern-Familien weitgehend ähnliche, in mancher Hinsicht sogar bessere, Entwicklung durchlaufen.

Es ist zwar schwierig, ein Anamneseschema aufzustellen, das dem Untersucher für die verschiedensten Fragestellungen als Leitfaden dienen kann und dem damit eine gewisse Allgemeingültigkeit zukommt. Trotz aller Unterschiede, die je nach der diagnostischen Fragestellung und nach der theoretischen Position des Untersuchers bestehen, wird eine Anamnese in der Regel aber doch die folgenden 5 Punkte enthalten:

## 1. Eine Beschreibung des *äußeren Erscheinungsbildes* und des *Verhaltens* des Kindes während der Untersuchung (und allenfalls auch entsprechende Angaben über die Eltern)

Auch wenn eine solche Schilderung zweifellos eine subjektiv getönte Beurteilung des Arztes darstellt, kommt ihr für die Diagnostik doch oft eine nicht zu unterschätzende Bedeutung zu. So können beispielsweise Charakterisierungen wie „ungewöhnlich ernst", „altklug", „verhärmt", „sauber" oder „unsauber", „äußerst korrekte" oder „stark vernachlässigte Kleidung", „unscheinbar, grau wirkend" usw. Wesentliches über die Emotionalität, über die sozioökonomischen Verhältnisse der Familie, über Erziehungsprinzipien und anderes aussagen. Selbstverständlich muß der Untersucher bei der Interpretation solcher Beobachtungen vorsichtig sein. Doch können ihn Merkmale des äußeren Erscheinungsbildes und des Verhaltens während der Untersuchung etwa auf Problembereiche aufmerksam machen, die im Gespräch weder von den Eltern noch vom Kind genannt werden und auf die der Arzt sonst nicht ohne weiteres gestoßen wäre.

Es ist von Vorteil, wenn der Untersucher seine Eindrücke wenigstens stichwortartig anhand konkreter Beispiele veranschaulicht. Mitunter wird ein zunächst noch nicht genau erfaßbarer Problembereich durch die konkrete Schilderung bereits transparenter, und es wird dem Arzt dann möglich, bestimmte Hypothesen zur Psychodynamik des Kindes oder zur Eltern-Kind-Beziehung zu formulieren. Diese Überlegungen können dann unter Umständen Ausgangspunkt einer gezielteren Exploration werden.

## 2. Angaben über aktuelle und früher durchgemachte *körperliche und psychische Erkrankungen*

Dieser Teil der Anamnese dürfte für jeden Arzt selbstverständlich sein (die Erfassung der körperlichen Symptomatik entspricht der 4. Achse des Multiaxialen Klassifikationsschemas für psychiatrische Erkrankungen im Kindes- und Jugendalter nach Rutter et al., Remschmidt et al., 1994). Auch in dieser Hinsicht ist es empfehlenswert, nicht nur Informationen über das Kind selber, sondern auch über die Eltern einzuholen. Wie oben ausgeführt, stellen ja beispielsweise chronische körperliche und seelische Erkrankungen der Eltern einen Risikofaktor für die Entwicklung des Kindes dar. Außerdem ist es für den das Kind behandelnden Arzt wichtig, ein einigermaßen differenziertes Bild von den (äußeren und emotionalen) Belastungen zu gewinnen, unter denen das Kind lebt. Schließlich ist im Sinne einer ganzheitsmedizinischen Betrachtungsweise zu bedenken, daß scheinbar rein „psychisch bedingte" Symptome häufig Indikatoren körperlicher Erkrankungen sind und umgekehrt körperliche Erkrankungen zu Erlebensreaktionen führen können, die ohne die Kenntnis durchgemachter Erkrankungen diagnostisch nur schwer einzuordnen sind.

**3. Den *Psychostatus***

Angaben über Störungen der Orientierung, des Gedächtnisses, der Wahrnehmung, der Konzentration, des Gedankenganges (formaler und inhaltlicher Art), des Realitätsbezugs, der Gefühlslage etc., d.h. psychopathologische Symptome im engeren Sinne:

Auch dieser Teil der Anamnese gehört im Grunde zu jeder sorgfältigen ärztlichen Untersuchung. Allfällige Störungen in den obengenannten Funktionen können allerdings in der Regel nicht einfach erfragt werden. Der Untersucher muß vielmehr aufgrund seiner Beobachtungen, die er während des Gesprächs hat anstellen können (etwa im Hinblick auf die Stimmungslage oder den Realitätsbezug), z. T. aber auch aufgrund spezieller Prüfungen oder Testfragen (z.B. betreffend Gedächtnisfunktionen, Orientierung etc.) entscheiden, ob derartige Beeinträchtigungen bestehen oder nicht.

Ein solches Registrieren von psychopathologischen Symptomen sagt indes noch nichts über die psychodynamischen Zusammenhänge aus und läßt oftmals auch keinen Schluß auf die Ätiologie zu. Doch ist ein sorgfältig erhobener Psychostatus insofern von diagnostischer Bedeutung, als es zum Verständnis der Persönlichkeit des Patienten wichtig ist, ein möglichst umfassendes Bild von ihm zu gewinnen. Die in diesem Teil der Anamnese erhobenen Befunde können zur klinisch-psychiatrisch-syndromalen Diagnostik führen, wie sie auf der ersten Achse des „Multiaxialen Klassifikationsschemas für psychiatrische Erkrankungen im Kindes- und Jugendalter" nach Rutter et al. abgebildet wird (Remschmidt et al., 1994).

**4. Hinweise auf den allgemeinen *Entwicklungsstand* und auf *besondere Begabungen* (intellektueller, musischer oder anderer Art) oder *Defizite***

Gerade bei der Abklärung von Kindern stellt sich, wie die in Kap. 4 besprochenen Screening-Verfahren zeigen, als zentrale Frage vielfach die nach dem Entwicklungsstand. D. h., es gilt – oft unter Verwendung entsprechender Testverfahren – abzuklären, ob das Kind im allgemeinen oder im Hinblick auf bestimmte Funktionsbereiche eine seinem Lebensalter entsprechende Entwicklung durchlaufen hat oder Entwicklungsverzögerungen aufweist (die hier erfaßten umschriebenen Entwicklungsrückstände und die Abschätzung des Intelligenzniveaus entsprechen der zweiten und der dritten Achse des „Multiaxialen Klassifikationsschemas für psychiatrische Erkrankungen im Kindes- und Jugendalter" nach Rutter et al.; Remschmidt et al., 1994).

Es wäre jedoch ein Mißverständnis anzunehmen, es gehe dabei nur um die Entscheidung, ob ein altersgemäßer oder verzögerter Entwicklungsstand vorliege. Im allgemeinen ist es zumindest ebenso wichtig festzustellen, ob ein Kind in bestimmten Bereichen, z.B. in intellektueller, musischer oder anderer Hinsicht, über besondere Begabungen verfügt. Solche Fähigkeiten bieten dem Kind oftmals für seine weitere Entwicklung überaus wichtige und erfolgreiche Kompensationsmöglichkeiten. Für die Beratung von Eltern und Kind sowie für die Einleitung allfälliger Fördermaßnahmen kann es von Bedeutung sein, auch gerade über solche positiven Begabungsbereiche und über persönliche wie familiäre Ressourcen informiert zu sein.

Außerdem ist es, wie die Resultate aus dem Forschungsbereich der Salutogenese (Tress, 1986, 1987; Hornung, 1988; Udris, 1990) belegen, von großer Bedeutung, im Falle von belastenden inneren und äußeren Lebensumständen festzustellen, ob und in welchem Ausmaß Kind und Eltern personale, soziale und organisatorische Hilfen und Schutzfaktoren zur Verfügung stehen und von ihnen als Ressourcen für die Erhaltung beziehungsweise Förderung ihrer psychosozialen Gesundheit genutzt werden können. Erst die Beachtung solcher Schutzfaktoren ermöglicht eine realitätsgerechte Einschätzung der Prognose und erklärt, warum Menschen oft selbst unter schwierigsten

Bedingungen eine ungestörte Entwicklung durchlaufen.

5. **Eine Schilderung der *wichtigsten Persönlichkeitszüge* des Kindes, möglichst in Verbindung mit einigen *psychodynamischen Hypothesen* über ihre Entwicklung und ihre Bedeutung im Leben des Kindes, speziell auch im Hinblick auf allfällige psychische und/oder somatische Symptome**

In diesem Teil der Anamnese gilt es, die wichtigsten Angaben über das Kind und die während der Untersuchung gewonnenen Beobachtungen im Sinne einer Gesamtschau zusammenzufassen. Außerdem sollte hier der Versuch unternommen werden, die markantesten Persönlichkeitszüge und die Hauptsymptome aus der Biographie des Kindes und aus seinen Beziehungen zu seiner näheren und weiteren Umgebung zu verstehen. Dazu gehören beispielsweise auch Überlegungen zu den sog. „auslösenden Situationen". Dies sind lebensgeschichtliche Ereignisse, die – wenn auch nicht ursächlich, so doch aufgrund ihrer spezifischen Bedeutung für das Kind indirekt – als Auslöser einer manifest werdenden psychischen oder psychosomatischen Erkrankungen wirksam geworden sind. In diesem Zusammenhang kann auch auf die krankheitsdeterminierende Rolle sozialer Belastungsfaktoren eingegangen werden (wie sie im „Multiaxialen Klassifikationsschema für psychiatrische Erkrankungen im Kindes- und Jugendalter" nach Rutter et al.; Remschmidt et al., 1994, auf der 5. Achse abgebildet werden).

Ein tieferes Verständnis der psychodynamischen Situation läßt sich oft auch durch die Schilderung der „Ideologien" gewinnen, die in der Familie expressis verbis oder unausgesprochen eine Rolle spielen (wie sie sich beispielsweise in Erziehungsmaximen oder in Ansichten darüber, wie ein Kind oder die Eltern „zu sein haben", manifestieren). Auch Vorstellungen des Kindes selber von seiner Zukunft oder entsprechende Bilder, welche die Eltern entwerfen, vermitteln oft ein anschauliches Bild von den Kräften, welche die Entwicklung des Kindes prägen. Bei der Formulierung psychogenetischer und psychodynamischer Hypothesen können schließlich auch Träume wichtige Informationen liefern. Zumindest lassen sie selbst den wenig mit psychologischen Theorien vertrauten Arzt etwas von der Stimmung erleben, die das Innenleben des Kindes bestimmt.

Die hier angeführte Gliederung betrifft indes lediglich die *Darstellung der anamnestischen Daten*. Die Erhebung selber erfolgt in der Regel „in freier" Form, d.h. je auf die Fragestellung bezogen und in einem möglichst offenen Gespräch mit dem Kind und seinen Eltern. Dabei ist – zumindest wenn der Untersucher einem psychodynamischen Persönlichkeitskonzept folgt – nicht nur von Bedeutung, *was* die Gesprächspartner mitteilen, sondern auch *wie* sie es vorbringen und was sie *auslassen*. Wenn man ein solches wenig strukturiertes anamnestisches Interview führt, kann man, soweit erforderlich, Informationslücken im letzten Teil des Gesprächs durch aktives Nachfragen füllen.

Der *Einstieg in die Exploration* wird bei der Untersuchung von Kindern in der Regel durch die äußere Situation bestimmt: Die Eltern suchen den Arzt entweder im Rahmen einer Routineuntersuchung oder Impfung oder anläßlich einer akuten körperlichen Erkrankung auf; oder sie wenden sich an ihn mit ganz spezifischen Fragen (beispielsweise wegen Verhaltensauffälligkeiten, Schul- oder Beziehungsproblemen des Kindes); oder sie folgen der Empfehlung des Lehrers, eines anderen Arztes oder anderer Personen.

Beim *Gespräch mit dem Kind* wird der Untersucher mit Vorteil über ein Thema „einsteigen", das nicht höchst konflikthaft ist, sondern bei dem das Kind sich „sicher" fühlt. Schritt um Schritt kann sich der Arzt dann – u.U. sogar erst im Verlauf mehrerer Konsultationen – an die das Kind belastenden Probleme und Konflikte „herantasten". Dabei kann es von Vorteil sein, in die eigentliche Anamneseerhebung Screening-Verfahren (s. Kap. 4) einzubauen. Aufgrund der damit gewonnenen Resultate können neue Hypothesen gebildet und in der weiteren Exploration überprüft werden.

Auch für die *Gespräche mit den Eltern* gilt, daß der Untersucher möglichst taktvoll und behutsam vorgeht. Nicht selten hängt die Bereitschaft und Fähigkeit von Eltern, sich mit ihnen peinlichen oder sie bedrückenden Fakten aus dem Leben ihres Kindes zu konfrontieren, entscheidend davon ab, daß sie zunächst Vertrauen zum Arzt aufbauen können und ihn als Menschen erleben, der ihre emotionale Tragfähigkeit und ihre Kränkungstoleranz nicht überfordert. Soweit sich diesbezüglich überhaupt allgemeinverbindliche Richtlinien aufstellen lassen, sollte man um so vorsichtiger und abwartender sein, je kränkbarer die Eltern (und auch das Kind selber) sind und je abwehrender sie sich einem bestimmten Thema gegenüber verhalten. Das angemessene Vorgehen in solchen Situationen hängt oft weniger vom Wissen des Arztes über psychologische Probleme und über Techniken der Gesprächsführung ab als vielmehr von seinem ganz spontanen, intuitiven psychologischen „Fingerspitzengefühl" und von seiner Fähigkeit, sich in die Lage seiner Patienten hineinzuversetzen und ihnen mit Respekt zu begegnen.

Die oben angeführten 5 Gliederungspunkte der Anamnese stellen lediglich einen groben Raster dar, an dem man sich beim anamnestischen Gespräch orientieren kann. Je nach Fragestellung wird sich der Arzt einmal auf die wichtigsten Angaben beschränken. In einem anderen Falle wird er – vielleicht unter Einbezug eines Screening-Verfahrens – einen bestimmten Bereich (z.B. beim Psychostatus bestimmte Störungen) genauer untersuchen. Oder er wird, wenn neurotische Symptome und interaktionelle Probleme im Vordergrund stehen, die Lebensgeschichte des Kindes unter psychodynamischen Gesichtspunkten zu erhellen versuchen und sein Augenmerk vor allem auf die Eltern-Kind-Beziehung richten.

Battegay (1986) hat für das *ärztliche Gespräch* einen Katalog von 6 Punkten aufgestellt, die m.E. nicht nur für ein psychoanalytisch orientiertes Interview, sondern auch für anamnestische und Beratungsgespräche Gültigkeit besitzen. Der Autor empfiehlt, die folgenden Punkte zu beachten:

### 1. Positive emotionale Zuwendung

Der Arzt sollte sich positiv auf den Patienten einzustellen versuchen. Ist ihm dies nicht möglich, weil er den Kranken beispielsweise als unsympathisch erlebt, oder weil der Patient ihm zu ungelegener Zeit kommt bzw. er als Arzt im Moment überlastet ist, so kann ein Gespräch zu keinem günstigen Resultat führen. Es kommt dementsprechend darauf an, daß der Untersucher einerseits möglichst optimale äußere Bedingungen für das Gespräch schafft (beispielsweise für eine intensivere Exploration eine Randstunde reserviert, von vornherein genügend Zeit für das Gespräch einplant etc.). Andererseits ist es wichtig, daß er sich positiv auf den Patienten einzustellen vermag, was in der Regel ohne weiteres gelingen dürfte, wenn er die bedürftigen, hilflosen Seiten, die in jedem Patienten versteckt oder offenbar sind, wahrzunehmen vermag.

### 2. *Zuhören*

Es ist für das Gespräch entscheidend, daß der Patient Gelegenheit erhält, Sorgen und Probleme, die ihn bewegen, in der ihm eigenen Weise vorzubringen und zu formulieren. Er sollte nicht immer wieder durch ungeduldige Bemerkungen oder gar durch suggestive Fragen beengt werden. Ein aktives, teilnehmendes Zuhören unter Verzicht auf ein allzu direktives Vorgehen bedeutet nicht etwa ein Sich-Distanzieren vom Patienten, sondern im Gegenteil ein intensives Eingehen auf ihn. Dabei läßt ihm der Arzt einen Freiraum, in dem der Patient denken, fühlen und formulieren kann, wie es seiner Persönlichkeit und seiner augenblicklichen Befindlichkeit entspricht.

### 3. *Eingestreute Fragen*

Derartige Fragen dienen zweierlei Zwecken, nämlich zum einen dem Patienten zu zeigen, daß der Arzt aufmerksam zuhört und die Gedanken und Gefühle des Kranken reflektiert; zum anderen sollen eingestreute Fragen es dem Patienten erleichtern, Zusammenhänge in seinem Bericht selber zu erkennen. Der Patient wird auf diese Weise etwa sensibilisiert für mögliche Zusammenhänge zwischen seinem aktuellen Leiden und gewissen Lebensumständen.

### 4. *Selten Deutungen*

Anders als in manchen Psychotherapien, in denen ein besonders aktives Vorgehen üblich ist (z.B. bei psychoanalytischen Kurzpsychotherapien), sollte man im Rahmen des ärztlichen Gesprächs möglichst auf deutende Techniken verzichten. Der Patient würde sich leicht vor den Kopf gestoßen fühlen, wenn man ihm Deutungen im engeren Sinne gäbe (beispielsweise auf ödipale Konflikte oder andere ihm unbewußte Probleme hinwiese). Falls man überhaupt Deutungen verwenden will, sollten sich diese darauf beschränken, lediglich auf gewisse Zusammenhänge hinzuweisen und damit dem Patienten zu einem vertieften Verständnis seiner Biographie und seines aktuellen Leidens zu verhelfen.

### 5. Außer in Ausnahmesituationen nie Ratschläge

Da Ratschläge stets nur aus der Sicht und aus dem Erleben des Arztes kämen, ist es im allgemeinen nicht angezeigt, dem Patienten solche zu erteilen. Sie würden ihn in eine bestimmte Richtung drängen, die nicht die seine wäre, und es bestünde – vor allem bei Menschen, die vielleicht schon von Kindheit an gewohnt sind, sich anzupassen – die Gefahr, daß sie nun auch im Gespräch mit dem Arzt sich an dessen Wünsche und Ansichten adaptierten. Ausnahmesituationen sind allerdings solche, in denen der Patient wegen schwerer psychischer Störungen (schwere Depressionen, Manien oder in einem außerordentlichen Erregungszustand) sinnlose und ihn selber oder andere gefährdende Handlungen ausführen könnte. In diesen Fällen wird man Ratschläge erteilen müssen oder unter Umständen, bei erheblicher Suizidgefahr oder anderweitiger Selbst- oder Fremdgefährdung, wenn möglich mit dem Einverständnis des Patienten, Maßnahmen einleiten müssen, welche die Gefahr der bedrohlichen Folgen reduzieren.

### 6. Bewußtzumachen versuchen, was im Patienten und was im Arzt vorgegangen ist

Der Arzt sollte sich – möglichst bereits während des Gesprächs, sicher aber im Anschluß daran – bewußtzumachen versuchen, was während des Interviews im Patienten, aber auch in ihm selber vor sich gegangen ist. Er wird sich beispielsweise überlegen, weshalb der Patient in einem bestimmten Moment erregt wurde, oder aber weshalb er selbst Angst, Unsicherheit oder andere Gefühle bei der Besprechung einer bestimmten Thematik bei sich bemerkte. Mitunter lassen sich aus solchen eigenen Gefühlsreaktionen des Untersuchers wichtige Informationen über Gefühle und Konflikte des Patienten erschließen.

Bei der *schriftlichen Fixierung* ausführlicherer Anamnesen hat sich eine *chronologische Darstellung* bewährt. Im Gegensatz zu einer thematischen Gliederung, bei welcher der Bericht beispielsweise unterteilt ist in „Kindheit", „Schul- und Berufsausbildung", „Sexualität", „Freizeit, Interessen" etc. (was zu einem unorganischen Zerreißen der Biographie führt), wird bei einer chronologischen Anordnung die Entwicklung der Persönlichkeit wesentlich plastischer. Außerdem bietet diese Art der Darstellung den nicht zu unterschätzenden Vorteil, daß der Untersucher (u.U. erst beim Niederschreiben der anamnestischen Befunde) auf Koinzidenzen zwischen psychischen Symptomen oder auffälligen Verhaltensweisen einerseits und bestimmten lebensgeschichtlichen Ereignissen andererseits aufmerksam wird.

Dies gilt vor allem für solche kindlichen Symptome, bei denen die Eltern keine Angaben zur Ätiologie machen können. Selbst gezielte Fragen nach „besonderen Ereignissen" zur Zeit des Symptombeginns führen mitunter zu keiner Klärung. Erst wenn die Anamnese in chronologischer Anordnung vorliegt, stellt sich dann etwa heraus, daß eine Enuresis in dem Moment begann, als das Kind in ein eigenes Zimmer umzog. Oder es läßt sich aus der Anamnese eine Koinzidenz zwischen dem Auftreten von Angstanfällen des Kindes und einer Haftstrafe des Vaters feststellen. In wieder einem anderen Falle weist die chronologische Anamnese einen Zusammenhang zwischen Schulschwierigkeiten des Kindes und gravierenden Eheproblemen der Eltern nach.

Gewiß darf man aus derartigen Korrelationen nicht unkritisch auf eine kausale Beziehung schließen. Oftmals stellen die beobachteten Phänomene nur Punkte auf einer Kausalkette dar, die noch viele andere Glieder enthält. Doch können Zusammenhänge der geschilderten Art dem Arzt bei der Formulierung psychodynamischer Hypothesen helfen und ihn vor allem anregen, den ihm aufgefallenen Bereich noch genauer zu explorieren.

# 4 Screening-Verfahren

Wie im Vorwort ausgeführt, ist der Pädiater oder der Allgemeinarzt in vielen Fällen derjenige, der eine erste Abklärung zur Erfassung von Kindern mit psychischen Störungen und Verhaltensauffälligkeiten vornehmen muß Bei einer derartigen Orientierungsuntersuchung haben sich insbesondere die Screening-Verfahren bewährt. Ziel dieser Methoden ist, möglichst viele Kinder auf einfache Weise zu untersuchen, um dann (möglichst bereits zu einem Zeitpunkt, zu dem die eigentlichen Krankheitssymptome noch nicht beeinträchtigend manifest geworden sind) die Risikokinder einer umfassenderen Diagnostik und ggf. einer Therapie zuführen zu können. Im Idealfall gelingt es, mit einem Screening-Verfahren eine möglichst hohe Rate von gefährdeten Kindern zu identifizieren. Dabei muß sich der Untersucher darüber klar sein, daß sich mit Hilfe von Screening-Verfahren lediglich Risikogruppen identifizieren, nicht aber Diagnosen stellen lassen.

Die Anwendung derartiger Verfahren ist, wie in Kap. 1 ausgeführt, vor allem dann wichtig, wenn die zu erfassenden Störungen sich nachteilig auf die weitere Entwicklung auswirken, therapeutische Interventionen möglich sind und das frühzeitige Erkennen der Erkrankung die Behandlungsaussichten deutlich verbessert.

Das Screening-Verfahren selber muß, unabhängig von seiner diagnostischen Zielsetzung, wenigstens den folgenden Ansprüchen genügen (Schmidt et al., 1985):

## 1. Akzeptanz

Es darf für die zu untersuchenden Personen (Kinder oder Eltern) weder peinlich noch unbequem sein. Als günstig erweisen sich vor allem solche Verfahren, deren „Sinn" den Befragten unmittelbar einleuchtet.

## 2. Einfachheit

Screening-Verfahren sollen für die Probanden möglichst einfach in der Bearbeitung sein und eine nur kurze Durchführungszeit in Anspruch nehmen. Es ist von Vorteil, wenn sie sich in ein allgemeines Gespräch oder eine allgemeine körperliche Untersuchung einbauen lassen. Sie sind um so breiter einsetzbar, je einfacher und schneller die Auswertung erfolgen kann (möglichst von angelernten Hilfskräften).

## 3. Effektivität

Der Prozentsatz richtiger Entscheidungen, die aufgrund des Screenings getroffen werden, soll möglichst hoch sein. Dabei muß man zwischen der *Spezifität* (Anteil der richtig klassifizierten *Gesunden*) und der *Sensitivität* (Anteil der richtig klassifizierten *Kranken*) unterscheiden. Das Verhältnis von Sensitivität und Spezifität wird wesentlich durch die Wahl des Schnittpunktes bestimmt, der zwischen „Normalität" und „Krankheit" trennen soll.

Welches Gewicht man den beiden Kriterien beimißt, hängt nicht zuletzt von dem zu erfassenden Phänomen ab: Liefert ein Verfahren falsche „positive" Befunde (bei eigentlich gesunden Personen), so führt dies u.U. bei den Betroffenen und ihren Angehörigen zu Belastungen; hinzu kommen die durch eine umfassendere Untersuchung entstehenden Kosten. Eine solche Screening-Methode ist vor allem dann vertretbar, wenn die zu erfassende Störung für die weitere Entwicklung schwerwiegende Konsequenzen hat und ein möglichst frühzeitiges Eingreifen zur Verhütung weiterer Schäden notwendig ist. Läßt sich mit Hilfe des Screenings hingegen ein größerer Prozentsatz gefährdeter Kinder nicht erfassen, so resultieren daraus in der Regel gravierende Konsequenzen, da eigentlich behandlungsbedürftige Kinder unerkannt bleiben. Ein solcher „Fehler" kann nur bei Störungen in Kauf genommen werden, die für die weitere Entwicklung dieser Kinder keine schwerwiegenden Folgen aufweisen. Im allgemeinen wird man es vorziehen, ein eigentlich gesundes Kind einer (unnötigen) weiteren

Abklärung zuzuführen, als ein Risikokind zu übersehen.

### 4. „Güte" des Verfahrens

Selbstverständlich müssen auch Screening-Verfahren den testtheoretischen Kriterien der Objektivität, der Reliabilität und der Validität genügen (vgl. Kap. 2), d.h. sie müssen unmißverständlich im Hinblick auf Durchführung, Auswertung und Interpretation sein, als Meßinstrumente Exaktheit besitzen und inhaltlich die Merkmale, zu deren Messung sie konzipiert sind, auch tatsächlich erfassen.

Im folgenden sollen einige psychologische Screening-Verfahren beschrieben werden, die sich bei einer ersten Grobauslese von Kindern mit Entwicklungsstörungen, psychischen Symptomen, Verhaltensauffälligkeiten, zur Erfassung der sozialen Kompetenz sowie zur Eruierung von Intelligenzdefekten und sog. Teilleistungsschwächen bewährt haben. Z.T. können diese Instrumente bereits beim ersten Kontakt mit dem Kind und seinen Eltern (z.B. von der Arzthelferin) durchgeführt werden. Z.T. lassen sich diese Verfahren ohne großen Aufwand auch in die Untersuchung des Arztes einbauen (vor allem Tests zur Abschätzung des Entwicklungsstandes).

Die diagnostische Effektivität läßt sich zudem durch eine sorgfältig aufgenommene Anamnese (vgl. Kap. 3) erhöhen. In der Regel wird man eine umfassendere Abklärung (vgl. Kap. 5, 6 und 7) erst dann vornehmen, wenn sich aufgrund des Screenings gewichtige Hinweise auf eine Gefährdung des Kindes ergeben.

## 4.1 Entwicklungsdiagnostische Screening-Verfahren

Die Entwicklungstests sind Verfahren, mit denen bei Kindern der Entwicklungsstand des Gesamtverhaltens oder bestimmter Verhaltensbereiche bestimmt werden soll. Ein sich im Test darstellendes „Ist-Verhalten" wird mit einem erwarteten „Soll-Verhalten" verglichen (Rauchfleisch, 1994). Dabei versucht man, das Alterscharakteristische des Verhaltens in verschiedenen Bereichen mit Hilfe solcher Items zu erfassen, bei denen deutliche Fortschritte mit zunehmendem Alter zu registrieren sind. Mit Rennen-Allhoff et al. (1987) kann man bei den allgemeinen Entwicklungstests zwischen Verfahren zur Diagnose des allgemeinen Entwicklungsstandes, Screening Verfahren und Neugeborenentests unterscheiden. Im vorliegenden Kapitel sollen ausschließlich Screening-Verfahren dargestellt werden, da diese für eine erste Orientierungsuntersuchung des Pädiaters am ehesten in Frage kommen. Die Screening-Methoden dienen in erster Linie dazu, möglichst frühzeitig Verhaltensauffälligkeiten und Entwicklungsverzögerungen zu erkennen, um dann eine differenziertere Diagnostik und allfällige Förderungsmaßnahmen einleiten zu können.

### 4.1.1 Denver-Entwicklungstest
(Denver Developmental Screeningtest, DDST-Abb. 4.1 u. 4.2)

In der Praxis hat sich als Screeninginstrument der Denver-Entwicklungstest (Frankenburg et al., 1967, 1968; deutsche Bearbeitung von Flehmig, 1987) bewährt (Schloß et al., 1974). Er ist bei Kindern von der Geburt bis zum Alter von 6 Jahren anwendbar. Die Durchführungszeit beträgt 10 bis 25 Minuten. Das Verfahren umfaßt 105 Testitems, die sich in die 4 Bereiche „sozialer Kontakt", „Feinmotorik-Adaptation", „Sprache" und „Grobmotorik" untergliedern. Die Aufgaben sind auf der Vorderseite eines Testbogens aufgeführt, und zwar von links nach rechts in ansteigender Schwierigkeit und von oben nach unten nach Bereichen geordnet. 49 der Items sind sogenannte „Report Items", d.h. sie beinhalten Verhaltensweisen, die in der Testsituation selbst kaum beobachtbar sind und zu denen deshalb die Eltern des Kindes befragt werden. Unter Berücksichtigung des chronologischen Alters wird jedem Kind bzw. dessen Eltern eine Auswahl von in der Regel 20 bis 25 Items vorgelegt.

Die *Durchführung* des Verfahrens ist relativ einfach, und die Prüfung des Kindes selber läßt sich ohne große Schwierigkeiten in eine allgemeine ärztliche Untersuchung einbauen. Die Befra-

## 4 Screening-Verfahren

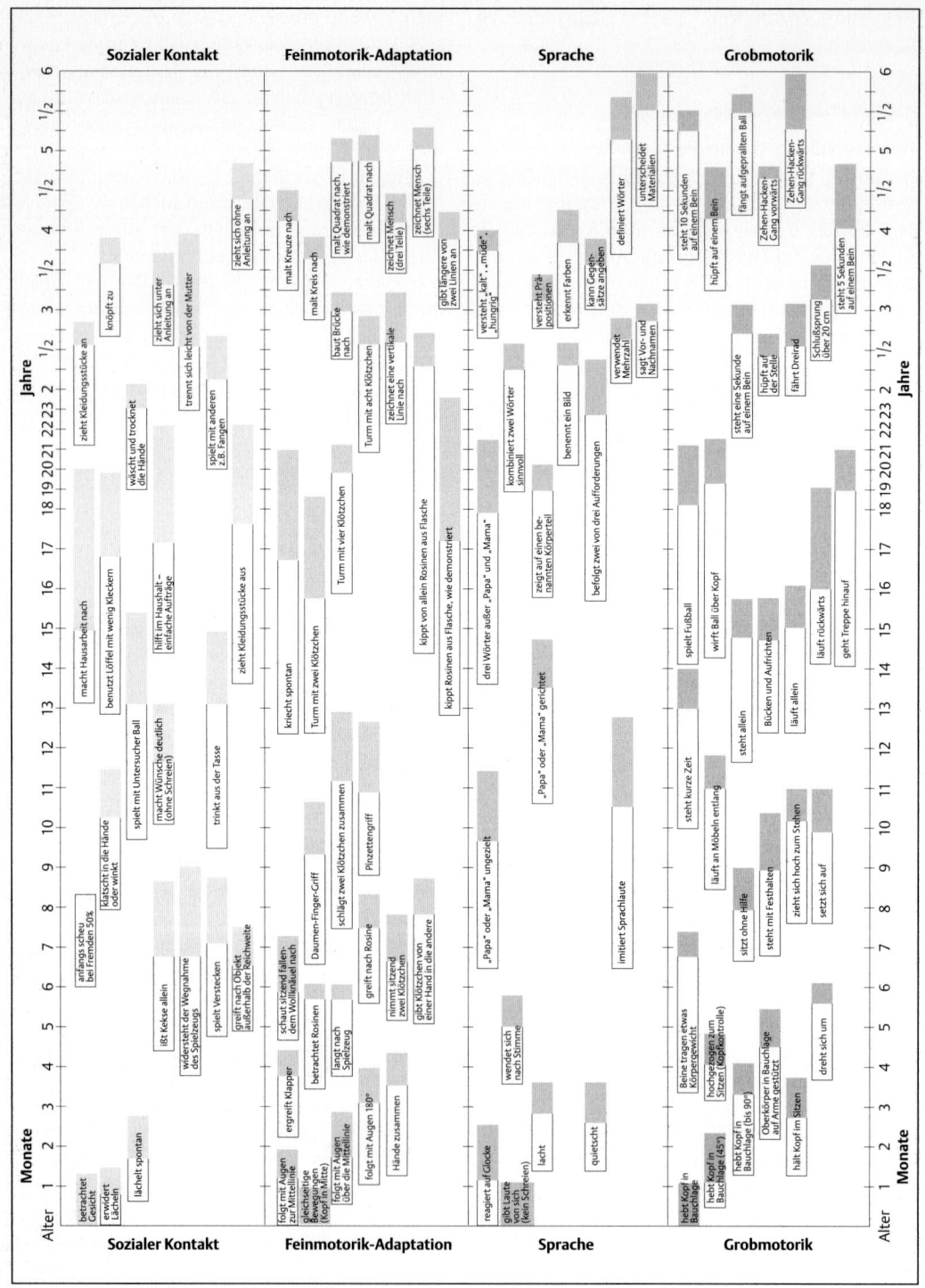

Abb. 4.1 Denver-Entwicklungstest (nach Flehmig, I.: Normale Entwicklung des Säuglings und ihre Abweichungen. Früherkennung und Frühbehandlung. 3. Aufl., Thieme, Stuttgart 1987, S. 36, 37).

# Entwicklungsdiagnostische Screening-Verfahren

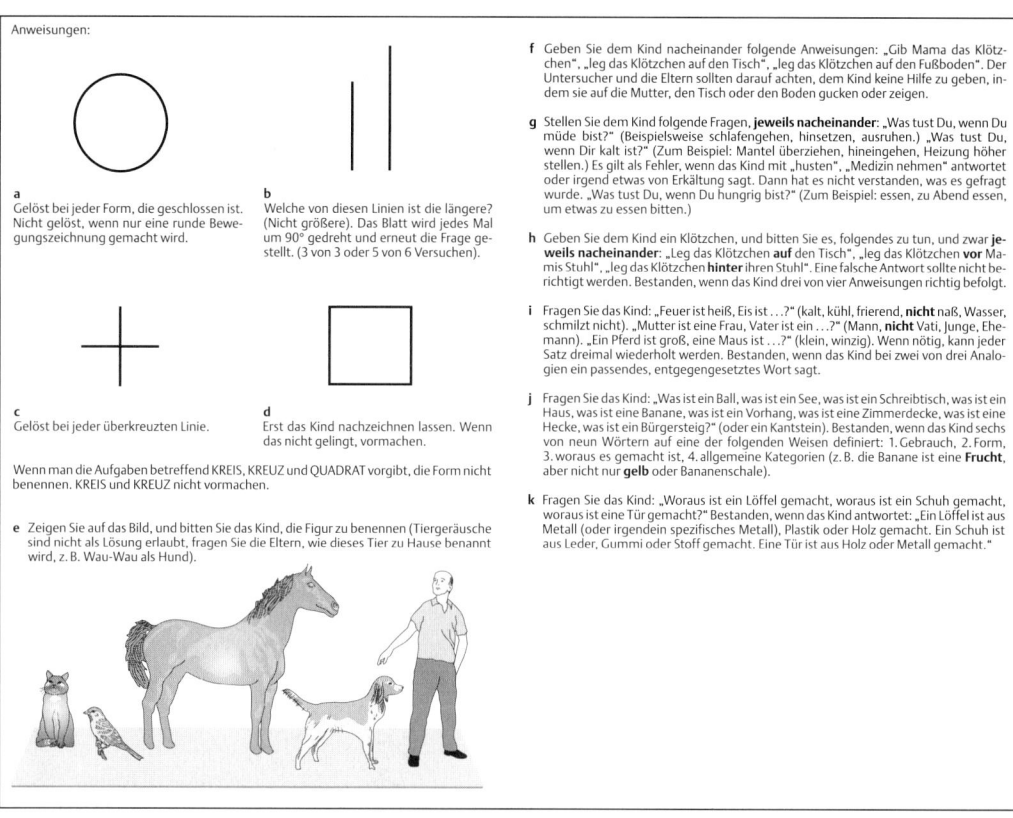

Abb. 4.2　Hilfen zur Durchführung der Untersuchung mit dem Denver-Entwicklungstest (nach Flehmig, I.: Normale Entwicklung des Säuglings und ihre Abweichungen. Früherkennung und Frühbehandlung. 3. Aufl., Thieme, Stuttgart 1987).

gung der Eltern stellt keine große zeitliche Belastung dar. Die Auswahl der Aufgaben erfolgt, indem auf der oberen und unteren Altersachse des Protokollbogens die dem Lebensalter des jeweiligen Kindes entsprechenden Punkte aufgesucht und durch einen senkrechten Strich miteinander verbunden werden (bei Kindern, die mindestens 2 Wochen zu früh geboren wurden, wird das Alter entsprechend korrigiert). Die eigentliche Prüfung beginnt, innerhalb jedes der 4 Testbereiche, mit Aufgaben, die links von der Alterslinie des Kindes liegen. Es werden so lange Items zunehmender Schwierigkeit gegeben, bis das Kind 3 Items nicht mehr zu lösen vermag. Dabei sollen alle von der Altersgeraden berührten Aufgaben dargeboten werden. In der Regel darf das Kind bis zu 3 mal pro Item eine Lösung versuchen. Auf der Rückseite des Testblattes finden sich spezielle Durchführungshinweise zu einzelnen Items. Außerdem können hier Beobachtungen zum Verhalten des Kindes während der Untersuchung vermerkt werden. Verweigert ein Kind ein Item, so können die Eltern gebeten und angeleitet werden, die entsprechende Aufgabe zu geben. Außerdem werden die Eltern nach der Testdurchführung befragt, ob die Leistungen, welche das Kind im Test gezeigt hat, typisch waren oder ob es in seiner Leistungsfähigkeit durch Krankheit, Müdigkeit, Ängstlichkeit oder andere Faktoren beeinträchtigt war.

Die *Dokumentation der Ergebnisse* erfolgt anhand des Testbogens. Jedes Item ist durch einen Balken repräsentiert, dessen Markierungen in Verbindung mit den Altersangaben am oberen und unteren Rand des Bogens erkennen lassen, in welchem Alter 25%, 50%, 75% und 90% der Vergleichsstichprobe die betreffende Aufgabe erfolgreich zu lösen vermochte. Unmittelbar an die Lösungsversuche wird jedes vorgegebene Item an der 50%-Marke gekennzeichnet, und zwar mit einem R, wenn eine richtige Lösung erzielt wurde, mit F, wenn das Kind die Aufgabe nicht bewältigen konnte, und mit V, wenn eine Aufgabenlösung vom Kind verweigert wurde. Wenn das Kind nach Aussagen der Eltern für das Lernen einer bestimmten Fertigkeit (z.B. Fahrradfahren) noch keine Gelegenheit hatte, wird bei dem entsprechenden Item KG notiert. Als Verzögerung gilt jede nicht gelöste Aufgabe links von der Alterslinie, d.h. jedes Versagen bei einer Aufgabe, die 90% der Kinder in einem früheren Alter bewältigen.

Die *Interpretation* erfolgt, indem der Untersucher auszählt, a) in wie vielen Testbereichen 2 oder mehr Verzögerungen notiert wurden, und indem er außerdem b) die Sektoren zählt, die eine Verzögerung aufweisen und bei denen zugleich keine von der Alterslinie berührte Aufgabe gelöst wurde. Die Testresultate lassen sich in folgender Weise klassifizieren:

- als abnorm: bei mindestens 2 Sektoren nach a) oder
  1 Sektor nach a) und mindestens 1 nach b),
- als fraglich: bei 1 Testbereich nach a)
  oder nach b),
- als untestbar, wenn so viele Aufgaben verweigert wurden, daß das Testergebnis als fraglich oder abnorm gelten müßte, wenn die betreffenden Items als nicht gelöst gewertet würden,
- als normal, wenn keine der anderen Bedingungen zutrifft.

Es liegen *Normen* vor, die Anfang der 70er Jahre in Hamburg und Düsseldorf an 1455 Kindern im Alter von 2 Wochen bis 6 Jahren gewonnen worden sind.

Der Denver-Entwicklungstest weist im Normalbereich relativ gute Übereinstimmungen mit differenzierteren Entwicklungstests auf. Fehlzuordnungen erfolgen vor allem in Gestalt von falsch „positiven" Befunden (d.h. es werden eher zu viele „auffällige" Kinder bestimmt, was bei einem Screening-Verfahren jedoch nicht so gravierend ist). Kinder, die einen erheblichen Entwicklungsrückstand aufweisen (als „abnorm" klassifiziert werden) und deren Testresultat als „fraglich" bewertet werden muß, sollten einer differenzierteren Diagnostik zugeführt werden (s. Kap. 5).

Frankenburg et al. (1976, 1980) haben aus dem DDST eine Kurzform entwickelt, den *Prescreening Developmental Questionnaire (PDQ)*, der allerdings nur in englischer, französischer und spanischer Sprache vorliegt. Die Autoren haben dieses, in der revidierten Form aus 10 altersadäquaten Items bestehende Verfahren als Fragebogen konzipiert, der von den Eltern (oder auch vom Pflegepersonal) ausgefüllt wird. Es liegen 5 Formen für die Altersstufen 3 bis 5 Monate, 9 bis 12 Monate, 16 bis 24 Monate, 3 bis 4 Jahre und 5 bis 6 Jahre vor. Als auffällig gelten Beantwortungen, die 8 und weniger Ja-Antworten enthalten. Frankenburg empfiehlt, in diesen Fällen den PDQ nach 2 bis 4 Wochen zu wiederholen. Kommt es dann wiederum zu auffälligen Abweichungen von den altersentsprechenden Leistungen, so sollte eine genauere Abklärung erfolgen.

### 4.1.2 Entwicklungstabellen

Die Entwicklungstabellen stellen Screening-Verfahren zur Beschreibung und Verlaufskontrolle der kindlichen Entwicklung dar.

#### 4.1.2.1 Sensomotorisches Entwicklungsgitter von Kiphard (1975)

Aufgrund seiner Kritik an den gängigen Tests und ausgehend vom Gedanken, daß diagnostische Bemühungen direkt zu therapeutischen Interventionsmöglichkeiten führen sollten, hat Kiphard (1975; s. auch Hünnekens et al., 1967; Doll Tepper, 1989) ein Screening-Verfahren für Kinder im Alter von 0 bis 7 Jahren entwickelt. Ziel der Untersuchung ist, mit Hilfe dieses „Sensomotorischen Entwicklungsgitters" den Entwicklungsstand des Kindes in den verschiedenen Funktionsbereichen zu bestimmen. Dabei geht Kiphard von dem in Abb. 4.3 dargestellten Modell aus (Abb. 4.3).

Wie diese Darstellung zeigt, umfassen die 3 inneren Spalten die *Bewegungsfunktionen* (Fortbewegung, Handbewegung, Sprechbewegung). Die äußeren Spalten betreffen die *sensorischen* Kanäle der optischen und der akustischen Wahrnehmung. Daraus ergeben sich 2 Regelkreise: Ein *visuell-handmotorischer* und ein *akusto-sprechmotorischer*. Die Prüfung der genannten Funktionen

# Entwicklungsdiagnostische Screening-Verfahren

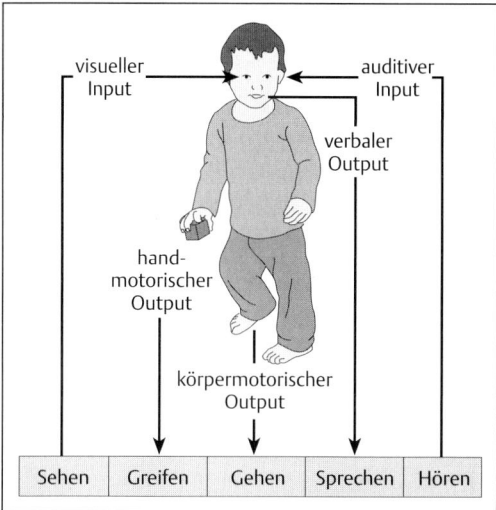

Abb. 4.3 Input-Output-Schema des sensomotorischen Entwicklungsgitters (nach Kiphard, E. J.: Probleme der sensomotorischen Entwicklungsdiagnostik im Kleinkind- und Vorschulalter. In: H.-J. Müller, R. Dekker, F. Schilling (Hrsg.): Motorik im Vorschulalter. Schriftenreihe des Bundesinstituts für Sportwissenschaft. Bd. 1. Verlag Karl Hofmann, Schorndorf 1975).

erfolgt anhand der folgenden Tabellen, die in Halbjahresbereiche unterteilt sind. Kiphard (a.a.O.) weist darauf hin, daß die bei den einzelnen Items angegebenen Alterswerte für „Spätentwickler" gelten, d.h. daß 90% der Gleichaltrigen diese Aufgabe erfüllen. Insgesamt enthält dieses Screening-Verfahren 140 Items (Tab. 4.1–4.6).

Bei Entwicklungsbehinderungen kann das mit diesem Screening-Verfahren ermittelte Profil Auskunft über den beeinträchtigten Bereich liefern. Das in Abb. 4.4 dargestellte Entwicklungsprofil weist nach Kiphard auf eine auditiv-verbale Behinderung hin.

Demgegenüber läßt das Entwicklungsprofil der Abb. 4.5 den Schluß zu, daß eine motorisch-verbale Entwicklungsverzögerung vorliegt.

Eine visuell-handmotorische Beeinträchtigung kann aufgrund des Profils der Abb. 4.6 angenommen werden.

Eine allgemeine motorische Behinderung stellt die Abb. 4.7 dar.

Eine geistige Behinderung schließlich ist aufgrund des Entwicklungsprofils der Abb. 4.8 anzunehmen.

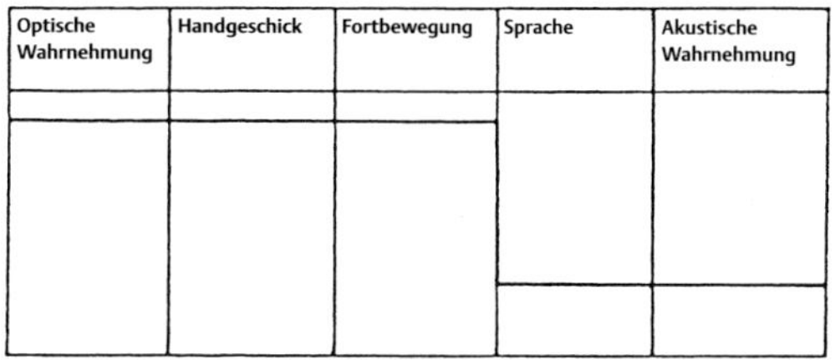

Abb. 4.4 Entwicklungsprofil der auditiv-verbalen Behinderung (nach Kiphard, E.J.: Probleme der senomotorischen Entwicklungsdiagnostik im Kleinkind- und Vorschulalter. In: H.-J. Müller, R. Decker, F. Schilling (Hrsg.): Motorik im Vorschulalter. Schriftenreihe des Bundesinstituts für Sportwissenschaft. Bd. 1. Verlag Karl Hofmann, Schorndorf 1975, S. 111).

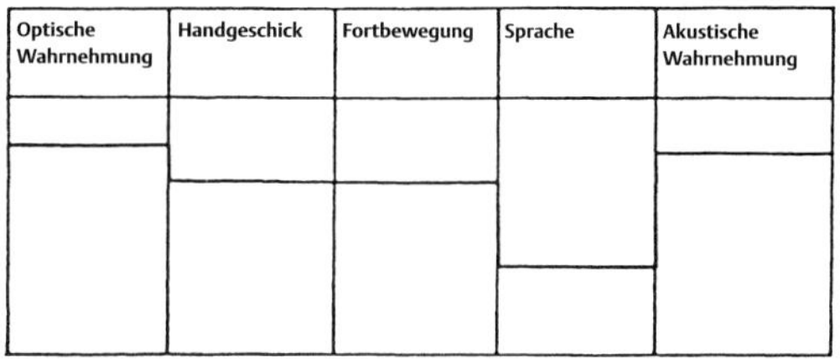

Abb. 4.5 Entwicklungsprofil der motorisch-verbalen Behinderung (nach Kiphard, E.J.: Probleme der sensomotorischen Entwicklungsdiagnostik im Kleinkind- und Vorschulalter. In: H.-J. Müller, R. Becker, F. Schilling (Hrsg.): Motorik im Vorschulalter. Schriftenreihe des Bundesinstituts für Sportwissenschaft. Bd. 1. Verlag Karl Hofmann, Schorndorf 1975, S. 111).

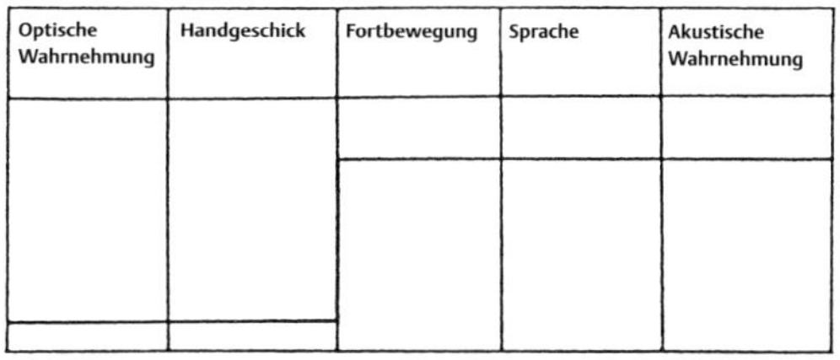

Abb. 4.6 Entwicklungsprofil der visuell-handmotorischen Behinderung (nach Kiphard, E.J.: Probleme der sensomotorischen Entwicklungsdiagnostik im Kleinkind- und Vorschulalter. In: H.-J. Müller, R. Decker, F. Schilling (Hrsg.): Motorik im Vorschulalter. Schriftenreihe des Bundesinstituts für Sportwissenschaft. Bd. 1. Verlag Karl Hofmann, Schorndorf 1975, S. 112).

Selbstverständlich muß man derartigen Hinweisen dann in weiteren Untersuchungen in differenzierterer Weise nachgehen.

## 4 Screening-Verfahren

Tabelle 4.1  Übersicht über die Aufgaben des Sensomotorischen Entwicklungsgitters von Kiphard (Kiphard, E.J.: Probleme der sensomotorischen Entwicklungsdiagnostik im Kleinkind- und Vorschulalter. In: H.-J. Müller, R. Decker, F. Schilling (Hrsg.): Motorik im Vorschulalter. Schriftenreihe des Bundesinstituts für Sportwissenschaft. Band I. Verlag Karl Hofmann, Schorndorf 1975, S. 106, 107)

| Name: Alter | Erstuntersuchung: Optische Wahrnehmung | Handlungsmotorik | geb.: Körpermotorik | Zweituntersuchung: Sprachmotorik | Drittuntersuchung: Akustische Wahrnehmung | Alter |
|---|---|---|---|---|---|---|
| 7 Jahre | Erkennt Sinnwidriges Findet Dazugehöriges | Ballwurf u. -fang, Höhe 1 m Malt 10 Buchstaben ab | Je 10 Einfußhüpfer vorwärts 1 m Weitsprung, 25 cm hoch | Erklärt konkrete Begriffe Nennt Hausbaumaterialien | Hört Sinnwidriges heraus Hört Dazugehöriges heraus | 7 Jahre |
| 6½ Jahre | Ordnet 3 Handlungsfolgen Ordnet Menge 5 zu | Wirft Ball 4 m weit Wickelt Faden auf Spule | Fersengang über 5 m Zehen an Ferse rückwärts | Definiert 2 Unterschiede Satz aus 3 Stichwörtern | Zeitbegriff: vorgestern Raumbegriff: vorletzter | 6½ Jahre |
| 6 Jahre | Erkennt Fehlendes Findet Kategoriefremdes | Zeichnet Mann, 10 Teile Bindet Knoten um Stift | Je 5 Einfußhüpfer vorwärts 10 Beidfußhüpfer vorwärts | Zählt 10 Dinge ab Nennt 3 Analogien | Zeigt Mittel-, Ringfinger Zeigt 4 Farben, gibt 4 Stück | 6 Jahre |
| 5½ Jahre | Sortiert 10 Größen Ordnet Menge 3 zu | Fängt zugeprellten Ball Zieht sich allein an | 80 cm Weitsprung, 20 cm hoch Ferse an Zehen vorwärts | Nennt 3 Oberbegriffe Nennt 3 Gegensätze | Hört Kategoriefremdes Zeitbegriff: gestern, morgen | 5½ Jahre |
| 5 Jahre | Ordnet 6 Mannteile zu Sortiert Kategorien | Zeichnet Kreuz ab Schlägt Nagel halb ein | 2 Hüpfer auf einem Fuß Je Fuß 5 Sek. balancieren | Erzählt Geschichte nach Benennt 3 Farben, 3 Formen | Befolgt Dreiteilauftrag Zeigt auf 3 Oberbegriffe | 5 Jahre |
| 4½ Jahre | Puzzle aus 2 Teilen Ordnet Detail zum Ganzen | Schereschneiden an Linie Knöpft auf und zu | 40 cm Weitsprung, 10 cm hoch Frei treppab, Fußwechsel | Beantwortet 3 Zweckfragen Erzählt, was es da spielt | Legt etwas in, auf, unter Versteht: kalt, müde, hungrig | 4½ Jahre |
| 4 Jahre | Findet 3 versteckte Dinge Ordnet Menge 2 zu | Linie zwischen 2 Punkten Schraubt, dreht u. schließt | 1 Hüpfer auf einem Fuß Geht mit Armgegenschwung | Berichtet spontan Erlebnis Gebraucht Nebensätze | Versteht: früh, mittag, abend Zeigt 2 Farben, gibt 2 Stück | 4 Jahre |
| 3½ Jahre | Räumt 10 Hohlwürfel ein Sortiert 5 Paar Lottobilder | Zeichnet Kreis ab Hält Stift mit Fingern | Frei treppauf, Fußwechsel Fährt Dreirad | Benennt Tätigkeit auf Bild Sagt: ich, du, mein, dein | Hört Geschichte gespannt zu Zeigt groß-klein, eckig-rund | 3½ Jahre |
| 3 Jahre | Sortiert Tee- u. Eßlöffel Erkennt Tätigkeit im Bild | Kritzelt rund, malt Linien Baut Turm aus 4 Würfeln | Beidfußsprung von Treppe Frei treppab nachgesetzt | Dreiwortsatz Fragt: das? Is'n das? | Befolgt Doppelauftrag Zeigt Tätigkeit auf Bild | 3 Jahre |
| 2½ Jahre | Kennt seine Kleidung 2 Größen, Farben, Formen | Ißt allein mit Löffel Steckt Stock ins Rohr | Beidfußsprung am Boden Frei treppauf, nachgesetzt | Zweiwortsatz Benennt 2 Eigenschaften | Befolgt: Leg Puppe heia Zeigt 4 benannte Dinge | 2½ Jahre |
| 2 Jahre | Ordnet 2 Dinge zum Bild Ordnet Ding zum Ding | Kritzel eckig Blättert Buchseiten | Geht Treppe mit Geländer Rennt 5 m ohne zu fallen | Verwendet 10 Worte Einwortsatz als Wunsch | Zeigt 2 Körperteile Zeigt 2 Personen | 2 Jahre |
| 1½ Jahre | Besieht gern Bilderbuch Bevorzugt 1 Spielzeug | Trinkt allein aus Tasse Räumt Dinge aus und ein | Steht ohne Hilfe auf Steht allein, geht allein | Ahmt Worte nach Spricht 2 sinnvolle Worte | Reagiert auf seinen Namen Befolgt: Komm zur Mutti | 1½ Jahre |
| 1 Jahr | Findet verdecktes Ding Blickt nach Hingefallenem | Daumen-Zeigefinger-Griff Nimmt Ding vom Tisch | Kriecht auf allen vieren Sitzt länger allein | Lallt 4 verschiedene Silben Kaut feste Nahrung | Versteht 1 Wortbedeutung Dreht Kopf direkt zum Ton | 1 Jahr |
| ½ Jahr | Sieht Rosine auf Tisch Folgt bewegtem Objekt | Greift in Richtung Ding Spielt mit seinen Händen | Rollt von Rücken zu Bauch Unterarmstütz auf Bauch | Gibt Lautantwort Andere Laute als Weinen | Sucht Ton durch Kopfwenden Lauscht bei leisem Ton | ½ Jahr |

Tabelle 4.2 Optische Wahrnehmung, Sensomotorisches Entwicklungsgitter von Kiphard (Kiphard, E.J.: Probleme der sensomotorischen Entwicklungsdiagnostik im Kleinkind- und Vorschulalter. In: H.-J. Müller, R. Decker, F. Schilling (Hrsg.): Motorik im Vorschulalter. Schriftenreihe des Bundesinstituts für Sportwissenschaft. Band I. Verlag Karl Hofmann, Schorndorf 1975, S. 108)

| | |
|---|---|
| 7 Jahre | Erkennt abgebildete Verkehrtheiten und Sinnwidrigkeiten<br>Findet Objektbeziehungen heraus (z.B. Wäscheklammern) |
| 6½ Jahre | Ordnet 3 Handlungsfolgen zeitlich ein<br>Ordnet Menge 5 zu |
| 6 Jahre | Erkennt Fehlendes auf Abbildungen<br>Findet kategoriefremde Abbildung heraus („Kuckucksei" finden) |
| 5½ Jahre | Sortiert 10 Größen<br>Ordnet Menge 3 zu |
| 5 Jahre | Ordnet 6 Mannteile zu (Rumpf, Kopf, Glieder)<br>Sortiert nach Kategorien (z.B. Ost und Gemüse) |
| 4½ Jahre | Fügt zweiteiliges Puzzle zusammen (zerschnittene Ansichtskarte)<br>Ordnet Detail zum Ganzen (Combi-Memory) |
| 4 Jahre | Findet 3 nacheinander sichtbar versteckte Dinge<br>Ordnet Menge 2 zu |
| 3½ Jahre | Räumt 10 Hohlwürfel ein<br>Sortiert 5 Paar Lottobilder |
| 3 Jahre | Sortiert 5 Tee- und 5 Eßlöffel<br>Erkennt abgebildete Tätigkeit (z.B. essen, baden) |
| 2½ Jahre | Kennt seine Kleidung<br>Setzt je 2 Größen, Farben, Formen ein |
| 2 Jahre | Ordnet 2 Dinge entsprechenden Bildern zu<br>Ordnet 2 gleiche Dinge einander zu |
| 1½ Jahre | Besieht gern Bilderbücher<br>Erkennt 1 Ding wieder (bevorzugtes Spielzeug) |
| 1 Jahr | Findet sichtbar verdecktes Ding wieder<br>Blickt herabgefallenem Ding nach |
| ½ Jahr | Betrachtet Rosine auf weißem Tischtuch<br>Verfolgt nah am Gesicht langsam vorbeibewegtes Ding |

Tabelle 4.3 Handlungsmotorik, Sensomotorisches Entwicklungsgitter von Kiphard (Kiphard, E.J.: Probleme der sensomotorischen Entwicklungsdiagnostik im Kleinkind- und Vorschulalter. In: H.-J. Müller, R. Decker, F. Schilling (Hrsg.): Motorik im Vorschulalter. Schriftenreihe des Bundesinstituts für Sportwissenschaft. Band I. Verlag Karl Hofmann, Schorndorf 1975, S. 109)

| | |
|---|---|
| 7 Jahre | Wirft Ball 1 m hoch und fängt ihn<br>Zeichnet 10 Druckbuchstaben in 1 min ab |
| 6½ Jahre | Wirft Ball 4 m weit<br>Wickelt 2 m Faden auf Spule in ½ min |
| 6 Jahre | Zeichnet 10teiligen Mann: Rumpf, Kopf, 4 Glieder, 2 Augen, Nase, Mund<br>Bindet Knoten um Bleistift |
| 5½ Jahre | Fängt Ball, aus 1 m brusthoch zugeprellt<br>Zieht sich allein an, außer Schuhband binden |
| 5 Jahre | Zeichnet Kreuz ab<br>Schlägt Nagel zur Hälfte in Weichholz |
| 4½ Jahre | Schneidet mit Schere an Linie entlang<br>Knöpft seine Kleidung selbst auf und zu |
| 4 Jahre | Zieht Linie zwischen 2 Punkten, Abstand 10 cm<br>Schraubt Mutter an und schließt Schlüssel um |
| 3½ Jahre | Zeichnet Kreis so ab, daß er geschlossen ist<br>Hält Stift und Löffel mit den Fingern |
| 3 Jahre | Kritzelt spiralförmig, zeichnet einzelne Striche<br>Baut Turm aus 4 Würfeln |
| 2½ Jahre | Ißt allein mit Löffel<br>Steckt Stöckchen ins Rohr |
| 2 Jahre | Kritzelt auf Papierfläche<br>Blättert mehrere Buchseiten auf einmal um |
| 1½ Jahre | Trinkt allein aus Becher oder Tasse<br>Räumt Dinge aus und ein (Topf mit Klammern) |
| 1 Jahr | Greift Rosine mit Daumen und Zeigefinger<br>Nimmt Löffel oder Klötzchen vom Tisch |
| ½ Jahr | Streckt seine Hand in Richtung eines Dinges aus<br>Spielt mit seinen Händchen vor dem Körper |

Tabelle 4.4 Körpermotorik, Sensomotorisches Entwicklungsgitter von Kiphard (Kiphard, E.J.: Probleme der sensomotorischen Entwicklungsdiagnostik im Kleinkind- und Vorschulalter. In: H.-J. Müller, R. Decker, F. Schilling (Hrsg.): Motorik im Vorschulalter. Schriftenreihe des Bundesinstituts für Sportwissenschaft. Band I. Verlag Karl Hofmann, Schorndorf 1975, S. 109, 110)

|  |  |
|---|---|
| 7 Jahre | Je Bein 10 einfüßige Hüpfer vorwärts. Springt aus dem Stand 1 m weit, 25 cm hoch |
| 6½ Jahre | Geht auf den Fersen 5 m vor und zurück. Geht Fuß hinter Fuß (Zehen an Ferse) 8 Schritte rückwärts |
| 6 Jahre | Je Bein 5 einfüßige Hüpfer vorwärts. Hüpft mit geschlossenen Füßen fortlaufend 10mal vorwärts |
| 5½ Jahre | Springt aus dem Stand 80 cm weit, 20 cm hoch. Geht Fuß vor Fuß (Zehen an Ferse) 8 Schritte vorwärts |
| 5 Jahre | Macht 2 Hüpfer auf dem Vorzugsbein. Balanciert je Bein 5 sek |
| 4½ Jahre | Springt aus dem Stand 40 cm weit, 10 cm hoch. Geht unter Fußabwechseln frei treppab |
| 4 Jahre | Macht 1 Hüpfer auf dem Vorzugsbein. Geht mit Armgegenschwung |
| 3½ Jahre | Geht unter Fußabwechseln frei treppauf. Fährt Dreirad oder Go-cart |
| 3 Jahre | Springt beidfüßig von letzter Treppenstufe ab. Geht im Nachstellschritt frei treppab |
| 2½ Jahre | Springt beidfüßig einmal vom Boden ab. Geht im Nachstellschritt frei treppauf |
| 2 Jahre | Geht mit Geländer treppauf und treppab. Rennt 5 m ohne hinzufallen |
| 1½ Jahre | Steht ohne Hilfe vom Boden auf. Steht allein, geht allein |
| 1 Jahr | Krabbelt auf allen vieren vorwärts. Sitzt längere Zeit allein |
| ½ Jahr | Rollt von Rücken auf Bauch und umgekehrt. Stützt sich in Bauchlage auf Unterarme, Hüften gestreckt, Kopf hoch |

Tabelle 4.5 Sprachmotorik, Sensomotorisches Entwicklungsgitter von Kiphard (Kiphard, E.J.: Probleme der sensomotorischen Entwicklungsdiagnostik im Kleinkind und Vorschulalter. In: H.-J. Müller, R. Decker, F. Schilling (Hrsg.): Motorik im Vorschulalter. Schriftenreihe des Bundesinstituts für Sportwissenschaft. Band I. Verlag Karl Hofmann, Schorndorf 1975, S. 110)

|  |  |
|---|---|
| 7 Jahre | Erklärt 3 konkrete Begriffe (z.B. Brett, See, Hecke). Nennt 3 zum Hausbau verwendete Materialien |
| 6½ Jahre | Definiert 2 Unterschiede (z.B. Hund – Huhn). Bildet Satz aus 3 Worten (Blume, Wiese, Mädchen) |
| 6 Jahre | Zählt 10 Dinge ab. Nennt 3 Analogien (z.B. Vogel zwitschert, Hund...) |
| 5½ Jahre | Nennt 3 Oberbegriffe (z.B. Obst, Gemüse, Möbel). Nennt 3 Gegensätze (z.B. heiß-kalt, Tag-Nacht) |
| 5 Jahre | Erzählt kurze Geschichte sinngemäß nach. Benennt 3 Farben und 3 Formen |
| 4½ Jahre | Beantwortet 3 Zweckfragen (z.B. Zweck eines Hammers, Buches). Erzählt, was es gerade spielt |
| 4 Jahre | Berichtet spontan Erlebnisse. Gebraucht Nebensätze (z.B. der Ball, den du mir geschenkt hast) |
| 3½ Jahre | Benennt abgebildete Tätigkeiten. Sagt: ich, du, mein, dein |
| 3 Jahre | Verbindet 3 Worte (Dreiwortsatz). Fragt: das? is'n das? |
| 2½ Jahre | Verbindet 2 Worte (Zweiwortsatz). Benennt 2 Eigenschaften (z.B. heiß, lieb, böse) |
| 2 Jahre | Verwendet 10 Worte für Dinge und Personen. Verwendet 1 Wort mit Wunschcharakter (Einwortsatz) |
| 1½ Jahre | Ahmt Worte nach (z.B. Auto, Wau-wau). Spricht 2 sinnbezogene Worte (meist Mama und Papa) |
| 1 Jahr | Lallt 4 verschiedene Silbenkombinationen. Kaut feste Nahrung |
| ½ Jahr | Gibt, wenn es angesprochen wird, Lautantwort. Bringt andere Laute als nur Weinen hervor |

Tabelle 4.6 Akustische Wahrnehmung, Sensomotorisches Entwicklungsgitter von Kiphard (Kiphard, E.J.: Probleme der sensomotorischen Entwicklungsdiagnostik im Kleinkind- und Vorschulalter. Schriftenreihe des Bundesinstituts für Sportwissenschaft Band I. Verlag Karl Hofmann, Schorndorf 1975, S. 110, 111)

|  |  |
|---|---|
| 7 Jahre | Hört gesprochene Verkehrtheiten und Sinnwidrigkeiten heraus<br>Hört Objektbeziehungen heraus (z.B. Pfeife, Tabak, Aschenbecher) |
| 6½ Jahre | Versteht: vorgestern und übermorgen (ordnet Wochentag zu)<br>Zeigt Letzten und Vorletzten einer Reihe |
| 6 Jahre | Zeigt Ellenbogen, Schulter, Mittel- und Ringfinger<br>Zeigt 4 benannte Grundfarben, gibt 4 Kugeln |
| 5½ Jahre | Hört kategoriefremdes Wort heraus („Kuckucksei" finden)<br>Versteht: gestern und morgen (zeitliche Orientiertheit) |
| 5 Jahre | Befolgt 3teiligen Auftrag (akustisches Gedächtnis)<br>Zeigt auf 3 genannte Kategorien (z.B. Blumen, Obst, Gemüse) |
| 4½ Jahre | Legt etwas in, auf, unter eine Schachtel (3 Präpositionen)<br>Versteht: kalt, müde, hungrig („was machst du, wenn …") |
| 4 Jahre | Versteht: früh, mittags, abends („was haben wir jetzt?")<br>Zeigt 2 benannte Grundfarben, gibt 2 Kugeln |
| 3½ Jahre | Hört einer Geschichte aufmerksam zu<br>Zeigt auf groß, klein, spitz, eckig, rund |
| 3 Jahre | Befolgt Doppelauftrag (akustisches Gedächtnis)<br>Zeigt genannte Tätigkeit auf Abbildung (wo fährt der Junge Rad?) |
| 2½ Jahre | Legt auf Geheiß Püppchen schlafen<br>Zeigt 4 benannte Spielzeuge |
| 2 Jahre | Zeigt auf 2 benannte Körperteile<br>Zeigt auf 2 genannte Personen (meist Mama, Papa) |
| 1½ Jahre | Reagiert auf seinen Namen (umdrehen, erwartungsvoller Ausdruck)<br>Kommt auf Geheiß zur Mutter (keine unterstützende Gestik!) |
| 1 Jahr | Versteht die Bedeutung eines Wortes<br>Wendet Kopf direkt in Richtung des Tones |
| ½ Jahr | Sucht den Ton durch Kopfwenden<br>Hält bei leisem Ton inne und lauscht einen Moment |

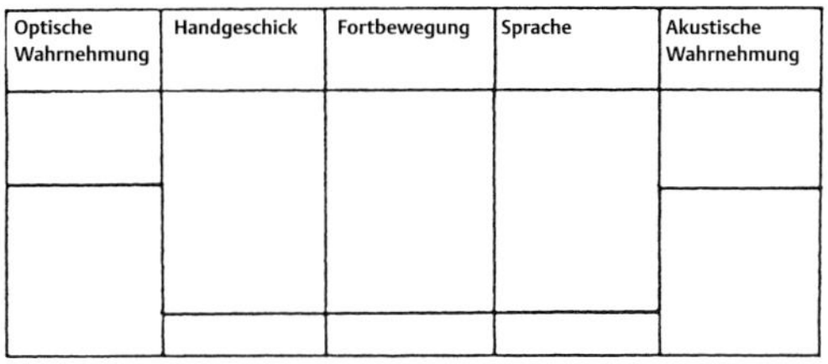

Abb. 4.7 Entwicklungsprofil der allgemeinen motorischen Behinderung (nach Kiphard, E.J.: Probleme der sensomotorischen Entwicklungsdiagnostik im Kleinkind- und Vorschulalter. In: H.-J. Müller, R. Decker, F. Schilling (Hrsg.): Motorik im Vorschulalter. Schriftenreihe des Bundesinstituts für Sportwissenschaft. Bd. 1. Verlag Karl Hofmann, Schorndorf 1975, S. 112).

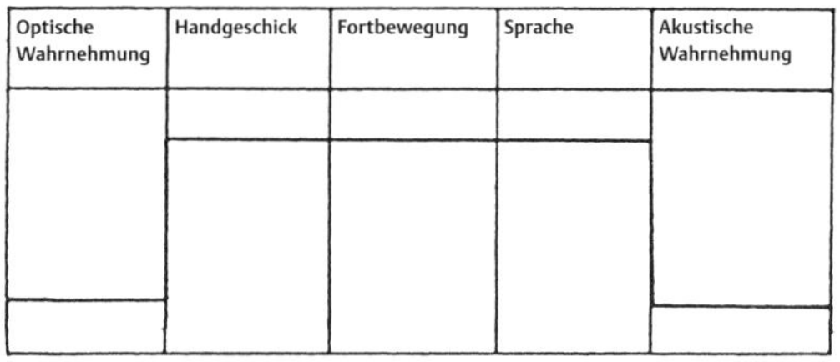

Abb. 4.8 Entwicklungsprofil der geistigen Behinderung (nach Kiphard, E.J.: Probleme der sensomotorischen Entwicklungsdiagnostik im Kleinkind- und Vorschulalter. In: H.-J. Müller, R. Decker, F. Schilling (Hrsg.): Motorik im Vorschulalter. Schriftenreihe des Bundesinstituts für Sportwissenschaft. Bd. 1. Verlag Karl Hofmann, Schorndorf 1975, S. 112).

#### 4.1.2.2 Entwicklungstabellen von Strassmeier (1979)

Dieses Screening-Verfahren zur Identifizierung behinderter und entwicklungsverzögerter Kinder stellt insofern eine Besonderheit dar, als es nicht nur als diagnostisches Instrument konzipiert ist, sondern auf einem „kombinierten Diagnose/Förder-Ansatz" beruht. Strassmeier weist in seiner Kritik an anderen Entwicklungstests darauf hin, daß bei fast allen diesen Verfahren der „Treatmentbezug" fehle. Gerade bei der Erfassung entwicklungsgestörter Kinder sei aber der Brückenschlag vom Test zu entsprechenden Förderprogrammen von besonderer Bedeutung. Von diesen Überlegungen ausgehend, hat der Autor Entwicklungstabellen zusammengestellt und empirisch überprüft, die eine Umsetzung der Resultate in Fördermaßnahmen ermöglichen.

Der von Strassmeier konzipierte Entwicklungstest stellt ein Screening-Verfahren dar, das bei Kindern von der Geburt bis zum einschließlich 5. Lebensjahr anwendbar ist. Mit dem (in seiner endgültigen Form 258 Items umfassenden) Verfahren werden die folgenden 5 Bereiche geprüft:

1. *Selbstversorgung – Sozialentwicklung* (59 Items)

Die Items beinhalten das Interesse an und das Aufnehmen von sozialen Beziehungen, die Fähigkeit zur Selbstversorgung im Hinblick auf Essen, Trinken, An- und Ausziehen, Waschen, Zähneputzen und Sauberkeit sowie die Entwicklung im Bereich des Spielens (Tab. 4.7).

2. *Feinmotorik* (40 Items)

Hier werden vor allem die Finger- und Handgeschicklichkeit sowie die visuo-motorische Koordination geprüft (Tab. 4.8).

3. *Grobmotorik* (40 Items)

Die Tab. 4.9 enthält Items, welche die folgenden motorischen Fertigkeiten erfassen: Kopfkontrolle, Kriechen und Robben, Sitzen, Stehen sowie komplexere Bewegungsabläufe (wie Auf-einem-Bein-Stehen, Hüpfen, Zehen-Hacken-Gang etc.).

4. *Sprache* (60 Items)

Es werden sowohl Sprachverständnis als auch Sprachgebrauch, semantische ebenso wie syntaktische Aspekte der sprachlichen Kompetenz geprüft (Tab. 4.10).

5. *Kognitive Entwicklung – Wahrnehmung* (59 Items)

Diese Skala weist angesichts der Interdependenz, die zwischen der kognitiven Entwicklung und dem Erwerb sprachlicher Kompetenz besteht, eine enge Beziehung zur Tab. 4.10 „Sprache" auf. Ein Teil der entsprechenden Items ist in der Skala „Kognitive Entwicklung – Wahrnehmung", ein anderer Teil in der Skala „Sprache" aufgeführt. Die Tab. 4.11 „Kognitive Entwicklung – Wahrnehmung" prüft folgende Bereiche: Gegenstandskonzepte, Invarianz des Gegenstandsschemas, Formen-, Farben- und Zahl-Konzepte, Klassifikation, Seriation, akkustische, optische und taktile Wahrnehmung, semantische Konzepte sowie das Erfassen von Relationen und Interdependenzen.

Für jeden dieser 5 Bereiche liegt eine Entwicklungstabelle vor, die pro Altersquartal 2 bis 3 Aufgaben enthält. Der Untersucher bestimmt bei einem Kind anhand dieser Tabellen den Entwicklungsstand in den verschiedenen Bereichen, indem er pro Skala zunächst die Rohpunktzahl (= Summe der richtig gelösten Items) ermittelt. Dabei geht man davon aus, daß 1 zutreffende Antwort in 1 Quartal die positive Merkmalsausprägung für diesen Bereich bedeutet, d.h. daß das Kind die für frühere Altersstufen geltenden Aufgaben positiv erfüllt. Die Rohwerte entsprechen für jeden Bereich einem bestimmten Entwicklungsalter, das nun in Relation zum Lebensalter des Kindes gesetzt werden kann.

Abb. 4.9 zeigt das Beispiel eines 2;6jährigen Kindes, das außerordentlich große Abweichungen hinsichtlich seines Entwicklungsstandes in den 5 geprüften Bereichen erkennen läßt. Besonders auffallende Entwicklungsverzögerungen sind im Bereich der Sprache, der Feinmotorik und

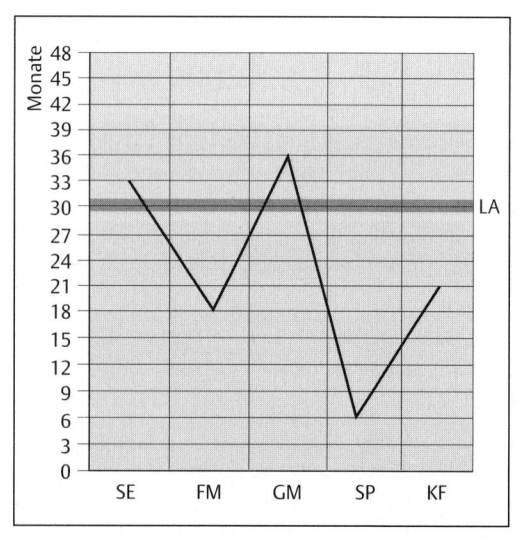

Abb. 4.9 Profil eines 2½jährigen Kindes aufgrund der Resultate der Entwicklungstabellen von Strassmeier (Strassmeier, W.: F Frühförderprogramm für behinderte und entwicklungsverzögerte Kinder – Evaluation eines kombinierten Diagnose-Förder-Ansatzes. Phil. Diss. München 1979, S. 175).

Tabelle 4.7  Entwicklungstestreihe (revidiert) 1 Selbstversorgung – Sozialentwicklung nach Strassmeier (Strassmeier, W.: Frühförderprogramme für behinderte und entwicklungsverzögerte Kinder – Evaluation eines kombinierten Diagnose/Förder-Ansatzes. Phil. Diss. München 1979, S. 162, 163)

**5. Lebensjahr**
- 59 __ Spielt Wettspiele
- 58 __ Macht kleine Botengänge (nicht sehr weit) außerhalb des Hauses
- 57 __ Streicht das Brot mit dem Messer
- 56 __ Zieht sich selbständig an, ohne die Schuhe zu binden
- 55 __ Ist auf der Toilette ganz selbständig, einschließlich Anziehen und Händewaschen
- 54 __ Knöpft mit mittelgroßen Knöpfen
- 53 __ Räumt nach dem Spiel ohne Aufforderung einiges weg
- 52 __ Unterscheidet bei Kleidungsstücken zwischen vorne und hinten
- 51 __ Führt anderen etwas vor; sagt z.B. Gedicht auf oder singt
- 50 __ Knöpft mit großen Knöpfen
- 49 __ Zieht sich abends ganz aus

**4. Lebensjahr**
- 48 __ Spielt konstruktiv und baut, ohne gleich wieder zu zerstören
- 47 __ Wäscht sich das Gesicht
- 46 __ Löst sich leicht von der Mutter
- 45 __ Putzt die Zähne
- 44 __ Zieht Socken und Schuhe an (Schleifebinden nicht notwendig)
- 43 __ Trinkt mit dem Trinkhalm, ohne ihn zu knicken
- 42 __ Spielt ohne größere Reibereien mit anderen Kindern zusammen
- 41 __ Ißt mit Gabel und Löffel selbständig und kleckert nur wenig
- 40 __ Geht auf die Toilette (ohne Aus und Anziehen, Waschen …)
- 39 __ Holt sich selbständig vom Wasserhahn etwas zu trinken
- 38 __ Hört bei kurzen Geschichten zu
- 37 __ Zieht den Mantel an (Knöpfen nicht erforderlich)

**3. Lebensjahr**
- 36 __ Versucht im Haushalt etwas zu helfen (wie Fegen oder Staubwischen)
- 35 __ Meldet sich, wenn es aufs Klo muß – Tag und Nacht
- 34 __ Wäscht sich die Hände
- 33 __ Zieht sich die Hose runter, wenn es auf die Toilette geht
- 32 __ Ißt mit der Gabel, schmiert aber noch etwas
- 31 __ Zieht sich freiwillig zurück, um ein Nickerchen zu machen und sich auszuruhen
- 30 __ Ißt mit dem Löffel und verschüttet kaum etwas
- 29 __ Teilt auf Wunsch mit anderen
- 28 __ Trocknet sich die Hände ab
- 27 __ Äußert verbal Wünsche
- 26 __ Saugt an einem Plastikstrohhalm
- 25 __ Vermeidet einfache Gefahrenquellen (heißen Ofen u.a.)

**2. Lebensjahr**
- 24 __ Zieht Kleidung aus – Aufknöpfen nicht erforderlich
- 23 __ Bleibt für kurze Zeit bei Bekannten
- 22 __ Hat Spaß am Fangenspielen
- 21 __ Hilft beim Spielsachen-Aufräumen
- 20 __ Liebkost Puppe oder Teddy
- 19 __ Ißt selbständig mit dem Löffel – etwas Verschütten erlaubt

**Tabelle 4.7** Fortsetzung

| | | |
|---|---|---|
| 2. Lebensjahr | 18 __ | Befolgt 2 von 3 einfachen Aufforderungen |
| | 17 __ | Trinkt ohne Hilfe aus der Tasse oder aus dem Glas |
| | 16 __ | Kann Socken ausziehen, noch nicht Schuhe |
| | 15 __ | Schaut sein Spiegelbild mit Interesse an |
| | 14 __ | Spielt im Beisein von anderen Kindern, aber noch nicht *mit* ihnen |
| | 13 __ | Hält die Arme hoch, um beim Anziehen zu helfen |
| 1. Lebensjahr | 12 __ | Reagiert auf „Nein" oder „Halt" in 3 von 4 Situationen |
| | 11 __ | Spielt Versteck |
| | 10 __ | Ißt mit den Fingern |
| | 9 __ | Kaut die Nahrung |
| | 8 __ | Trinkt aus der Tasse oder aus dem Glas mit Hilfe |
| | 7 __ | Versuch Kontakt aufzunehmen und beachtet zu werden |
| | 6 __ | Läßt sich ohne Widerstand anziehen |
| | 5 __ | Spielt 3 Minuten alleine mit einem Spielzeug |
| | 4 __ | Reagiert auf Kontaktabbruch |
| | 3 __ | Macht Anstalten, hochgenommen zu werden |
| | 2 __ | Greift nach den Füßen oder bringt die Hand zum Mund |
| | 1 __ | Kann Saugen und Schlucken |

der kognitiven Entwicklung – Wahrnehmung feststellbar. Demgegenüber zeigt das Kind im Hinblick auf die Grobmotorik eine Leistung, die über den nach seinem Alter zu erwartenden Fähigkeiten liegt. Der Bereich „Selbstversorgung – Sozialentwicklung" weist altersentsprechende Resultate auf.

### 4.1.3 Mann-Zeichen-Test (MZT)

Dieses zwar als „Test" bezeichnete Verfahren stellt, streng genommen, lediglich ein Screening Verfahren dar, das jedoch durchaus eine einigermaßen verläßliche Abschätzung des Entwicklungsstandes eines Kindes ermöglicht. Für seine Verwendung spricht die Tatsache, daß Kinder die Aufgabe, einen Mann zu zeichnen, gerne erfüllen und für eine solche Zeichnung nur wenig Zeit benötigt wird (zeitgemäßer wäre es wohl, geschlechtsneutral von einem „Menschen" zu sprechen).

Während der MZT nach Ziler (1997) vor allem Aussagen über die geistige Entwicklung des Kindes ermöglicht, hängt die Darstellungsweise der Zeichnung für Koppitz (1972) auch stark von der momentanen Befindlichkeit des Kindes ab. Dieser Autor hält das Verfahren aber zugleich auch für geeignet, entwicklungs- oder emotionalbedingte Veränderungen beim Kind erkennen zu können. Nach Rennen-Allhoff et al. (1987) lassen sich aufgrund der Mann-Zeichnung Aussagen über folgende Bereiche treffen:

- die Art der Gliederung des Wahrnehmungsfeldes durch ein Kind und seine Fähigkeit zur optischen Differenzierung;
- den Entwicklungsstand der Motorik, wie gut also Graphomotorik, Feinmotorik und die Koordination Auge-Hand gelingen;
- verschiedene Aspekte der Intelligenz, insbesondere synthetische und analytische Fähigkeiten;
- die emotionalen und affektiven Bereiche einer Person.

Alle Autoren weisen ausdrücklich darauf hin, daß der MZT lediglich *Hinweise* auf die Entwicklung in den verschiedenen Bereichen zu liefern vermag. Außerdem sollte eine Aussage niemals aufgrund einer einzigen Zeichnung erfolgen. Sinnvollerweise ist der MZT in eine Untersuchungsreihe einzubetten, die noch andere Prüfungen enthält.

Tabelle 4.8   Entwicklungstestreihe (revidiert) 2 Feinmotorik nach Strassmeier (Strassmeier, W.: Frühförderprogramme für behinderte und entwicklungsverzögerte Kinder – Evaluation eines kombinierten Diagnose/Förder-Ansatzes. Phil. Diss. München 1979, S. 164, 165)

| | | | |
|---|---|---|---|
| 5. Lebensjahr | 40 | __ | Schneidet mit der Schere auf einer Linie |
| | 39 | __ | Zeichnet ein Quadrat ab |
| | 38 | __ | Zeichnet nach Vorlage ein Männchen mit Kopf, Rumpf und Beinen |
| | 37 | __ | Wirft 10 kleine Kügelchen in 20 Sekunden in eine Flasche |
| | 36 | __ | Versucht eine Schleife zu binden (muß nicht erfolgreich sein) |
| | 35 | __ | Fährt mit dem Stift eine vorgezeichnete Raute nach |
| | 34 | __ | Benützt das Spültuch gewandt |
| | 33 | __ | Zeichnet ein Kreuz nach Vorlage ab |
| 4. Lebensjahr | 32 | __ | Wirft 10 kleine Kügelchen in 25 Sekunden in eine Flasche |
| | 31 | __ | Zeichnet ein mit Kreide vorgezeichnetes V oder H nach |
| | 30 | __ | Fährt ein vorgegebenes Kreuz nach |
| | 29 | __ | Kann mit der Schere umgehen, schneidet aber nicht auf der Linie |
| | 28 | __ | Wirft 10 kleine Kügelchen in 20 Sekunden in eine Flasche |
| | 27 | __ | Zeichnet einen Kreis nach Vorlage ab (muß nicht exakt sein) |
| | 26 | __ | Schneidet mit der Schere, jedoch mit Mühe und ungenau |
| | 25 | __ | Baut einen Turm mit 9 Klötzen |
| 3. Lebensjahr | 24 | __ | Formt eine „Wurst" aus Plastilin auf dem Tisch |
| | 23 | __ | Hält die Kreide mit den Fingern richtig |
| | 22 | __ | Faltet ein Blatt Papier einmal, nachdem man es vorgemacht hat |
| | 21 | __ | Fädelt mindestens 4 Perlen mit ca. 12 mm Größe auf |
| | 20 | __ | Baut kleine Konstruktionselemente zusammen wie Lego, Plastikant u. ä. |
| | 19 | __ | Fängt rollenden Ball bei 3 von 4 Versuchen auf |
| | 18 | __ | Malt horizontale und vertikale Kreidestriche nach |
| | 17 | __ | Baut einen Turm mit 8 Klötzen |
| 2. Lebensjahr | 16 | __ | Fädelt 3 Perlen mit ca. 24 mm Durchmesser auf |
| | 15 | __ | Blättert in einem Buch Seite für Seite um |
| | 14 | __ | Wickelt Zuckerstück aus |
| | 13 | __ | Baut einen Turm mit 4 bis 5 Klötzen |
| | 12 | __ | Nimmt kleine Kügelchen vom Tisch auf und wirft sie nachahmend in eine Flasche |
| | 11 | __ | Wirft kleine Kügelchen nachahmend in eine Flasche (VI gibt dem Kind die Kugeln) |
| | 10 | __ | Hält eine Malkreide zweckdienlich, aber nicht ganz korrekt |
| | 9 | __ | Stößt mit ausgestrecktem Zeigefinger treffsicher auf kleine Objekte |
| 1. Lebensjahr | 8 | __ | Blättert in einem Buch gleichzeitig 2 oder 3 Seiten um |
| | 7 | __ | Wirft Würfel in einen kleinen Behälter (Tasse) und nimmt sie wieder heraus |
| | 6 | __ | Greift kleine Kügelchen mit Pinzettengriff (Daumen und Zeigefinger) |
| | 5 | __ | Greift nach nahegelegenen Objekten außerhalb der Reichweite |
| | 4 | __ | Greift und läßt los |
| | 3 | __ | Hält die Klapper kurz fest und betrachtet sie |
| | 2 | __ | Schaut auf die Hände und spielt mit den Fingern |
| | 1 | __ | Hält die Hände offen oder lose zu Faust geballt (reflektorischer palmarer Griff) |

Tabelle 4.**9** Entwicklungstestreihe (revidiert) 3 Grobmotorik nach Strassmeier (Strassmeier, IV.: Frühförderprogramme für behinderte und entwicklungsverzögerte Kinder – Evaluation eines kombinierten Diagnose/Förder-Ansatzes. Phil. Diss. München 1979, S. 166, 167)

| | | |
|---|---|---|
| 5. Lebensjahr | 40 ___ | Trifft in 2 von 4 Versuchen mit einem Tennisball aus 2 m Entfernung einen 25 cm großen Kreis |
| | 39 ___ | Steht 9 oder mehr Sekunden auf einem Bein |
| | 38 ___ | Steht aus der Rückenlage auf, ohne sich umzudrehen oder die Hände zu benützen |
| | 37 ___ | Hüpft mit Wechsel des Sprungbeins |
| | 36 ___ | Setzt Fuß vor Fuß im Zehen-Hacken-Gang vorwärts |
| | 35 ___ | Steht auf einem Bein 4 bis 8 Sekunden |
| | 34 ___ | Geht ohne Festhalten die Treppe rauf und runter (ein Fuß pro Stufe) |
| | 33 ___ | Hüpft auf einem Bein |
| 4. Lebensjahr | 32 ___ | Springt oder galoppiert ohne Wechsel des Sprungbeines |
| | 31 ___ | Springt mit beiden Beinen von der Couch |
| | 30 ___ | Springt 20 cm weit im Schlußsprung |
| | 29 ___ | Geht ohne Festhalten die Treppe hinauf (ein Fuß pro Stufe) |
| | 28 ___ | Geht ohne Festhalten die Treppe rauf und runter (mit Nachsetzen) |
| | 27 ___ | Trägt Wasserglas 3 m weit |
| | 26 ___ | Geht 3 m auf Zehenspitzen |
| | 25 ___ | Fängt einen großen Ball mit gebeugten Armen auf |
| 3. Lebensjahr | 24 ___ | Fährt mit einem Dreirad |
| | 23 ___ | Steht eine Sekunde ohne Festhalten auf einem Bein |
| | 22 ___ | Geht auf Zehenspitzen, nachdem man es vorgemacht hat |
| | 21 ___ | Hüpft mit beiden Beinen auf der Stelle |
| | 20 ___ | Geht die Treppe mit Festhalten hinunter (1 Fuß pro Stufe) |
| | 19 ___ | Geht die Treppe mit Festhalten hinauf (1 Fuß pro Stufe) |
| | 18 ___ | Klettert auf Möbelstücke und überwindet Hindernisse |
| | 17 ___ | Stößt ohne Festhalten im Stehen einen Ball mit dem Fuß fort |
| 2. Lebensjahr | 16 ___ | Spielt in der Hocke, ohne sich mit den Händen abzustützen |
| | 15 ___ | Läuft gut und fällt nur gelegentlich hin |
| | 14 ___ | Geht mit Festhalten die Treppe rauf und runter (mit Nachsetzen) |
| | 13 ___ | Läuft mit Aufsicht in Haus und Garten herum |
| | 12 ___ | Steht vom Sitz auf dem Boden auf, ohne sich an Wänden oder Möbel festzuhalten |
| | 11 ___ | Wirft oder kickt einen großen Ball (Zielgenauigkeit nicht erforderlich) |
| | 10 ___ | Läuft kurz frei |
| | 9 ___ | Steht kurz alleine ohne Unterstützung |
| 1. Lebensjahr | 8 ___ | Sitzt gerade auf einem kleinen Stuhl |
| | 7 ___ | Geht mit Festhalten an Möbeln entlang |
| | 6 ___ | Zieht sich zum Stehen hoch |
| | 5 ___ | Bewegt sich durch Krabbeln oder Kriechen vorwärts |
| | 4 ___ | Sitzt einige Minuten frei |
| | 3 ___ | Sitzt einige Sekunden frei |
| | 2 ___ | Hält den Kopf im Sitzen eine halbe Minute aufrecht |
| | 1 ___ | Hebt den Kopf in Bauchlage von der Unterlage kurz ab |

Tabelle 4.**10**  Entwicklungstestreihe (revidiert) 4 Sprache nach Strassmeier (Strassmeier, W.: Frühförderprogramme für behinderte und entwicklungsverzögerte Kinder – Evaluation eines kombinierten Diagnose/Förder-Ansatzes. Phil. Diss. München 1979, S. 168, 169)

**5. Lebensjahr**
- 60 __ Erzählt phantasiereiche Geschichten
- 59 __ Gebraucht keine infantilen Sprachformen mehr (Babysprache)
- 58 __ Gebraucht die Vergangenheit
- 57 __ Benützt in der Regel 5-Wort-Sätze
- 56 __ Definiert formell 3 einfache Wörter (Was ist ein Ball, Bett, Kleid, Schlüssel, Apfel?)
- 55 __ Definiert 2 Wörter durch Umschreibung der Gebrauchsqualität
- 54 __ Versucht, neue Worte spontan zu gebrauchen
- 53 __ Benennt mindestens 6 Farben
- 52 __ Befolgt 3 Aufforderungen in der richtigen Reihenfolge
- 51 __ Kann K-, F- und D-Laute bilden
- 50 __ Spricht zu 90% allgemein verständlich
- 49 __ Sagt einen einfachen Kinderreim auf

**4. Lebensjahr**
- 48 __ Wiederholt einen 5-Wort-Satz (z.B. gib mir einen großen Apfel)
- 47 __ Kann 2 Gegensätze angeben (kalt – heiß, hell – dunkel, langsam – schnell)
- 46 __ Spricht ungezwungen und versucht kurze „Konversation"
- 45 __ Beantwortet den Satz: Was machst du, wenn du hungrig bist?
- 44 __ Berichtet spontan über kurz zurückliegende Erlebnisse
- 43 __ Spricht in 4-Wort-Sätzen
- 42 __ Singt ein einfaches Lied
- 41 __ Ordnet verschiedene Bilder unter den Oberbegriffen „Tier", „Spielzeug" und „Essen"
- 40 __ Gebraucht die Mehrzahl
- 39 __ Nennt 5 Tiere
- 38 __ Nennt den Vornamen und das Geschlecht
- 37 __ Spricht 3 Zahlen nach

**3. Lebensjahr**
- 36 __ Benennt von 15 Gegenständen 10 richtig
- 35 __ Spricht einen Satz mit 5 Silben nach (Das Auto ist da)
- 34 __ Sagt seinen Vor- und Nachnamen
- 33 __ Hört einer Geschichte 5 Minuten lang zu
- 32 __ Gebraucht „Ich" oder „Mir, Mein"
- 31 __ Benennt 10 sehr gebräuchliche Gegenstände
- 30 __ Wiederholt 2 Zahlen
- 29 __ Gebraucht 3-Wort-Sätze
- 28 __ Versteht „groß" und „klein"
- 27 __ Benennt 4 bis 5 vorgezeigte Dinge
- 26 __ Nennt seinen Vornamen auf die Frage: Wie heißt Du?
- 25 __ Benennt 2 Tätigkeiten

**2. Lebensjahr**
- 24 __ Befolgt 2 von 3 Aufforderungen
- 23 __ Gebraucht 2-Wort-Satz
- 22 __ Benennt auf Befragen 3 Dinge der Umgebung
- 21 __ Äußert 2 Wünsche auf die Frage: Was möchtest Du?
- 20 __ Wiederholt einzelne Worte, die es gehört hat

Tabelle 4.**10**  Fortsetzung

|  |  |  |
|---|---|---|
| 2. Lebensjahr | 19 __ | Zeigt auf Bildern 3 verschiedene Dinge |
|  | 18 __ | Hat einen Wortschatz von 10 Wörtern |
|  | 17 __ | Zeigt Schuhe, Kleider, Spielzeug |
|  | 16 __ | Hat einen aktiven Wortschatz von 2 Wörtern |
|  | 15 __ | Zeigt auf Befragen auf mindestens einen Körperteil |
|  | 14 __ | Ahmt 2 einfache Worte nach |
|  | 13 __ | Ahmt Geräusche der Umgebung nach |
| 1. Lebensjahr | 12 __ | Äußert Wünsche durch Zeigen |
|  | 11 __ | Schaut gerne Bilder an |
|  | 10 __ | Befolgt einfache Aufforderungen (z.B. Nimm den Ball) |
|  | 9 __ | Gurrt oder quietscht bei Musik |
|  | 8 __ | Reagiert auf Worte oder Gesten angemessen (z.B. Winken bei „Winke-Winke") |
|  | 7 __ | Gebraucht Doppelsilben (z.B. ma-ma, da-da…) |
|  | 6 __ | Babbelt ausgiebig |
|  | 5 __ | Wird vor dem Füttern zunehmend aktiver |
|  | 4 __ | Äußert Stimmungslaute |
|  | 3 __ | Lokalisiert Geräusche und dreht den Kopf nach einem Glöckchen |
|  | 2 __ | Reagiert auf Stimmen mit Lächeln |
|  | 1 __ | „Kräht" spontan oder lacht bei verschiedenen Reizen |

Tabelle 4.**11**  Entwicklungstestreihe (revidiert) 5 Kognitive Fähigkeiten – Wahrnehmung nach Strassmeier (Strassmeier, W.: Frühförderprogramme für behinderte und entwicklungsverzögerte Kinder – Evaluation eines kombinierten Diagnose/Förder-Ansatzes. Phil. Diss. München 1979, S. 170, 171)

|  |  |  |
|---|---|---|
| 5. Lebensjahr | 59 __ | Unterscheidet Materialien (Woraus ist ein Löffel, Schuh, Tisch gemacht?) |
|  | 58 __ | Versteht: Wozu haben wir Bücher (Häuser)? |
|  | 57 __ | Weiß, woraus ein Haus gemacht ist |
|  | 56 __ | Legt ein Puzzle mit 12 Teilen |
|  | 55 __ | Baut auf Aufforderung eine Pyramide mit 6 Klötzen (Brücke) |
|  | 54 __ | Kann angeben, was wir mit den Augen oder den Ohren machen |
|  | 53 __ | Löst die Aufgabe: Gib mir 3 Autos, 3 Klötze… |
|  | 52 __ | Zeichnet ein Männchen mit 2 Teilen (Kopf und Rumpf) |
|  | 51 __ | Definiert „Ball" oder „Auto" formell oder durch Angabe des Gebrauchs |
|  | 50 __ | Zählt markierend bis 3 |
|  | 49 __ | Kann angeben, was wir am Tag und in der Nacht machen |
| 4. Lebensjahr | 48 __ | Ordnet 4 geometrische Formen einander zu (Kreis, Quadrat, Dreieck, Sechseck) |
|  | 47 __ | Bezeichnet Geräusche auf Kassettenrecorder als „laut" oder „leise" |
|  | 46 __ | Legt ein in 3 Teile zerschnittenes Bild „Hund" zusammen |
|  | 45 __ | Versteht „größer" und „länger" |
|  | 44 __ | Hat einen Zahlenbegriff von 2 (Wieviele Klötze sind das?) |
|  | 43 __ | Erkennt 2 von 4 Geräuschen auf Recorder: Auto, Telefon, Schreibmaschine, Fahrradklingel |

Tabelle 4.11 Fortsetzung

**4. Lebensjahr**
- 42 __ Versteht: Was fliegt, fährt, schwimmt? (Bilder von Fisch, Vogel, Auto)
- 41 __ Baut eine Brücke mit 3 Klötzen
- 40 __ Ordnet Bildkärtchen mit Quadrat und Kreis einander zu
- 39 __ Legt ein Puzzle mit 3 bis 4 Teilen
- 38 __ Zählt markierend bis 2
- 37 __ Kennt die Funktion von 3 abgebildeten Gegenständen (Löffel, Kamm, Tasse)

**3. Lebensjahr**
- 36 __ Zeigt die Farben Rot, Gelb und Blau auf Aufforderung
- 35 __ Zeigt auf den Körperteil, der berührt wurde (Kind hat Augen geschlossen)
- 34 __ Sortiert Muggelsteine in 2 Farben (rot und blau)
- 33 __ Legt 5 Würfel in einer Reihe
- 32 __ Kennt den Gebrauchswert verschiedener Gegenstände (Zeig, was wir essen, anziehen können)
- 31 __ Versteht die Präpositionen „auf" und „unter"
- 30 __ Zeigt auf Aufforderung 6 Teile der Puppe
- 29 __ Findet 2 versteckte Dinge
- 28 __ Ordnet 3 Paar Lottobilder einander zu
- 27 __ Hat einen Zahlbegriff von „eins" (Gib mir ein…)
- 26 __ Steckt Kreis, Quadrat und Dreieck ins Formenbrett
- 25 __ Hat Ansätze für Besitzdenken („mein", „mir")

**2. Lebensjahr**
- 24 __ Versteht den Begriff „mehr" (möchte mehr von etwas haben)
- 23 __ Zeigt 5 Teile einer Puppe (Augen, Nase, Hände, Beine, Haare)
- 22 __ Steckt 3 Hohlzylinder ineinander
- 21 __ Erkennt 6 Dinge in der Umgebung oder in Bilderbüchern (Zeig mir…)
- 20 __ Trommelt nachahmend mit 2 Schlegeln
- 19 __ Zeigt 2 Personen auf Aufforderung
- 18 __ Zeigt Ansätze für den Gebrauch von Haushaltsgegenständen
- 17 __ Zeigt 4 Körperteile der Puppe
- 16 __ Kritzelt spontan
- 15 __ Steckt große Stecker ins Steckbrett
- 14 __ Versucht Kritzeln nachzuahmen
- 13 __ Schlägt 2 Klötzchen zusammen

**1. Lebensjahr**
- 12 __ Nimmt eine Tasse weg, um einen versteckten Gegenstand darunter hervorzuholen
- 11 __ Trommelt nachahmend mit einem Schlegel
- 10 __ Zieht ein Stück Tuch weg, das über einen Würfel gelegt wurde
- 9 __ Zieht ein Spielzeug an der Schnur heran
- 8 __ Reagiert auf eigenes Spiegelbild
- 7 __ Sieht rollendem Ball nach
- 6 __ Versucht ausdauernd, etwas zu bekommen
- 5 __ Reagiert auf das Verschwinden eines Gesichtes: Guck-Guck-Spiel
- 4 __ Schaut einem Löffel nach, der vom Tisch gefallen ist
- 3 __ Fixiert Objekte der Umgebung
- 2 __ Erkennt einige vertraute Personen
- 1 __ Folgt bewegtem Objekt

Goodenough (1926) hat für die *Auswertung* der Zeichnung eine Liste von 51 Items zunehmenden Schwierigkeitsgrades aufgestellt. Die meisten dieser Items beinhalten das Vorhandensein bzw. die richtige Anzahl bestimmter Körperteile in der Menschenzeichnung, andere die Richtigkeit der Proportionen, des Zusammenhangs der Details und die Koordination der Zeichenbewegung. Als deutschsprachige Version hat sich neben der Bearbeitung von Sehringer (1957, 1983) vor allem die Auswertung nach Ziler (1997) durchgesetzt.

In der von Ziler gewählten detailstatistischen Bewertung wird die Zeichnung des Kindes daraufhin untersucht, welche Details dargestellt sind bzw. ob sie an der richtigen Stelle angeordnet sind. Die Auswertung erfolgt anhand der folgenden Tab. 4.**12**.

**Bemerkungen zur Bewertungstabelle (Ziler, 1997):**
Bei Armen, Fingern, Nase usw. soll der Zusatz „plastisch" ausdrücken, daß diese Körperteile nicht nur als Strich oder Punkt, sondern als Doppelstrich usw. gezeichnet sind. Eine Strichverdickung ist nicht plastisch.

Wenn Körperteile, die doppelt vorhanden sein müssen (Arme, Beine, Augen usw.) in der En-face-Zeichnung nur einmal gezeichnet sind, so wird die Hälfte der Punkte gerechnet. Sind diese Körperteile mehr als zweimal gezeichnet, wird kein Punkt gegeben. Ebenso gilt kein Punkt für angedeutete Hände (vielfach in Kreisform), die rundherum mit Strichen als Finger versehen sind. Wird bei Körperteilen, die doppelt vorhanden sind, der eine in einer einfacheren und der andere in einer besseren Form gezeichnet, so wird die bessere Form gewertet.

*Liegen von einem Kind mehrere Mann-Zeichnungen vor, die zeitlich kurz nacheinander gezeichnet worden sind, so wird die beste Zeichnung gewertet und nicht ein Mittel aus allen Zeichnungen.*

Tabelle 4.**12** Bewertungstabelle zum Mann-Zeichen-Test nach Ziler (Ziler, H.: Der Mann-Zeichen-Test in detailstatistischer Auswertung. 7. Aufl. Aschendorffsche Verlagsbuchhandlung, Münster 1997, S. 7, 8)

| | |
|---|---|
| 1. Kopf | 26. Hände, angedeutet (s. Anmerkungen) |
| 2. Kopf, nicht größer als ½ und nicht kleiner als ¼ des Rumpfes (ausgemessen!) | 27. Hände, deutlich ausgezeichnet |
| 3. Kopfhaar, angedeutet | 28. Finger, angedeutet (s. Anmerkungen) |
| 4. Kopfhaar, deutlich ausgezeichnet (s. Anmerkungen) | 29. Finger, plastisch |
| 5. Augen | 30. Finger, richtige Zahl |
| 6. Pupille | 31. Daumen, abgespreizt |
| 7. Augenbrauen (s. Anmerkungen) | 32. Beine |
| 8. Nase, angedeutet (als Strich oder Punkt) | 33. Beine, plastisch |
| 9. Nase, plastisch (es genügen evtl. 2 Nasenlöcher) | 34. Beine, richtig angesetzt (s. Anmerkungen) |
| 10. Mund, angedeutet (als Strich oder zusammenhanglose Striche) | 35. Knie (deutlicher Winkel, wenigstens an einem Bein) |
| 11. Mund, plastisch (in Mundform, nicht nur ein Loch) | 36. Füße, angedeutet |
| 12. Lippen, deutlich gezeichnet | 37. Füße, plastisch (s. Anmerkungen) |
| 13. Kinn, deutlich erkennbar oder Bart (s. Anmerkungen) | 38. Füße, mit Ferse oder Absatz (s. Anmerkungen) |
| 14. Ohren, angedeutet | 39. Gesicht, en face (s. Anmerkungen) |
| 15. Ohren, plastisch (s. Anmerkungen) | 40. Gesicht, en face, plastisch und komplett |
| 16. Hals, angedeutet (s. Anmerkungen) | 41. Gesichtsprofil (s. Anmerkungen) |
| 17. Hals, plastisch (s. Anmerkungen) | 42. Gesichtsprofil, plastisch und komplett |
| 18. Hals, richtig verbunden | 43. Profilhaltung von Rumpf und Armen (nur, wenn Punkt 41 oder 42 gezeichnet ist) |
| 19. Rumpf | 44. Profilhaltung von Beinen und Füßen (nur wenn Punkt 41 oder 42 und 43 gezeichnet sind) |
| 20. Rumpf, plastisch und länger als breit (s. Anmerkungen) | 45. Kopfbedeckung, angedeutet, |
| 21. Schultern deutlich erkennbar | 46. Kopfbedeckung, mit Einzelheiten |
| 22. Arme, als Strich | 47. Körperbekleidung, angedeutet (s. Anmerkungen) |
| 23. Arme, plastisch | 48. Hose, deutlich gezeichnet mit Einzelheiten, nicht transparent |
| 24. Arme, richtig angesetzt (s. Anmerkungen) | 49. Rock, deutlich gezeichnet mit Einzelheiten, nicht transparent |
| 25. Ellbogen (deutlicher Winkel, wenigstens an einem Arm) | 50. Kragen, deutlich gezeichnet |
| | 51. Schuhe, angedeutet |
| | 52. Schuhe, deutlich mit Einzelheiten |

Bei der Zählung der Punkte ist darauf zu achten, daß bei einer besseren Ausführung eines Körperteils die vorherigen Punkte für die schlechtere Ausführung mitgezählt werden. Ist z.B. bei einer Mann-Zeichnung der Hals so gezeichnet, daß Punkt 18 erfüllt ist, so werden auch die Punkte 16 und 17 mitgezählt. Oder ist bei den Beinen der Punkt 34 erreicht, so sind auch die Punkte 32 und 33 zu zählen.

*Zu Punkt 4.* Der Punkt zählt, wenn das Haar nicht nur gekritzelt oder nur am Umriß des Kopfes gezeichnet ist, sondern die entsprechenden Stellen des Kopfes ein gezeichnetes Haar haben, Kopfumrisse dürfen nicht durchschauen.

*Zu Punkt 7.* Dieser Punkt kann sowohl für Augenbrauen als auch für Wimpern gezählt werden.

*Zu Punkt 13.* Bei En-face-Zeichnungen muß entsprechend Platz unter dem Mund sein, der Kopf muß an der Stelle des Kinns spitzer zulaufen. Evtl. kann auch eine Andeutung des Kinns durch einen Punkt, kleine Striche oder Schattierungen vorhanden sein.

*Zu Punkt 15.* Erforderlich für diesen Punkt ist, daß innerhalb der Umrandung des Ohres ein Punkt, ein Kreis, eine fragezeichenartige Figur oder dgl. das Innere der Ohrmuschel andeutet.

*Zu Punkt 16–18.* Als Andeutung des Halses genügt ein Strich, der allerdings Kopf und Rumpf verbinden muß. Hat dieser Strich keine direkte Verbindung mit Hals und Rumpf, so ist der Punkt 16 nicht erfüllt. – Der Hals ist plastisch, wenn er durch zwei parallele Striche dargestellt ist, die oben durch die Umrißlinie des Kopfes und unten durch die Umrißlinie des Rumpfes begrenzt sind. – Die richtige Verbindung zwischen Kopf und Rumpf erfordert, daß die Kopfumrißlinie offen in die Halslinien übergeht und die Halslinien offen in die Umrißlinie des Rumpfes überleiten. Es gibt dabei also keine Begrenzungen des Halses nach oben oder unten durch querlaufende Linien.

*Zu Punkt 19/20.* Für Punkt 19 zählt der Rumpf, der durch einen Strich, durch ein kreisförmiges Gebilde oder durch ein quadratisches Viereck dargestellt ist. Also auch plastische Rumpfformen, die nicht länger als breit sind, erfüllen nur den Punkt 19. – Für den Punkt 20 muß der Rumpf plastisch und eindeutig länger als breit sein.

Es kommt bei jüngeren Kindern des öfteren vor, daß die Beine an den Kopf gesetzt und parallel lang heruntergezogen sind, so daß der langgestreckte Raum zwischen den Beinen wohl als Rumpf gemeint sein könnte. Doch kann dieser langgestreckte offene Raum als Rumpf nur dann anerkannt werden, wenn er über dem Ende der Beine oder über den evtl. gezeichneten Füßen durch einen Querstrich nach unten begrenzt ist.

*Zu Punkt 24.* Bei einer En-face-Zeichnung muß der Arm genau an der Schulter angesetzt sein. Bei einer Profilzeichnung muß er an der Stelle angesetzt sein, an der die Schulter anzunehmen ist.

*Zu Punkt 26–31.* Hände und Finger, die etwas halten (z.B. Blumen, Spazierstock usw.), werden genau so bewertet wie die freien Hände oder Finger der Mann-Zeichnung. Halten beide Hände mit ihren Fingern etwas oder sind die Hände und Finger – oder in der Profilzeichnung die eine sichtbare Hand mit ihren Fingern – in den Taschen oder auf dem Rücken, so daß die Punkte für Hände und Finger nicht oder nicht richtig gezählt werden können, dann wird die gleiche Punktzahl, die sich für die Füße ergibt (einschließlich Punkt 51 und 52), auch für Hände und Finger angerechnet.

*Zu Punkt 34.* Die Beine müssen schräg nach oben zusammenlaufen und müssen wenigstens da zusammenstoßen, wo sie am Körper angesetzt sind. Wo sie unter einer Jacke oder unter einem Mantel hervorkommen, müssen sie schräg aufeinanderzulaufen.

*Zu Punkt 37.* Die plastische Zeichnung des Fußes kann nur dann anerkannt werden, wenn eine Fußform gezeichnet ist. Kreise oder sonstige Formen genügen nicht.

*Zu Punkt 38.* Es werden hier alle möglichen Formen von Fersen und Absätzen (mit und ohne Schuh-Andeutung) gezeichnet. Gewertet wird jede deutliche Erhebung an der Stelle des Fußes, an der Ferse oder Absatz sein müssen, also auch der Absatz ohne sonstige Andeutung eines Schuhs.

*Zu Punkt 39/40.* Für den Punkt 39 genügt ein En face-Gesicht mit allen Gesichtsteilen, plastisch oder nichtplastisch gezeichnet, ohne Kinn. – Der Punkt 40 erfordert dagegen ein En-face-Gesicht mit allen Gesichtsteilen, plastisch gezeichnet, das Kinn muß deutlich gezeichnet sein.

*Zu Punkt 41/42.* Für den Punkt 41 genügt ein Gesichtsprofil mit allen Gesichtsteilen, plastisch oder nichtplastisch gezeichnet, Kinn oder Ohren dürfen fehlen. – Der Punkt 42 erfordert dagegen ein Gesichtsprofil mit allen Gesichtsteilen, plastisch gezeichnet.

Bei einem *Mischprofil* wird die doppelte Darstellung von Nase und Mund (en face und im Profil) und eine mehrfache Darstellung der Augen positiv mit den entsprechenden Punkten bewertet. *Punkt 42 kann aber in keinem Fall gegeben werden.*

*Zu Punkt 47.* Die Andeutung der Kleidung geschieht meist durch Knöpfe auf dem Rumpf und durch transparente Kleidung. Ein einzelner Punkt auf dem Rumpf soll im allgemeinen keinen Knopf, sondern den Nabel bedeuten.

Bei der *Berechnung* geht man zur Feststellung des Mann-Zeichen-Alters (MZA) davon aus, daß das normale 3jährige Kind noch keinen Punkt der Tab. 4.**12** zeichnet. Man bestimmt anhand der Zeichnung, wieviele der oben angeführten 52 Punkte sie enthält. Die Punktzahl wird dann durch 4 geteilt, da 4 Punkte einem Jahr MZA entsprechen. Zu der auf diese Weise errechneten Zahl von Jahren werden die 3 ersten Lebensjahre, für die es ja noch keinen Punkt gibt, hinzugezählt. Die ermittelte Summe ergibt das Mann-Zeichen-Alter.

Abb. 4.**10** zeigt die Zeichnung eines 4; 10jährigen Jungen. Er erhält insgesamt 8 Punkte (Kopf, Augen, Pupillen, Wimpern, Mund, Ohren, Arme, Beine), die 2 Jahren des Mann-Zeichen Alters entsprechen. Hinzu kommen für die Bestimmung des Mann-Zeichen-Alters 3 Jahre (für die es ja noch keinen Punkt gibt). Die auf diese Weise ermittelte Summe des Mann-Zeichen-Alters beträgt 5;0 Jahre. Der Mann-Zeichen-Quotient beträgt dann 103. Dieses Resultat weist auf eine altersentsprechende Entwicklung des Jungen hin.

An *Normen* liegen Häufigkeitsangaben über das Vorkommen der in den Zeichnungen bewerteten Details für die Altersstufen 4 bis 14 Jahre vor (Ziler, a.a.O.), eine eigentliche Normierung für 5- bis 7jährige Kinder (Winkelmann, 1972) und Normen für 3- bis 5jährige Kinder (Kiese, 1980).

Die geschilderte Quantifizierung der Mann-Zeichnung birgt allerdingt die Gefahr in sich, daß dieses Screening-Verfahren als metrischer Test im engeren Sinne missverstanden wird. Zudem wird der Mann-Zeichen-Quotient mitunter irrtümlicherweise dem Intelligenz-Quotienten aus Intelligenzverfahren gleichgesetzt, was absolut *unzulässig* ist.

Der Hauptanwendungsbereich dieses Verfahrens liegt darin, Kinder mit Entwicklungsstörungen der oben beschriebenen Art zu identifizieren.

Abb. 4.**10** Mann-Zeichnung eines 4; 10jährigen Jungen.

Falls auffallende Entwicklungsrückstände feststellbar sind, muß eine differenziertere Abklärung erfolgen.

## 4.2 Screening-Verfahren zur Erfassung von psychiatrischen Störungen und Verhaltensauffälligkeiten

Die im folgenden darzustellenden Screening-Verfahren sind, vor allem weil sie der Erfassung von Vorschul- und Grundschulkindern dienen, ausnahmslos *Fragebögen, die von den Eltern zu beantworten sind.* Abgesehen von dem summarischen Hinweis auf eine psychische Störung, auf die sich aus den Resultaten schließen läßt, sollten die positiv beantworteten Symptome stets auch in einer gezielten Exploration noch genauer erfragt und die Umstände, unter denen sie auftreten, geklärt werden. Der Wert von Screening-Verfahren dieser Art liegt gerade darin, den Untersucher auf solche Symptome aufmerksam zu machen und zur weiteren Abklärung anzuregen.

### 4.2.1 Fragebogen zur Erfassung von Verhaltensstörungen im Vorschulalter (Esser, 1980; Schmidt et al., 1985) (Tab. 4.**13**)

In Anlehnung an die Behaviour Check List von Richman (1977) hat Esser (1980) einen ursprünglich 32 Items umfassenden Elternfragebogen zur Erfassung von Verhaltensauffälligkeiten bei 4- und 5jährigen Kindern entwickelt. In der letzten Fassung (Schmidt et al., 1985) enthält das Verfahren 26 Fragen. Inhaltlich geht es in diesem Screening um Eß- und Schlafprobleme, Einnässen, Einkoten, Störungen im Sozialverhalten, Angstsymptome, depressive Verstimmungen und Tics. Außerdem enthält der Fragebogen Angaben zur beruflichen Stellung der Eltern und zur Zahl der Geschwister:

## Screening-Verfahren zur Erfassung von psychiatrischen Störungen und Verhaltensauffälligkeiten

Tabelle 4.**13** Fragebogen zur Erfassung von Verhaltensstörungen im Vorschulalter nach Esser, 1980
(Schmidt, M.H., Esser, G.: Psychologie für Kinderärzte. Enke, Stuttgart 1985, S. 200, 201)

*Liebe Eltern!* Sie selbst kennen Ihr Kind am besten, deshalb fragen wir Sie nach seinen Verhaltensweisen. Bitte, kreuzen sie das „Stimmt" auch dann an, wenn das angesprochene Verhalten vorliegt, Sie aber nicht beunruhigt.

|    |   | | stimmt/ | stimmt nicht |
|----|---|---|---|---|
| 1.1. | – | Mein Kind wehrt sich allgemein gegen das Essen, es ißt ungern | ☐ | ☐ |
| 1.2. | – | Mein Kind ißt regelmäßig übermäßig viel | ☐ | ☐ |
| 2.1. | – | Mein Kind näßt manchmal tagsüber ein | ☐ | ☐ |
| 2.2. | – | Mein Kind näßt häufiger als einmal in der Woche nachts ein. | ☐ | ☐ |
| 2.3. | – | Mein Kind kotet manchmal ein (macht „die Hose voll") | ☐ | ☐ |
| 3.1. | – | Mein Kind kann häufig schlecht einschlafen | ☐ | ☐ |
| 3.2. | – | Mein Kind wacht häufig nachts auf und hat Angst („Alpträume") | ☐ | ☐ |
| 3.3. | – | Mein Kind schläft häufig in meinem/unserem Bett | ☐ | ☐ |
| 4.1. | – | Mein Kind spielt sehr ungern oder überhaupt nicht mit anderen Kindern | ☐ | ☐ |
| 4.2. | – | Mein Kind ist gegenüber bekannten Erwachsenen scheu und ängstlich | ☐ | ☐ |
| 4.3. | – | Mein Kind ist gegenüber fremden Erwachsenen auffallend scheu und ausgesprochen ängstlich | ☐ | ☐ |
| 4.4. | – | Mein Kind versucht, sich auch bei fremden Erwachsenen gleich in den Mittelpunkt zu stellen | ☐ | ☐ |
| 4.5. | – | Mein Kind läuft nahezu auf jeden fremden Erwachsenen zu und nimmt sofort Kontakt auf | ☐ | ☐ |
| 5.1. | – | Mein Kind kann sich zu Hause fast gar nicht selbst beschäftigen; es braucht ständig Anregung | ☐ | ☐ |
| 5.2. | – | Mein Kind ist sehr unruhig, zappelig oder unkonzentriert, so daß es sich nicht über einige Zeit mit einer Sache/Spiel beschäftigen kann | ☐ | ☐ |
| 6.1. | – | Mein Kind hat häufig Schwierigkeiten, sich von Mutter oder Vater zu trennen (schreit, weint, klammert sich an) | ☐ | ☐ |
| 7.1. | – | Mein Kind ist allgemein sehr ängstlich und besorgt | ☐ | ☐ |
| 7.2. | – | Mein Kind hat auffallend starke Angst bei bestimmten Gelegenheiten (z.B. bei Dunkelheit, in fremder Umgebung oder vor gewissen Tieren). | ☐ | ☐ |
| 8.1. | – | Mein Kind hat häufig ausgeprägte Wutausbrüche | ☐ | ☐ |
| 8.2. | – | Mein Kind hat häufig heftigen Streit mit seinen Geschwistern oder anderen Kindern | ☐ | ☐ |
| 8.3. | – | Mein Kind kann sich gegen andere Kinder nicht wehren oder durchsetzen | ☐ | ☐ |
| 9.1. | – | Mein Kind ist häufig mißgelaunt oder weinerlich | ☐ | ☐ |
| 9.2. | – | Mein Kind ist ungewöhnlich traurig, bedrückt, depressiv | ☐ | ☐ |
| 10.1. | – | Mein Kind zeigt *häufig* ein oder mehrere der folgenden Verhaltensweisen: | | |
|  |  | – blinzelt | ☐ | ☐ |
|  |  | – räuspert sich | ☐ | ☐ |
|  |  | – zuckt mit den Schultern oder hat Zuckungen im Gesicht | ☐ | ☐ |
|  |  | – schaukelt vor dem Einschlafen mit dem Kopf oder mit dem Körper | ☐ | ☐ |
| 10.2. | – | Mein Kind reißt sich die Haare aus, schlägt den Kopf oder Körperteil gegen die Wand/Bett oder verletzt sich auf andere Weise selbst | ☐ | ☐ |
| 11. | – | Mein Kind zeigt folgende, oben nicht genannte, auffällige Verhaltensweisen: | | |

..................................................................................................................

..................................................................................................................

Diesen Bogen hat ausgefüllt: der Vater ☐   die Mutter ☐   beide ☐   andere ☐
Bitte beantworten Sie uns auch noch folgende Fragen nach Ihrer Berufstätigkeit:

*gelernter Beruf* des Vaters ........................................   *gelernter Beruf* der Mutter ........................................

*ausgeübter Beruf* des Vaters ........................................   *ausgeübter Beruf* der Mutter ........................................

Zahl der Geschwister ........................................

| *Stellung:* | Vater / Mutter | *wenn keine Stellung:* | Vater / Mutter |
|---|---|---|---|
| 0 keine Stellung |  ☐  ☐  | 1 Rentner | ☐  ☐ |
| 1 Arbeiter |  ☐  ☐  | 2 Arbeitsloser/Sozialhilfe- | |
| 2 Angestellter |  ☐  ☐  | empfänger | ☐  ☐ |
| 3 Beamter |  ☐  ☐  | 3 Hausfrau | ☐  ☐ |
| 4 Selbständiger |  ☐  ☐  | 4 Schüler | ☐  ☐ |
| 5 Mithelfender Familienangehör. |  ☐  ☐  | 5 Student | ☐  ☐ |
| 6 Lehrling |  ☐  ☐  |  | |

Eine erste Erprobung des Instruments erfolgte an 700 Kindern, die *Normierungsstichprobe* umfaßt 553 Kinder.

Bei einer summarischen *Auswertung* des Fragebogens kann bei 7 positiv beantworteten Items eine psychische Störung angenommen werden. Die Autoren raten dazu, bereits ab 4 positiv beantworteten Items eine vertiefte Exploration durchzuführen.

### 4.2.2 Screening-Fragen an Eltern zur Einschätzung von Verhaltensauffälligkeiten im Einschulungsalter
(Schmidt et al., 1984)

Dieser ebenfalls auf die Behaviour Check List von Richman (1977) zurückgehende Fragenkatalog kann als Screening-Verfahren zur Befragung von Eltern eingesetzt werden. Er hat sich vor allem zur Erfassung von Verhaltensauffälligkeiten bei Vorschulkindern und Kindern im Einschulungsalter bewährt (Esser, 1980; Schmidt et al., 1984). Die Übereinstimmungen dieses Verfahrens mit dem Mannheimer Elterninterview betrug 77%. Es gelang demnach mit Hilfe des Fragenkatalogs ¾ der verhaltensauffälligen Kinder zu erfassen, die vom Kinderpsychiater mittels eines strukturierten Interviews als auffällig beschrieben worden waren. Die größten Übereinstimmungen zwischen den beiden Erhebungsmethoden bestanden hinsichtlich hyperkinetischer Verhaltensweisen und emotionaler Probleme. Die Rate der falsch-positiven Einschätzungen liegt für den gesamten Fragenkatalog bei 12%, während die Rate von falsch-negativ eingeschätzten Kindern 8% beträgt. Die aus diesen Zahlen sichtbar werdende etwas größere Spezifität als Sensitivität ist für ein Screening-Verfahren durchaus akzeptabel.

Die insgesamt 20 Fragen dieses Screenings prüfen die folgenden 5 Bereiche (mit je 4 Fragen): emotionale Auffälligkeiten, hyperkinetisches Verhalten, Verhaltensdefizite, die vermutlich hirnorganisch bedingt sind, dissoziale Auffälligkeiten und spezielle Verhaltensauffälligkeiten (Tab. 4.**14**).

Bei Bejahung von 2 Fragen durch die Mutter kann ein Kind nach Ansicht der Autoren als „vermutlich auffällig" gelten (diese Bewertung führte zu der erwähnten Trefferquote von 77% im Vergleich zum kinderpsychiatrischen Interview).

### 4.2.3 Elternfragebogen zur Erfassung kinderpsychiatrisch auffälliger 8jähriger (SKA 8, Geisel et al., 1982)
(Tab. 4.**15**)

Dieser Fragebogen wurde zwar lediglich an 8jährigen entwickelt. Er besitzt jedoch nach Schmidt et al., (1985) Gültigkeit für das gesamte Grundschulalter. Die bisher vorliegenden Befunde weisen dieses Screening-Verfahren als valides Instrument zur Bestimmung psychiatrisch auffälliger Kinder aus.

Der gesamte Fragebogen besteht aus 37 Items. Die ersten 32 Items beinhalten Verhaltensauffälligkeiten, die nach einer 4stufigen Skala („nein", „ein wenig", „ziemlich", „sehr viel") eingeschätzt werden sollen. Ferner können die Eltern im Fragebogen nicht aufgeführte Symptome selber nennen (Item 33). Die 4 letzten Fragen betreffen die Einschätzung des Schweregrades der Störung und den Wunsch nach fachlicher Hilfe.

Die Auswertung dieses Screening-Instruments erfolgt nicht symptomspezifisch, sondern in Form einer globalen Auffälligkeitsbestimmung. Hierzu werden die Bewertungen je Item (0 bis 3) über die Fragen 1 bis 32 aufsummiert. Die so ermittelten Werte können zwischen 0 und 96 liegen. Die diagnostische Qualität des Verfahrens ändert sich im Hinblick auf Spezifität und Sensitivität (vgl. Kap. 1) je nach dem kritischen Wert, der als Cut-Point zwischen „gesund" und „krank" angenommen wird. In Tab. 4.**16** sind die entsprechenden Befunde aufgeführt.

Wie die Zusammenstellung zeigt, werden bei einem niedrigen kritischen Wert (z.B. $\geq 10$) relativ viele (88%) der wirklich auffälligen Kinder richtig erfaßt. Zugleich werden aber nur 53% der in Wahrheit unauffälligen Kinder tatsächlich auch dieser Gruppe zugeordnet. Aufgrund des Screenings würde also eine relativ große Zahl eigentlich gesunder Kinder einer weiteren Abklärung zugeführt. Der Vorteil des niedrigen kritischen Wertes liegt jedoch darin, daß fast alle Risikokinder identifiziert werden. Mit steigendem kritischen Wert vermindert sich die Sensitivität (d.h. ein kleinerer Anteil der wirklich Auffälligen wird erfaßt), während sich die Spezifität verbessert (Anteil der erfaßten Unauffälligen steigt). Schmidt et al. (1985) schlagen für den klinischen Gebrauch einen Cut-Point von $\geq 15$ vor. Bei Verwendung dieses Wertes werden fast ¾ der Auffäl-

Tabelle 4.14 Screening-Fragen an Eltern zur Einschätzung von Verhaltensauffälligkeiten im Einschulungsalter (Schmidt, M.H., Göhring, J., Armbruster, F.: Einschätzung von Verhaltensauffälligkeiten im Einschulungsalter durch Screening-Fragen an die Eltern. Öff. Gesundh.-Wes. 46 (1984) 238f.

| | |
|---|---|
| **1** | **Emotionale Auffälligkeiten** |
| 1.1 | „Kann sich Ihr Kind schlecht von Ihnen trennen, gibt es Dinge, vor denen das Kind übertriebene Angst hat?" (Ängstlichkeit, Furchtsamkeit, unrealistische Ängste) |
| 1.2 | „Ist Ihr Kind Ihrer Meinung nach zu schüchtern, traut es sich nicht Kontakte aufzunehmen oder läßt es sich alles gefallen?" (Kontaktschwierigkeiten) |
| 1.3 | „Ist Ihr Kind leicht unglücklich, leicht niedergeschlagen, mutlos, öfter bedrückt?" (Verstimmbarkeit bei geringen Anlässen) |
| 1.4 | „Fühlt Ihr Kind sich anderen gegenüber leicht benachteiligt?" (Übertriebene Eifersucht, Rivalitätsprobleme) |
| **2** | **Hyperkinetisches Verhalten** |
| 2.1 | „Ist Ihr Kind zappelig?" (Motorische Unruhe) |
| 2.2 | „Ist Ihr Kind durch Kleinigkeiten ablenkbar und fängt es deshalb immer etwas Neues an?" (Leichte Ablenkbarkeit) |
| 2.3 | „Kann Ihr Kind seine Aufmerksamkeit nicht lange auf eine Sache richten, nicht bei einer Sache bleiben?" (Aufmerksamkeitsstörung) |
| 2.4 | „Lernt Ihr Kind schlecht aus unmittelbaren Erfahrungen?" (Schlechtes Lernen aus Erfahrung) |
| **3** | **Verhaltensdefizite, die vermutlich hirnorganisch bedingt sind** |
| 3.1 | „Fällt Ihr Kind dadurch auf, daß es einen altersgemäßen Abstand zu fremden Personen nicht einhält?" (Distanzstörung) |
| 3.2 | „Reagiert Ihr Kind bei kleinen Anlässen (freudigen oder negativen) überschießend heftig?" (Stimmungslabilität) |
| 3.3 | „Empfinden Sie Ihr Kind als besonders langsam, insbesondere wenn es um das Erlernen neuer Fertigkeiten geht?" (Verlangsamung von Lernprozessen) |
| 3.4 | „Schätzt Ihr Kind soziale Situationen falsch ein und bekommt es deswegen leicht Schwierigkeiten mit anderen Kindern?" (Mängel bei der sozialen Wahrnehmung) |
| **4** | **Dissoziale Auffälligkeiten** |
| 4.1 | „Neigt Ihr Kind generell zu aggressivem Verhalten?" (Aggressivität) |
| 4.2 | „Neigt Ihr Kind zu Eigentumsverletzungen, bewußtem Lügen (Schulschwänzen)?" (Überschreiten sozialer Regeln) |
| 4.3 | „Kann Ihr Kind auf die Gefühle anderer schlecht Rücksicht nehmen?" (Mangelnde emotionale Beeindruckbarkeit) |
| 4.4 | „Entzieht sich Ihr Kind der Beeinflußbarkeit durch Bezugspersonen?" (Schlechte Lenkbarkeit) |
| **5** | **Spezielle Verhaltensauffälligkeiten** |
| 5.1 | „Näßt Ihr Kind tags oder nachts ein?" (Enuresis, nicht nur gelegentliche und ohne organisch bedingte Inkontinenz) |
| 5.2 | „Kotet Ihr Kind ein?" (Enkopresis, nicht nur gelegentliche und ohne organisch bedingte Inkontinenz) |
| 5.3 | „Zuckt Ihr Kind manchmal im Gesicht oder mit den Schultern?" (Tics, häufige unwillkürliche Zukungen, die nicht immer im Gesicht beginnen) |
| 5.4 | „Ist Ihr Kind extrem schwer ins Bett zu bringen, kommt es nachts häufig ans Bett der Eltern, schläft es meist im Bett der Eltern, schreit es häufig im Schlaf, wird es nachts häufiger wach?" (Schlafstörungen, nur schwere und länger bestehende) |

Tabelle 4.**15** Elternfragebogen zur Erfassung kinderpsychiatrisch auffälliger 8jähriger (Geisel, B., Eisert, H.G., Schmidt, M.H., Schwarzbach, H.: Entwicklung und Erprobung eines Screening-Verfahrens für kinderpsychiatrisch auffällige Achtjährjge (SKA 8). Prax. Kinderpsychol. Kinderpsychiat. 31, 1982, 173–179)

**Eltern-screening***                                             STRENG VERTRAULICH
* geringfügige Formulierungsabweichungen des **Lehrer-screenings** werden in Klammern genannt.

Dieser Beurteilungsbogen enthält Feststellungen über problematisches Verhalten, das viele Kinder manchmal zeigen. Wir möchten wissen, ob Sie in den letzten Monaten an Ihrem Kind eine oder mehrere der genannten Verhaltensweisen beobachtet haben. Es ist notwendig, daß sie *keine* Beurteilung auslassen. Bitte kreuzen Sie bei *jeder* Feststellung immer *nur eine* der vier vorgegebenen Antwortmöglichkeiten wie folgt an:
(0): „Nein", wenn das genannte Verhalten kein Problem darstellt oder nicht vorkommt.
(1): „ein wenig", wenn das genannte Verhalten ein kleines, nicht sehr ernstes Problem darstellt.
(2): „ziemlich", wenn das genannte Verhalten ein schwieriges Problem darstellt.
(3): „sehr viel", wenn das genannte Verhalten ein sehr ernstes, schwerwiegendes Problem darstellt.

| Mein Kind … (das Kind) … | nein | ein wenig | ziemlich | sehr viel |
|---|---|---|---|---|
| 1 … hat Schwierigkeiten beim Lernen (hat allgemeine Lernschwierigkeiten) | 0 | 1 | 2 | 3 |
| 2 … hört nicht zu, was andere sagen (kann schlecht zuhören) | 0 | 1 | 2 | 3 |
| 3 … liest schlecht | 0 | 1 | 2 | 3 |
| 4 … zieht sich zurück, beschäftigt sich am liebsten alleine | 0 | 1 | 2 | 3 |
| 5 … rechnet schlecht | 0 | 1 | 2 | 3 |
| 6 … ist unselbständig | 0 | 1 | 2 | 3 |
| 7 … ist schlecht im Diktat | 0 | 1 | 2 | 3 |
| 8 … ist reizbar, leicht erregt | 0 | 1 | 2 | 3 |
| 9 … ist leicht ablenkbar, unaufmerksam | 0 | 1 | 2 | 3 |
| 10 … ist oft trotzig | 0 | 1 | 2 | 3 |
| 11 … wirkt traurig, bedrückt | 0 | 1 | 2 | 3 |
| 12 … schreibt schlecht | 0 | 1 | 2 | 3 |
| 13 … ist ängstlich | 0 | 1 | 2 | 3 |
| 14 … ist schwerfällig | 0 | 1 | 2 | 3 |
| 15 … spielt nicht mit anderen Kindern | 0 | 1 | 2 | 3 |
| 16 … stört andere Kinder | 0 | 1 | 2 | 3 |
| 17 … ist zappelig | 0 | 1 | 2 | 3 |
| 18 … wird leicht verlegen | 0 | 1 | 2 | 3 |
| 19 … geht nicht gern in die Schule (schwänzt die Schule) | 0 | 1 | 2 | 3 |
| 20 … beendet angefangene Aufgaben nicht | 0 | 1 | 2 | 3 |
| 21 … hat wenig Selbstvertrauen | 0 | 1 | 2 | 3 |
| 22 … steht gern im Mittelpunkt | 0 | 1 | 2 | 3 |
| 23 … ist oft launisch | 0 | 1 | 2 | 3 |
| 24 … stottert oder hat andere Sprachschwierigkeiten | 0 | 1 | 2 | 3 |
| 25 … hat oft Streit | 0 | 1 | 2 | 3 |
| 26 … weint bei Kleinigkeiten | 0 | 1 | 2 | 3 |
| 27 … kann nicht stillsitzen | 0 | 1 | 2 | 3 |
| 28 … muß gleich haben, was er/sie will | 0 | 1 | 2 | 3 |
| 29 … benimmt sich oft kleinkindhaft | 0 | 1 | 2 | 3 |
| 30 … hat Wutausbrüche | 0 | 1 | 2 | 3 |
| 31 … ist zurückhaltend, verschlossen | 0 | 1 | 2 | 3 |
| 32 … ist leicht verwirrt | 0 | 1 | 2 | 3 |
| 33 … zeigt folgendes anderes Verhalten: ................................................................. | 0 | 1 | 2 | 3 |

Tabelle 4.**15** Fortsetzung

| | |
|---|---|
| 34 ... | Für wie problematisch halten Sie zur Zeit das Verhalten dieses Kindes <br> unproblematisch (0)   etwas problematisch (1)   sehr problematisch (2)   besorgniserregend (3) |
| 35 ... | Halten Sie die Erziehung dieses Kindes für schwieriger als die Erziehung anderer Kinder? (Ist das Kind in der Klasse schwieriger als andere Kinder?) <br> nein, nicht schwieriger (0)   ja, schwieriger (2) |
| 36 ... | Glauben sie, daß eine fachliche Beratung z.B. in einer Erziehungsberatungsstelle nötig wäre? (z.B. in einer Bildungs- oder Erziehungsberatungsstelle nötig wäre?) <br> nein, nicht nötig (0)   ja, nötig (2) |
| 37 ... | Haben Sie sich wegen der Erziehung dieses Kindes schon einmal von Fachleuten (Ärzten, Psychologen, Pädagogen o. a.) beraten lassen? (Wurde bei diesem Kind durch die Schule schon einmal eine Beratung oder Untersuchung angeregt oder veranlaßt?) <br> nein (0)   ja (2) |

– Bitte prüfen Sie, ob Sie alle genannten Verhaltensweisen beurteilt und entsprechend angekreuzt haben.

VIELEN DANK FÜR IHRE MÜHE!

– Wer hat den Fragebogen ausgefüllt?   VATER ☐
                                       MUTTER ☐
                                       ANDERE ☐

– Sind Sie als Elternteil einverstanden, daß Ihr Kind durch seinen Klassenlehrer nach demselben Fragenkatalog beurteilt wird?
   JA ☐
   NEIN ☐

...........................................................
Ort, Datum

...........................................................
Unterschrift

Tabelle 4.**16** Qualität des Screenings mit Hilfe des Elternfragebogens zur Erfassung kinderpsychiatrisch auffälliger 8jähriger (nach Geisel et al., 1982) in Abhängigkeit vom gewählten Schnittpunkt zwischen „Normalität" und „Auffälligkeit" (Schmidt, M.H., Esser, G.: Psychologie für Kinderärzte. Enke, Stuttgart 1985, S. 204)

| | ≥ 10 | ≥ 15 | ≥ 20 | ≥ 25 | ≥ 30 |
|---|---|---|---|---|---|
| Sensitivität | 88% | 72% | 60% | 40% | 28% |
| Spezifität | 53% | 71% | 83% | 92% | 97% |
| Effektivität | 58% | 71% | 79% | 84% | 87% |

ligen erfaßt, und die Rate der fälschlicherweise als auffällig Klassifizierten liegt mit 29% relativ niedrig.

## 4.3 Screening-Verfahren zur Untersuchung der sozialen Entwicklung

### 4.3.1 Vineland Social Maturity Scale
(Tab. 4.**17**)

Ein Verfahren, das sich als sehr brauchbar für eine erste Orientierung über den sozialen Entwicklungsstand eines Kindes bewährt hat, ist die Vineland Social Maturity Scale, VSMS (Doll, 1953). Lüer et al. (1966) haben die ursprünglich 117 Items der Gesamtskala auf eine Kurzform von 43 Items reduziert (Bondy et al., 1975).

Die Schätzung des sozialen Entwicklungsstandes wird bei diesem Verfahren nicht durch unmittelbare Beobachtung des Kindes selbst vorgenommen, sondern aufgrund der Aussagen informierter Personen (vor allem der Eltern, aber auch anderer naher Bezugspersonen, Erzieher usw.). Die Befragung erfolgt in Form eines halbstandardisierten Interviews, das sich an den 43 Items orientiert. Nur in Sonderfällen fungiert der Proband selbst als Informant, und nur selten werden meh-

## 4 Screening-Verfahren

Tabelle 4.**17** Kurzform der Vineland Social Maturity Scale (VSMS) (Bondy, C., Cohen, R., Eggert, D., Lüer, G.: Testbatterie für geistig behinderte Kinder. TBGB. Beltz, Weinheim 1975)

| Name des Kindes: _____ |
| Alter: _____ |
| Geschlecht: _____ |

Wer hat den Fragebogen ausgefüllt?   Rohwert: _____
1. Mutter
2. Vater
3. Pfleger(in)
4. Arzt, Arzthelferin
5. Lehrer(in), Heilpädagoge(in)
6. Pfarrer
7. Sonstige
   Wer? _____   Datum: _____

Bitte lesen Sie sich die folgende Liste von Verhaltensweisen gut durch und kreuzen Sie bitte das Zutreffende „Ja" dann an, wenn Sie diese Verhaltensweise schon bei dem Kind beobachtet haben. Andernfalls kreuzen Sie bitte immer das „Nein" an.

|  | Ja | Nein |
|---|---|---|
| 1. Zieht sich die Jacke und Kleidung aus. | ☐ | ☐ |
| 2. Trocknet sich die Hände ab. | ☐ | ☐ |
| 3. Weiß sich in einfachen Situationen zu helfen. | ☐ | ☐ |
| 4. Nennt bekannte Gegenstände mit Namen. | ☐ | ☐ |
| 5. Zieht sich eine Jacke oder ein Kleid ohne Hilfe an. | ☐ | ☐ |
| 6. Nimmt sich allein etwas zu trinken. | ☐ | ☐ |
| 7. Ist immer vorsichtig (vermeidet Gefahren). | ☐ | ☐ |
| 8. Kleidet sich allein an, allerdings ohne sich etwas zuzubinden. | ☐ | ☐ |
| 9. Knöpft die Jacke oder das Kleid zu. | ☐ | ☐ |
| 10. Ißt mit der Gabel. | ☐ | ☐ |
| 11. Hilft bei kleinen Hausarbeiten mit. | ☐ | ☐ |
| 12. Wäscht sich ohne Hilfe das Gesicht. | ☐ | ☐ |
| 13. Gebraucht Bleistift und Buntstift zum Zeichnen. | ☐ | ☐ |
| 14. Schneidet mit der Schere. | ☐ | ☐ |
| 15. Kämmt und bürstet sich das Haar. | ☐ | ☐ |
| 16. Geht ohne Begleitung in der Nachbarschaft umher. | ☐ | ☐ |
| 17. Geht ohne Hilfe zu Bett. | ☐ | ☐ |
| 18. Berichtet über Erfahrungen. | ☐ | ☐ |
| 19. Gebraucht Roll- oder Schlittschuhe, Schlitten und Wagen. | ☐ | ☐ |
| 20. Verrichtet einfache Hausarbeiten. | ☐ | ☐ |
| 21. Erfreut sich an Büchern, Zeitungen und Illustrierten. | ☐ | ☐ |
| 22. Führt anderen etwas vor. | ☐ | ☐ |
| 23. Gebraucht Geräte und Werkzeuge. | ☐ | ☐ |
| 24. Versorgt sich am Tisch selbst. | ☐ | ☐ |
| 25. Benutzt Tischmesser beim Bestreichen von Brot. | ☐ | ☐ |
| 26. Nimmt an jugendlichen Jungen oder Mädchenspielen teil. | ☐ | ☐ |
| 27. Spielt kleine Wettkampfspiele. | ☐ | ☐ |
| 28. Spielt einfache Brettspiele mit anderen. | ☐ | ☐ |
| 29. Badet sich selbst (mit einiger Hilfe). | ☐ | ☐ |
| 30. Gebraucht Tischmesser zum Schneiden. | ☐ | ☐ |
| 31. Geht ohne Begleitung zur Schule. | ☐ | ☐ |
| 32. Zieht sich allein an. | ☐ | ☐ |

Tabelle 4.17 Fortsetzung

|  | Ja / Nein |
|---|---|
| 33. Es kann ihm Geld anvertraut werden. | ☐ ☐ |
| 34. Schreibt einfache Wörter. | ☐ ☐ |
| 35. Verrichtet kleine Arbeiten, die belohnt werden. | ☐ ☐ |
| 36. Schreibt mit Bleistift einige Wörter. | ☐ ☐ |
| 37. Kann für Stunden allein gelassen werden und dabei auf sich selbst und auf andere achten. | ☐ ☐ |
| 38. Glaubt nicht mehr richtig an den Weihnachtsmann (Nikolaus). | ☐ ☐ |
| 39. Tätigt kleine Einkäufe. | ☐ ☐ |
| 40. Verrichtet einfache, schöpferische Arbeit. | ☐ ☐ |
| 41. Badet sich allein (ganz ohne Hilfe). | ☐ ☐ |
| 42. Geht ohne Aufsicht in die Stadt. | ☐ ☐ |
| 43. Liest aus eigenem Antrieb. | ☐ ☐ |

Bitte überprüfen Sie nochmals, ob Sie auch alle Fragen angekreuzt haben!

rere Informanten herangezogen. Die mit diesem Verfahren erfaßten Merkmale des sozialen Verhaltens beziehen sich in der Kurzform vor allem auf die Selbständigkeit, auf das Ausführen von Handlungen. Andere Items dienen der Erfassung motorischer und sprachlicher Leistungen.

Die Bewertung erfolgt bei der deutschsprachigen Kurzform lediglich in Form dichotomer Urteile (+ bzw. −). Die Summe der mit einem + bewerteten Leistungen bildet den Gesamtrohwert. Dieser kann für Kinder zwischen 2 und 7 Jahren anhand einer Normentabelle in T-Werte transformiert werden, und diese lassen sich wiederum in Prozentränge verwandeln. Auf diese Weise ist es möglich, die relative Position eines Kindes im Vergleich zu der Gruppe gleichaltriger Kinder zu bestimmen. Die Normen finden sich im Anhang der Handanweisung zur „Testbatterie für geistig behinderte Kinder" (Bondy et al., 1975; s. Kap. 5.7).

### 4.3.2 Skala zur Erfassung des Sozialverhaltens von Vorschulkindern
(Tietze et al., 1981)

In Anbetracht der Tatsache, daß ein Mangel an leicht handhabbaren Skalen zur Einschätzung des Sozialverhaltens von Kindergartenkindern besteht, haben Tietze et al. (1981) ein aus 23 Items bestehendes Verfahren dieser Art entwickelt (s. auch Bilsky et al., 1986). Die Skala stellt eine Kurzfassung und deutschsprachige Adaptation der „Social Competence Scale" von Kohn (1972) dar (Tab. 4.18).

Mit Hilfe der 23 Fragen, die von Kindergärtnerinnen und Erziehern (unter Umständen auch von den Eltern) beantwortet werden, sollen die 3 bipolaren Dimensionen
„Interesse/Partizipation vs. Apathie/Rückzug" (Items 1, 4, 5, 8, 12, 14, 15, 20),
„Kooperation/Regelbefolgung vs. Widerstand/Feindseligkeit" (Items 3, 6, 9, 11, 16, 17, 18, 19, 21, 22) und „gute Aufgabenorientierung/Selbständigkeit vs. geringe Aufgabenorientierung/Unselbständigkeit" (Items 2, 5, 7, 10, 13, 14, 18, 19, 20, 23) erfaßt werden.

Tabelle 4.18  Skala zur Erfassung des Sozialverhaltens von Vorschulkindern (Tietze, W., Feldkamp, J., Gratz, D., Rossbach, H.-G., Schmied, D.: Eine Skala zur Erfassung des Sozialverhaltens von Vorschulkindern. Z.Empir.Pädagog. 5, 1981, 48)

1. Das Kind ist scheu und zieht sich zurück, wenn andere Kinder an es herantreten.
2. Das Kind benötigt bei fast jeder Aufgabe die Hilfe von Erwachsenen.
3. Das Kind befolgt Regeln und Anordnungen.
4. Das Kind ist im Umgang mit Erwachsenen unbefangen.
5. Das Kind ist in der Lage, anderen Kindern Anstöße zu geben.
6. Das Kind verhält sich feindselig und aggressiv gegenüber anderen Kindern: Stoßen, Schikanieren usw.
7. Das Kind ist in der Lage, unabhängig von Erwachsenen Ideen zu entwickeln und Tätigkeiten zu planen.
8. Das Kind ist gegenüber den meisten Erwachsenen schüchtern und zurückhaltend.
9. Das Kind kann sich einordnen.
10. Dem Kind fällt es schwer, sich bei wenig strukturierten Aktivitäten zu orientieren.
11. Das Kind ist streitsüchtig.
12. Dem Kind gelingt es leicht, die Aufmerksamkeit anderer Kinder zu gewinnen.
13. Das Kind gibt leicht auf, wenn Schwierigkeiten auftauchen.
14. Das Kind kann eine Führungsrolle übernehmen.
15. Das Kind hält sich zurück, bleibt abseits und distanziert.
16. Das Kind hindert andere Kinder an der Ausführung von Routinetätigkeiten.
17. Das Kind kann Ideen und Anregungen akzeptieren, die von anderen Kindern ausgehen.
18. Das Kind verrichtet Routinetätigkeiten wie An- und Ausziehen, Händewaschen usw. zuverlässig.
19. Das Kind ist in der Lage, bei einer Beschäftigung aufmerksam und interessiert zu verharren.
20. Das Kind hat Schwierigkeiten, seine Rechte gegenüber anderen Kindern zu verteidigen.
21. Das Kind geht bereitwillig (verbal oder nonverbal) auf meine Anregungen ein.
22. Das Kind widersetzt sich aktiv meinen Regeln und Anordnungen.
23. Das Kind verliert leicht das Interesse und wechselt von einer Tätigkeit zur anderen.

## 4.4  Screening-Verfahren zur Erfassung von intellektuellen Minderbegabungen

Wie in Kap. 1 dargestellt, muß man davon ausgehen, daß ca. 5% der Gesamtbevölkerung eine intellektuelle Minderbegabung verschiedenen Grades aufweisen. Je schwerer der Intelligenzdefekt ist, desto früher und eindeutiger tritt er im allgemeinen hervor. Die Erfassung leichterer intellektueller Beeinträchtigungen erweist sich hingegen oft als schwierig. Da das frühzeitige Erkennen solcher Störungen für die weitere Förderung des betroffenen Kindes von Bedeutung ist, kommt den Screening-Verfahren in diesem Bereich eine große Bedeutung zu. Im folgenden sollen einige Verfahren dargestellt werden, die eine erste Orientierung ermöglichen.

### 4.4.1  Mann-Zeichen-Test (MZT)

Eine grobe Abschätzung des Intelligenzniveaus, vor allem die Erfassung von intellektuellen Minderbegabungen, ist mit Hilfe des Mann-Zeichen-Tests (vgl. Kap. 4.1.3) möglich. Wie bereits ausgeführt, sollte man bei der Interpretation dieses Verfahrens aber große Vorsicht walten lassen. *Insbesondere darf der Mann-Zeichen-Quotient nicht mit einem Intelligenzquotienten verwechselt werden.* Doch können die Resultate erste – wichtige – Hinweise auf intellektuelle Retardierungen liefern. Angaben zu Auswertung und Interpretation des MZT finden sich in Kap. 4.1.3

## 4.4.2 Columbia Mental Maturity Scale, CMM (Burgemeister et al., 1969/1994)

Dieser Test wurde in den USA von Burgemeister et al. (1969) als Individual-Intelligenztest für 3- bis 12jährige normalentwickelte und hirngeschädigte Kinder entwickelt. Das Verfahren prüft logisch-schlußfolgerndes Denken und Abstraktionsfähigkeit und hat sich in der Diagnostik von Kindern mit den verschiedensten intellektuellen Behinderungen bewährt (s. Masendorf et al., 1989; Kamhi et al., 1990; Schneider, 1990). Aus dem Gesamtergebnis der CMM läßt sich auf das Niveau der allgemeinen Intelligenz schließen. Das Besondere dieses Verfahrens liegt darin, daß die Beantwortung der Testitems sowohl verbal als auch nonverbal erfolgen kann. Es reicht aus, wenn der Proband seine Antwort durch Handbewegung kundtut.

Die CMM besteht aus 100 Aufgaben. Drei davon sind als Instruktionsitems vorgesehen. Bei den Aufgaben handelt es sich um verschiedenartige Abbildungen von Gegenständen. Auf den Bildtafeln, die den Probanden vorgelegt werden, sind jeweils 3 bis 5 Objekte abgebildet, z.B. geometrische Figuren, z.T. verschiedenfarbig, Menschen, Tiere und andere Gegenstände. Diese Objekte sind nach einem bestimmten Prinzip gruppiert. Eines der Objekte entspricht jedoch nicht diesem Prinzip. Der Proband soll dasjenige Objekt nennen oder zeigen, welches nicht im logischen Zusammenhang mit den anderen steht. Beispiele (Abb. 4.**11a–c**):

Die *Durchführung* des Verfahrens erfordert ca. 20 Minuten. Man setzt die Untersuchung so lange fort, bis das Kind 8 von 10 aufeinanderfolgende Aufgaben nicht mehr richtig beantworten kann. Der *Auswertungsschlüssel* ist auf dem Protokollbogen verzeichnet. Für jedes richtig gelöste Item erhält das Kind einen Punkt. Der Gesamtrohwert kann, entsprechend dem Lebensalter des Probanden, anhand einer Normentabelle in einen Prozentrangwert transformiert werden. Aus diesem ist die relative Position des Probanden zu seiner Vergleichsgruppe Gleichaltriger ablesbar. Es empfiehlt sich, bei der Anwendung der CMM bei 4- bis 6jährigen normalentwickelten Kindern die Normwerte zu verwenden, die im Manual zur „Testbatterie für geistig behinderte Kinder", TBGB (Bondy et al., 1975) enthalten sind.

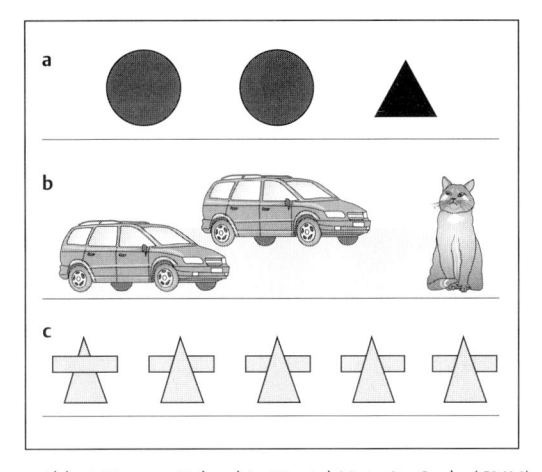

Abb. 4.**11a–c** Columbia Mental Maturity Scale (CMM) (nach Burgemeister, B.B., Blum, L.H., Lorge, l.: Columbia Mental Maturity Scale. Beltz, Weinheim 1969).

## 4.4.3 Coloured Progressive Matrices von Raven

Die farbige Form der Progressiven Matrizen von Raven (CPM), deutsche Bearbeitung von Schmidtke et al. (1979), ist ein sprachfreier Intelligenztest, der zwar nicht mehr im engeren Sinne zu den Screening-Verfahren gehört. Da er leicht und schnell durchführbar ist und auch im Hinblick auf die Auswertung keine Probleme bereitet, ist er jedoch breit verwendbar.

Die „matrices" stellen abstrakte Muster, Zeichen und Folgen von Zeichen dar, bei denen jeweils ein Teil ausgespart ist (Abb. 4.**12a, b**).

Die Aufgabe besteht darin, den fehlenden, ausgesparten Teil aus einem Angebot verschiedener Muster herauszusuchen. Die Schwierigkeit der Aufgaben nimmt innerhalb jeder Aufgabengruppe und von einer Aufgabengruppe zur nächsten progressiv zu. Die CPM fordern vom Probanden in erster Linie, Relationen zwischen abstrakten Formen herzustellen. Der Test gilt als gutes Instrument zur Prüfung der Allgemeinbefähigung. Daneben spielen auch Raumerfassung und induktives Verstehen eine Rolle (Rauchfleisch, 1994).

Die CPM können bei Kindern zwischen 5 und 11 Jahren eingesetzt werden (die ab 8 Jahren ebenfalls anwendbaren Standard Progressive Matrices, Kratzmeier, 1978, benötigen für die Durch-

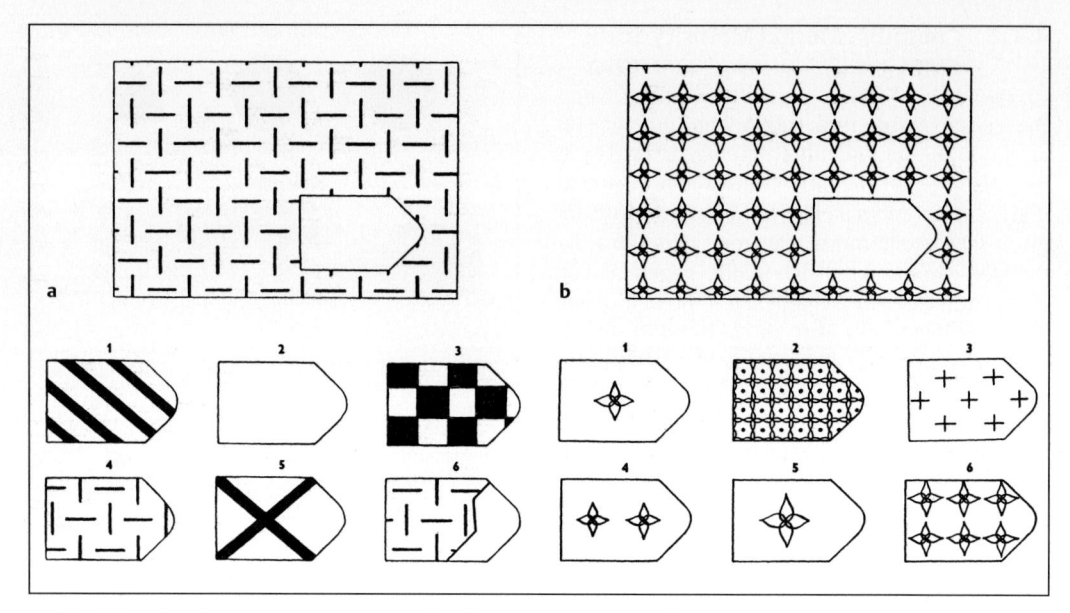

**Abb. 4.12a u. b** Progressiver Matrizentest (nach Raven, J.C.: Standard Progressive Matrices. Beltz-Test, Weinheim. Mit freundlicher Genehmigung von J.C. Raven Ltd.).

führung wesentlich mehr Zeit und weisen auch eine viel größere Aufgabenschwierigkeit auf. Sie kommen deshalb als Screening-Instrument für Kinder bis zu 8 Jahren weniger in Frage).

## 4.5 Screening-Verfahren zur Erfassung von Teilleistungsschwächen im Vorschulalter

Die mit einer Prävalenzrate von ca. 7% angegebenen Teilleistungsschwächen (vgl. Kap. 1) stellen Folgen einzelner oder kombinierter neuropsychologischer Defizite für das Erlernen spezifischer Fertigkeiten bei altersgemäßer Intelligenz und altersgemäßer Förderung dar. Es handelt sich dabei (nach Remschmidt, 1987) vor allem um die folgenden, „umschriebenen Entwicklungsrückstände": Umschriebene Lese-Rechtschreib-Schwäche, umschriebene Rechenschwäche, andere umschriebene Lernschwächen, umschriebener Rückstand in der Sprech- und Sprachentwicklung, umschriebener Rückstand in der motorischen Entwicklung.

Die Teilleistungsschwächen sind für die weitere Entwicklung der betroffenen Kinder insofern von großer Bedeutung, als sie möglichst frühzeitig therapeutischer Interventionen bedürfen und, falls diese ausbleiben, zu vielfältigen sekundären Störungen führen können.

Esser (1980) hat als Screening-Instrument eine *Testbatterie zur Erfassung von Teilleistungsschwächen bei 4- und 5jährigen* zusammengestellt. Er verwendet 5 (bei den 4jährigen) bzw. 8 (bei den 5jährigen) Tests anderer Autoren, hat diese Verfahren aber dem Alter der zu untersuchenden Kinder und dem Untersuchungsziel (Screening) angepaßt. In der von Esser vorgeschlagenen Form benötigt man für die Durchführung bei den 4jährigen ca. 20 Minuten, bei den 5jährigen 30 Minuten. Auch wenn diese Testbatterie ein Screening-Instrument ist, erfordert ihre Handhabung doch testpsychologische Erfahrung und zumindest eine sorgfältige Einführung des Untersuchers.

Das von Esser zusammengestellte, gegenüber den Originaltests modifizierte **Screening-Verfahren** besteht bei den **4jährigen** aus den folgenden 5 Einzeltests:

1. **Columbia Mental Maturity Scale
   (Burgemeister et al., 1969)**

Dieser Test zur Erfassung der nonverbalen Intelligenz wurde bereits im Kap. 4.4.2 geschildert. In der Modifikation nach Esser werden die Items 1 bis 30 nur gegeben, wenn das Kind die Items 31 bis 33 nicht richtig löst. Bei den 4jährigen bricht man bei Item 50 ab.

2. **Modifizierter Untertest „Visuo-motorische Koordination" aus dem Frostig Entwicklungstest der visuellen Wahrnehmung (FEW)
   (Lockowandt, 1996)**

Dieser Untertest prüft die Fähigkeit zur Koordination von Auge und Hand. Der Proband muß fortlaufende gerade, gebogene oder winklige Linien zwischen unterschiedlich breiten Begrenzungen ohne Hilfslinien ziehen. Die zunehmende Schwierigkeit der Aufgaben ergibt sich aus der geringer werdenden Distanz der Begrenzungslinien und ihrer Abweichung von der Geraden (Beispiele: Abb. 4.13).

Esser eliminierte die Items 5, 9, 14, 15 und 16 der Originalversion und ersetzte zwecks objektiver Auswertung alle Schablonen durch überarbeitete Versionen. Außerdem legte er (da ihm die Auswertungsrichtlinien für die 4- und 5jährigen im Rahmen eines Screenings zu streng erschienen) die folgenden 6 zusätzlichen Auswertungsrichtlinien fest: Es zählt nicht als Fehler, wenn

- das Kind gleich zu Beginn der Strichführung einen neuen Ansatz macht (innerhalb der ersten 2 cm);
- das Kind weniger als 1 cm hinter dem Anfangspunkt mit der Strichführung begonnen hat und/oder die Strichführung in einem Abstand von weniger als 1 cm vor dem Endpunkt beendete (betrifft Aufgaben 1 bis 8);
- die Strichführung des Kindes bei den Aufgaben 10 bis 13 nicht exakt mit Anfangs- und Endfigur abschließt (0,5 cm Toleranz);
- das Kind eine bereits richtig bearbeitete Figur durch vermeintliche Verbesserungen verschlechtert;
- beim Wiederansetzen eines Striches leichte Unebenheiten (z.B. auslaufender Strich als „Überbau") entstehen;
- beim Wiederansetzen eines Striches eine Lücke kleiner als 0,5 cm entsteht.

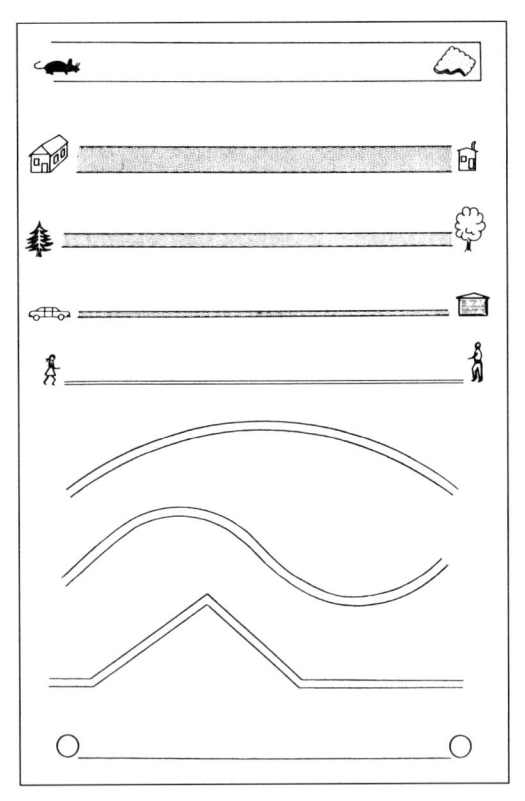

Abb. 4.**13** Untertest „Visuo-motorische Koordination" aus dem Frostig-Entwicklungstest der visuellen Wahrnehmung (FEW) (nach Lockowandt, O.: Frostigs Entwicklungstest der visuellen Wahrnehmung (FEW). Deutsche Bearbeitung. Beltz, Weinheim 1996).

3. **Kurzform des Möhring-Tests**

Dieses im Institut für Soziale Pädiatrie und Jugendmedizin in München entwickelte Verfahren dient der Untersuchung der Artikulation. Die Kinder sollen die auf 9 Bildern dargestellten Gegenstände benennen. Beim Aussprechen der betreffenden Begriffe werden die folgenden Laute geprüft: *Bl*ume, *Fl*ugzeug, *Dr*eirad, *Br*ezel, *Kr*one, We*sp*e, *Z*ange, *Sch*irm, *St*uhl. Ist das Kind nicht in der Lage, das Bild richtig zu benennen, wird es aufgefordert, dem Untersucher die richtige Benennung nachzusprechen.

4. **„Wörter Ergänzen" aus dem Psycholinguistischen Entwicklungstest (PET)**

Dieser der auditiven Diskrimination dienende Test wurde von Esser in der Originalversion aus dem psycholinguistischen Entwicklungstest (Angermaier, 1977) übernommen. Mit Hilfe der 36 Items dieses Untertests sollen Organisationsprozesse der sog. Integrationsstufe gemessen werden. Vom Kind müssen Laute ergänzt werden, die der Versuchsleiter beim Aussprechen des Wortes ausgelassen hat. Beispiele: Scho/olade (Item 1), Spa/etti (Item 5), Kro/o/il (Item 10). Für die Verwendung dieses Tests in der Schweiz liegt eine Dialektfassung vor (Wettstein et al., 1977). In der Bewertung von Esser gilt als Abbruchkriterium bei den 4jährigen: 10 richtig gelöste Items.

### 5. „Grammatik Test" aus dem Psycholinguistischen Entwicklungstest (PET)

Auch dieser Test wird in der Originalversion des PET verwendet. Geprüft wird mittels 32 Aufgaben die Fähigkeit, syntaktische und grammatische Regeln zu benutzen. Dem Kind werden jeweils unvollständige Formulierungen vorgelegt, und zwar verbal und in Form von Zeichnungen, die das Gesagte verdeutlichen. Beispiele:
„Das ist ein *Kind*. Das sind 3 ___" (Item 1)
„Dieses Pferd ist *nicht groß*. Aber dieses Pferd ist *groß*. Dieses Pferd ist noch ___" (Item 4)
„Gleich wird Peter weit *springen*. Jetzt ist er weit ___" (Item 9).

Für die Verwendung des Tests in der Schweiz liegt eine Dialektfassung dieses Untertests vor (Wettstein et al., 1977). Als Abbruchkriterium gilt bei den 4jährigen: 9 richtig gelöste Items.

**Zur Untersuchung 5jähriger Kinder** hat Esser (1980) folgende Testbatterie zur Erfassung von Teilleistungsschwächen zusammengestellt:

### 1. Columbia Mental Maturity Scale

Es wird die gleiche Version wie bei dem 4jährigen verwendet. Man bricht jedoch bei den 5jährigen beim Item 60 ab.

### 2. Modifizierter Untertest „visuo-motorische Koordination" aus dem Frostig Entwicklungstest der visuellen Wahrnehmung (FEW)

Man verwendet die gleiche Form wie bei den 4jährigen.

### 3. Kurzform des Möhring-Tests

Die Artikulation wird bei den 5jährigen mit Hilfe der folgenden Begriffe geprüft: *Fl*ugzeug, *Br*ezel, *We*spe, Sonnen*sch*irm, *Sch*rank, *Str*umpf, *Schl*üssel, *Z*ange, *Zw*erg. Die Durchführung erfolgt in der gleichen Weise wie bei den 4jährigen.

### 4. „Wörter-Ergänzen" aus dem Psycholinguistischen Entwicklungstest

Es ist der gleiche Test wie bei den 4jährigen. Als Abbruchkriterium gelten bei den 5jährigen jedoch 16 richtige Lösungen.

### 5. „Grammatik Test" aus dem Psycholinguistischen Entwicklungstest

Den 5jährigen werden die gleichen Aufgaben wie den 4jährigen vorgelegt. Abbruchkriterium: 15 richtig gelöste Items.

### 6. Modifizierter „Frankfurter Test für 5jährige – Konzentration" (Raatz et al., 1971)

Der Test besteht aus 14 Testzeilen zu je 12 Items, die Äpfel bzw. Birnen darstellen. Das Kind soll die Birnen so schnell wie möglich heraussuchen und durchstreichen. Die Aufgabe wird an einigen Übungsbeispielen vorgeübt. Das Verfahren stellt eine kindgemäße Modifikation der Bourdon-Durchstreichtests (z.B. Aufmerksamkeits-Belastungs-Test d2, Brickenkamp, 1978) dar (Abb. 4.**14**).

Dieser Test zur Prüfung der Konzentration wurde von Esser gegenüber der Originalform nur insofern modifiziert, als der Autor die 14 Zeilen des Testbogens zu Paaren angeordnet hat. Zwischen den einzelnen Paaren wurden größere Zwischenräume eingeschoben. Diese Modifizierung hatte sich aufgrund von Voruntersuchungen als nötig erwiesen (die Aufmerksamkeitsleistung von Kindern dieser Altersstufe wurde stark durch das visuelle Gliedern des Wahrnehmungsfeldes in einzelne Zeilen bestimmt; einige Kinder verloren bei der Originalanordnung der Zeilen die Orientierung, was im Hinblick auf die zu prüfende Konzentrationsleistung eine nicht beabsichtigte Störkomponente darstellte). Die Durchführungszeit von 90 Sekunden und die Anzahl der Reihen sind gleich wie in der Originalform.

### 7. „Objekte Finden" aus dem Psycholinguistischen Entwicklungstest (PET)

Dieser Test wird in der Originalversion, ohne Festlegung eines Abbruchkriteriums verwendet. Dem Kind werden nach Bearbeitung eines Beispiels insgesamt 4 Bildstreifen vorgelegt, auf denen zuvor gesehene und genannte Objekte (Fische, Flaschen, Schuhe sowie Hammer und Säge) zu finden sind. Der Test dient der Prüfung der Figurgrunddifferenzierung (Beispiel Abb. 4.15).

### 8. „Zahlenfolgen-Gedächtnis" aus dem Psycholinguistischen Entwicklungstest (PET)

Der aus insgesamt 28 Aufgaben bestehende Test wurde in der Originalversion aus dem PET übernommen. Das Kind soll 2- bis maximal 8stellige Zahlenreihen nach 1- oder 2maligem Vorsprechen wiederholen. Für 5jährige gelten als Abbruchkriterium 24 erreichte Rohpunkte. Kritisch ist hier allerdings anzumerken, daß diese Bewertung (wie auch in der Originalversion des PET) allzu hohe Anforderungen stellen dürfte: ist es zur Erreichung dieses Punktwertes doch notwendig, daß das Kind beispielsweise eine 5stellige Zahlenfolge bereits beim 1. Versuch fehlerfrei zu wiederholen vermag.

Esser (1980) hat aufgrund einer Erprobung dieser Testbatterie an insgesamt 553 4- und 5jährigen Kindern folgende kritische Werte als Hinweis auf mäßige bzw. ausgeprägte Leistungsstörungen in den genannten Bereichen ermittelt (Tab. 4.19).

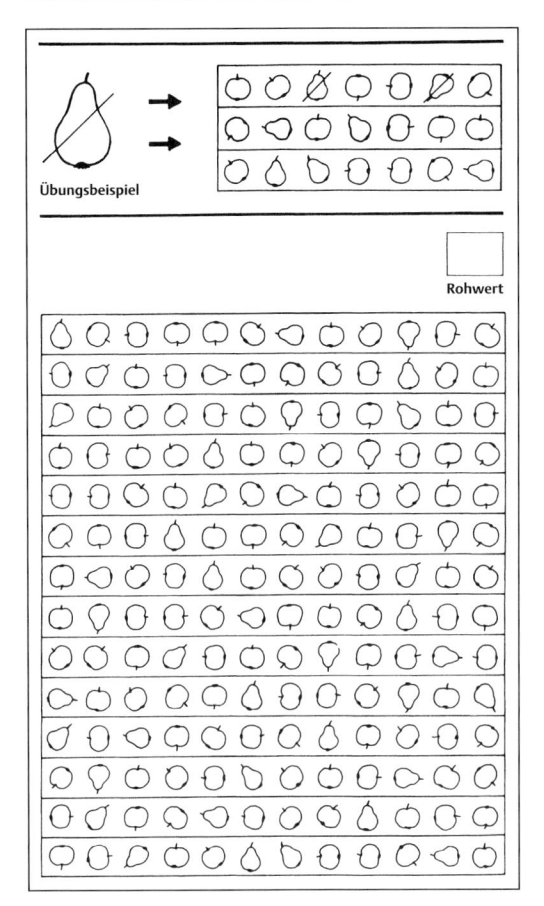

Abb. 4.14 Modifizierter „Frankfurter Test für Fünfjährige – Konzentration" (Modifikation nach Esser, G.: Über den Zusammenhang von Verhaltens- und Leistungsstörungen im Vorschulalter (und Grundschulalter). Phil. Diss. Mannheim 1980).

Abb. 4.15 Untertest „Objekte Finden" aus dem Psycholinguistischen Entwicklungstest (PET) (Angermaier, M.: Psycholinguistischer Entwicklungstest. Beltz, Weinheim 1977).

Tabelle 4.19 Kritische Werte für eine mäßige bzw. ausgeprägte Leistungsstörung in der „Testbatterie zur Erfassung von Teilleistungsschwächen bei 4- und 5jährigen" von Esser, 1980 (Schmidt, M.H., Esser, G.: Psychologie für Kinderärzte. Enke, Stuttgart 1985)

| Testverfahren | 4jährige | | 5jährige | |
| --- | --- | --- | --- | --- |
| | mäßig gestört | ausgeprägt gestört | mäßig gestört | ausgeprägt gestört |
| Möhring-Test (Fehler) | 3 bis 6 | ≥ 7 | 3 bis 6 | ≥ 7 |
| Columbia Mental Meturity Scale | 23–38 | < 22 | 37–45 | ≤ 36 |
| Visuomotorik | 4–6 | ≤ 3 | 6–9 | ≤ 5 |
| Grammatiktest | 1–3 | 0 | 1–8 | 0 |
| Wörterergänzen | 2–4 | ≤ 1 | 4–8 | ≤ 3 |
| Zahlenfolgengedächtnis | | | 5–10 | ≤ 4 |
| Objektefinden | | | 7–10 | ≤ 6 |
| FTF-K | | | 14–23 | ≤ 13 |

# 5 Differenzierte Intelligenzuntersuchungen

Falls der Pädiater selber oder jemand unter seinen Mitarbeiterinnen und Mitarbeitern sich etwas weiter in die Testdiagnostik eingearbeitet hat und zumindest eine erste genauere Intelligenzabklärung vornehmen möchte, stehen für derartige Untersuchungen 4 Verfahren zur Verfügung: Je nach Alter des zu untersuchenden Kindes oder Jugendlichen können der Hannover-Wechsler-Intelligenztest für das Vorschulalter (HAWIVA), der Kramer-Test, der Hamburg-Wechsler-Intelligenztest für Kinder, Revision 1983 (HAWIK-R) oder der Hamburg-Wechsler Intelligenztest für Erwachsene, Revision 1991 (HAWIE-R) verwendet werden. Die Wahl des Verfahrens kann nach folgenden Gesichtspunkten vorgenommen werden: Für die Altersstufe 3 bis $4^{1}/_{2}$ Jahre eignet sich insbesondere der HAWIVA (diesem Verfahren ist bei dieser Altersstufe der Vorzug vor dem ebenfalls ab 3 Jahre verwendbaren Kramer-Test zu geben). Der Kramer-Test ist empfehlenswert bei Kindern zwischen 4 bis 5 Jahren und ca. 8 bis 9 Jahren. Die Verwendung des HAWIK-R empfiehlt sich vor allem bei Kindern zwischen 7 bis 8 Jahren und 13 bis 14 Jahren, während der HAWIE-R ab 16 Jahren angewendet werden sollte. Dies sind allerdings nur grobe Richtwerte. Welches Verfahren im konkreten Falle gewählt wird, hängt in den sich zum Teil überlappenden Altersbereichen nicht zuletzt vom Reifegrad und vom geschätzten Intelligenzniveau des Kindes ab. Bei offensichtlichen Entwicklungsverzögerungen sollte stets dem etwas „kindlicheren" Verfahren der Vorzug gegeben werden.

## 5.1 Hannover-Wechsler-Intelligenztest für das Vorschulalter, HAWIVA (Eggert, 1978)

Dieses Verfahren stellt eine deutschsprachige Version der Wechsler Pre-School and Primary Scale of Intelligence (WPPSI) dar. Dem Wechslerschen Intelligenzkonzept entsprechend werden mit Hilfe verschiedener Untertests 2 Intelligenzdimensionen erfaßt: eine *verbale* Dimension, die den Sprach- und Wissenserwerb auf dem Hintergrund sozialer Bezüge und das schlußfolgernde Denken auf sprachlicher Ebene umfaßt, und eine *handlungsorientierte* Dimension, welche die visuelle und visuomotorische Koordination, das Erfassen von Größe und Lageverhältnissen sowie die Fähigkeit zur Durchgliederung komplexer Wahrnehmungsstrukturen beinhaltet.

Im Gegensatz zur amerikanischen Originalform hat Eggert (a.a.O.) in der deutschsprachigen Version auf die Bestimmung eines Gesamtintelligenzquotienten verzichtet (dies vor allem aus prinzipiellen theoretischen Erwägungen). Außerdem ist die Zahl der Untertests, die bei der Berechnung des Verbal- und des Handlungswertes verwendet werden, gegenüber der WPPSI (die aus insgesamt 11 Untertests besteht) auf 6 Aufgabengruppen reduziert worden. Zwei weitere Untertests (Rechnerisches Denken und Tierhäuser) sind fakultativ. Schließlich legt Eggert den Testbenutzern nahe, die Resultate aus dem Verbal- und dem Handlungsteil nicht, wie in den anderen Wechsler-Tests üblich, in IQ-Werten auszudrücken (wenngleich dies mit Hilfe einer speziellen Umrechnungstabelle möglich ist), sondern sich auf die Bestimmung von Standardwerten (C-Normen und Prozenträngen im Sinne einer Grobnormierung) für die beiden Testteile zu beschränken. Diese Abweichung gegenüber den anderen Wechsler-Tests liegt zum einen in der Normierung der bisherigen Testform begründet, für die eine IQ-Skala zu differenziert wäre. Zum anderen verweisen die Autoren darauf, daß vor allem im Arbeitsbereich der Psychologie der Behinderten in der Sonderschule Gesamtintelligenzquotienten allzu leicht und unkritisch zur Selektion von Sonderschulanwärtern verwendet werden könnten. Hingegen sei es wichtig, differenziertere Angaben über Leistungsdispositionen zumindest in den beiden mit dem HAWIVA geprüften Bereichen des Verbal- und des Handlungsteils zu liefern.

Der HAWIVA besteht aus einem Verbal- und einem Handlungsteil, wobei die Reihenfolge der Untertests so festgelegt worden ist, daß eine gewisse Abwechslung zwischen Verbal- und Handlungsaufgaben und zwischen „leichten" und „schweren" Untertests erfolgt.

Zum *Verbalteil* gehören folgende Untertests (in Klammern Angaben zur Reihenfolge bei der Untersuchung):

**1. *Allgemeines Wissen* (1. Aufgabengruppe)**

Dieser Untertest umfaßt 18 Items folgender Art: „Zeig mir Deine Nase! faß sie an!" (Beispiel Item 0), „Was lebt im Wasser?" (Item 2), „Was braucht man, um 2 Stück Holz zusammenzumachen?" (Item 10), „Wo geht die Sonne unter?" (Item 18).

**2. *Wortschatztest* (3. Aufgabengruppe)**

Nach dem Probe-Item „Hund" wird anhand von 20 Items der Wortschatz des Kindes geprüft. Die vorgelegten Begriffe reichen von „Messer" (Item 1) über „Fahrrad" (Item 5) und „Pelz" (Item 11) bis zu Worten wie „höflich" (Item 16) und „Held" (Item 20).

**3. *Allgemeines Verständnis* (7. Aufgabengruppe)**

Der Untertest besteht aus 12 Items zu lebenspraktischen Fragen und Problemen. Beispiele: „Was sollst Du tun, wenn Du Dich in den Finger geschnitten hast?" (Item 1), „Was sollst Du tun, wenn Du einen Ball (Puppe) verloren hast, der (die) Deinem Freund (Freundin) gehört?" (Item 6), „Warum ziehen wir Kleider an?" (Item 10).

Der *Handlungsteil* setzt sich zusammen aus:

**4. *Labyrinthe* (4. Aufgabengruppe)**

Der Untertest besteht aus 10 Items, die dem Kind in Form von Labyrinthen (Abb. 5.**1a** u. **b**) vorgelegt werden. Das Kind soll jeweils, unter Vermeidung von „Sackgassen", innerhalb einer vorgegebenen Zeit den Weg durch das Labyrinth mit einem Rotstift markieren.

**5. *Figurenzeichnen* (6. Aufgabengruppe)**

Dem Kind werden maximal 11 Muster mit geometrischen Figuren (Kreis, Dreieck, Quadrat, Rhom-

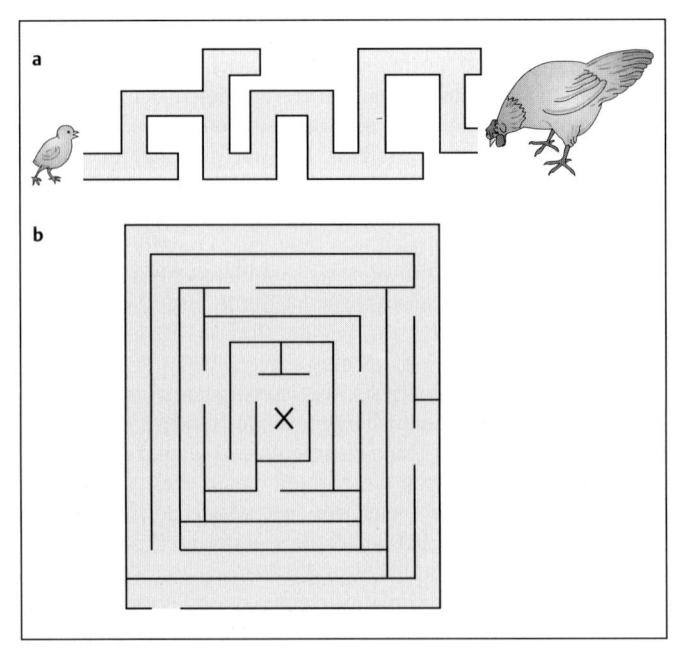

Abb. 5.**1a** u. **b**  HAWIVA: Untertest „Labyrinthe" (Eggert, D.: HAWIVA. Hannover-Wechsler-Intelligenztest für das Vorschulalter. Huber, Bern 1978).

bus, verschiedenen Linien usw.) vorgelegt, die es abzeichnen soll (Abb. 5.**2a**–**c**).

### 6. *Mosaiktest* (8. Aufgabengruppe)

Bei diesem 9 Items umfassenden Untertest werden dem Kind verschiedenfarbige Holzklötze vorgelegt. Es hat die Aufgabe, die Klötze entsprechend einer Vorlage anzuordnen (Abb. 5.**3**).

Ferner können als *Zusatztests,* die nicht in die Berechnung von Verbal- und Handlungsteil eingehen, die beiden folgenden Aufgabengruppen gegeben werden:

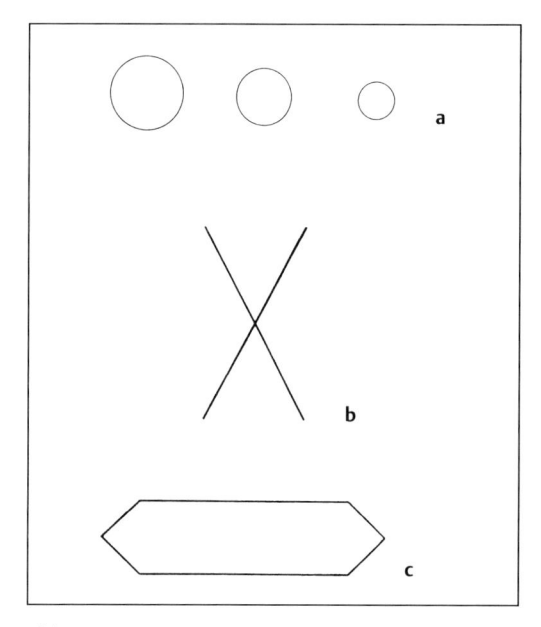

Abb. 5.**2a**–**c** HAWIVA: Untertest „Figurenzeichnen" (Eggert, D.: HAWIVA. Hannover-Wechsler-Intelligenztest für das Vorschulalter. Huber, Bern 1978).

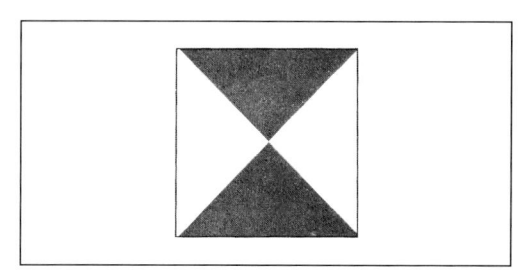

Abb. 5.**3** HAWIVA: Untertest „Mosaiktest" (Eggert, D.: HAWIVA. Hannover-Wechsler-Intelligenztest für das Vorschulalter. Huber, Bern 1978).

### 7. *Rechnerisches Denken* (5. Aufgabengruppe)

Die insgesamt 19 Items dieses Untertests umfassen Aufgaben wie „Hier sind ein paar Stöcke. Zeig mir den längsten" (Item 1, dazu eine entsprechende Abbildung), „Hier sind Schüsselchen mit ein paar Kirschen drin. In welchem Schüsselchen sind gleich viele Kirschen drin? Zeig's mal" (Item 3, dazu eine Abbildung), „Wenn ich einen Apfel einmal durchschneide, wieviele Stücke habe ich dann?" (Item 8) und „Ein Junge hatte 12 Zeitungen und verkaufte 5 davon. Wieviele behielt er übrig?" (Item 18).

### 8. *Tierhäuser* (2. Aufgabengruppe)

Auf einem Formbrett ist unter 4 Tierdarstellungen (Hund, Huhn, Fisch, Katze) je ein Holzstecker verschiedener Farbe angebracht (schwarz, weiß, blau und gelb). Unter dieser Reihe mit den 4 Schlüsselfiguren befinden sich 4 weitere Reihen mit je 5 Darstellungen der oben abgebildeten Tiere und je einem Loch unter den Abbildungen. Das Kind hat die Aufgabe, so schnell wie möglich (maximal 120 Sekunden) jeweils den Stecker mit der zum Tier gehörenden Farbe in das Loch zu stecken (Abb. 5.**4**).

Die Durchführung der 8 Untertests erfordert ca. 30 bis 45 Minuten. Bei der Auswertung werden für jeden der Untertests die Rohpunkte ermittelt (genaue Angaben zur Bewertung finden sich in der Handanweisung). Die Summe der Rohpunkte der 3 Verbaltests und die der 3 Handlungstests werden entsprechend dem Alter des untersuchten Kindes anhand von Normentabellen (die in Halbjahresschritten angeordnet vorliegen) in Standardwerte transformiert (C-Werte und Prozentränge). Diese Standardwerte können bei Bedarf noch in T- und IQ-Werte umgewandelt werden. Für die beiden Zusatztests lassen sich ebenfalls auf das Alter des Kindes bezogene Standardwerte ermitteln.

Im folgenden ein von Eggert (1978) mitgeteiltes Auswertungsbeispiel (Abb. 5.**5**):

Das 4;3 Jahre alte Mädchen erzielt in den verbalen Tests eine Rohwertsumme von 32, dem entspricht ein C-Wert von 3 bzw. ein Prozentrang von 16. Dieses Resultat besagt, daß 84% der gleichaltrigen Kinder bessere Ergebnisse in den verbalen Aufgaben erreichen. Aus den Angaben über die „Prozentrang-Bänder" (für die Verbaltests ergibt

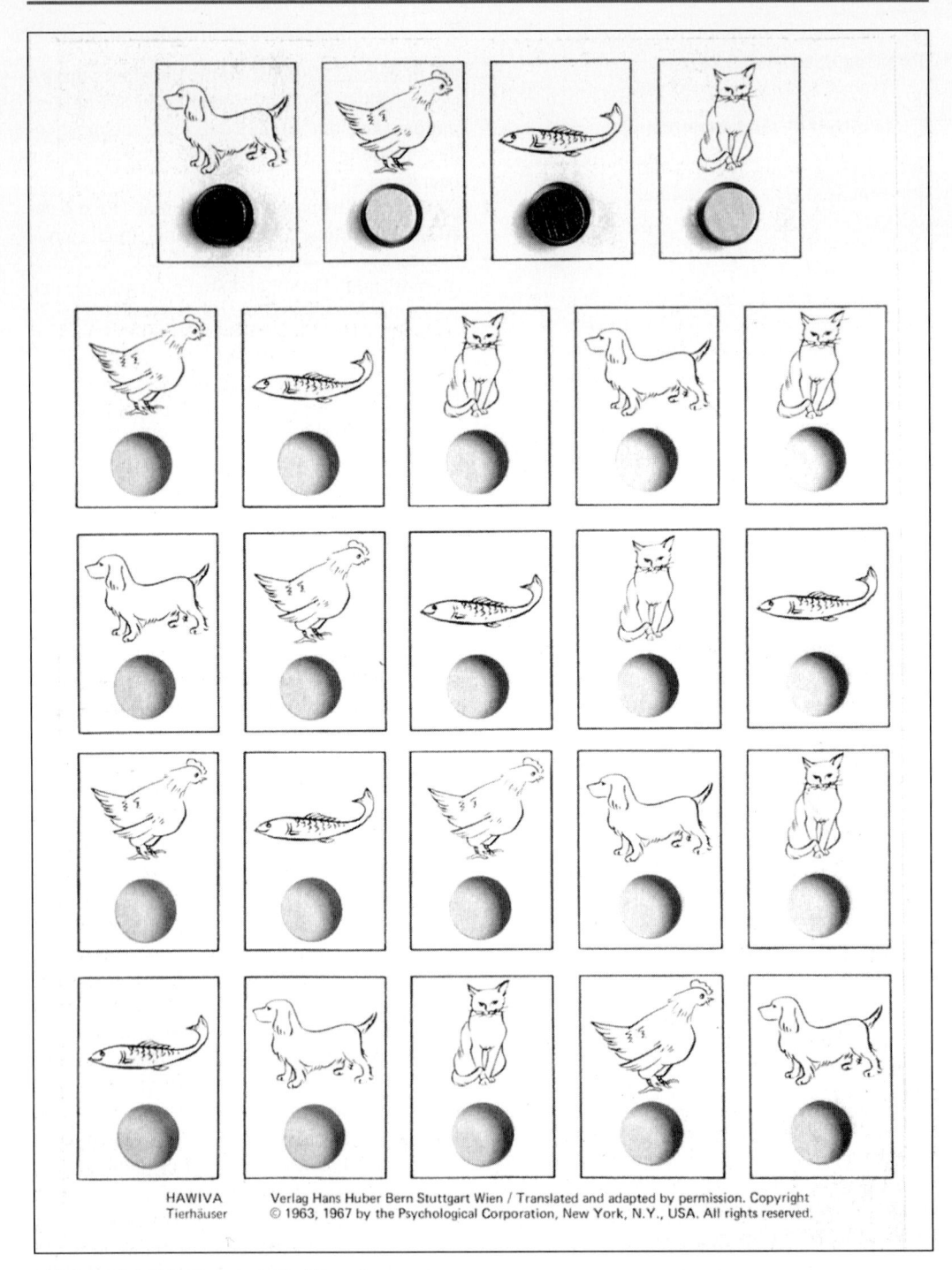

## 5 Differenzierte Intelligenzuntersuchungen

Abb. 5.**4**   HAWIVA: Untertest „Tierhäuser"
(Eggert, D.: HAWIVA. Hannover-Wechsler-Intelligenztest für das Vorschulalter. Huber, Bern 1978).

| Verbalteil | | RW | Handlungsteil | | RW | Zusatztests | | | |
|---|---|---|---|---|---|---|---|---|---|
| 1. (1) | Allgemeines Wissen (AW) | 10 | 4. (4) | Labyrinthe (LA) | 12 | 7. (5) Rechnerisches Denken (RD) | | 8. (2) Tierhäuser (TH) | |
| 2. (3) | Wort- schatz (WS) | 13 | 5. (6) | Figuren- zeichnen (FZ) | 13 | | | | |
| 3. (7) | Allgemeines Verständnis (AV) | 9 | 6. (8) | Mosaik- test (MT) | 5 | | | | |
| Rohwertsummen | | 32 | | | 30 | 6 | | 18 | |
| C-Werte | | 3 | | | 6 | 3 | | 5 | |
| Prozentränge | | 16 | | | 69 | 16 | | 50 | |
| C-Wert-Bänder | | 2 – 4 | | | 5 – 7 | 2 – 4 | | 4 – 6 | |
| Prozentrang-Bänder | | 7 – 31 | | | 50 – 84 | 7 – 31 | | 31 – 69 | |
| Verbalteil | | | Handlungsteil | | | Zusatztests | | | |

Abb. 5.**5**   Verrechnungsprotokoll zum HAWIVA
(Eggert, D.: HAWIVA. Hannover-Wechsler-Intelligenztest für das Vorschulalter. Huber, Bern 1978).

sich eine Spanne zwischen 7 und 31) ist zu entnehmen, daß das „tatsächliche" (nicht durch Meßfehler verfälschte) Ergebnis des Mädchens lautet: Das Kind übertrifft mindestens 7% und höchstens 31% seiner Altersgenossen.

Im Gegensatz zu diesen relativ niedrigen Werten in den Verbaltests finden sich in den Handlungsaufgaben wesentlich bessere Resultate: Bei einer Rohwertsumme von 30 erhält das Kind einen Prozentrang von 69, d.h. nur 31% der Gleichaltrigen erzielen noch bessere Leistungen. Im Hinblick auf die Prozentrang-Bänder ergibt sich als Bereich des „wahren" Testergebnisses der zwischen 50 und 84, d.h. das Mädchen übertrifft mindestens 50% und höchstens 84% seiner Altersgenossen.

Die Resultate in den fakultativen Untertests fallen verschieden aus: Im Rechnerischen Denken erzielt das Mädchen ein relativ schlechtes Ergebnis (Prozentrang 16, d.h. 84% der Gleichaltrigen sind besser), im Untertest „Tierhäuser" hingegen ein durchschnittliches Resultat (Prozentrang 50).

Da die kritische Differenz (der C-Werte) zwischen Verbal- und Handlungsteil 2 beträgt, kann man aufgrund des zitierten Testprotokolls sagen, daß das Kind wesentlich größere Probleme im Lösen verbaler Aufgaben hat (Unterschied C-Werte Verbal-/ Handlungsteil = 3).

Die Resultate des HAWIVA ermöglichen recht präzise Aussagen über die intellektuelle Leistungsfähigkeit eines Kindes. Dabei vermittelt das Ergebnis des Verbalteils ein Bild vom Grad des Sprach- und Wissenserwerbs sowie Hinweise auf die Fähigkeit zu logisch-schlußfolgerndem Denken auf sprachlicher Ebene. Aus den Resultaten des Handlungsteils hingegen läßt sich auf die Organisation der Wahrnehmung, speziell auf die visuomotorische Koordination schließen. Der fakultative Untertest „Rechnerisches Denken" erlaubt einen Schluß auf Grundfähigkeiten im Umgang mit Zahlen, der Untertest „Tierhäuser" erfaßt die visuomotorische Koordination unter Zeitdruck und bei konzentrativer Anspannung.

Der HAWIVA ist ein in der Vorschuldiagnostik häufig verwendetes, bewährtes Verfahren zur Erfassung der intellektuellen Entwicklung von psychisch gesunden ebenso wie von körperlich kranken und geistig behinderten Kindern (Friedrich, 1989; Kramer et al., 1989; Schneider, 1990). Aufgrund des Testergebnisses können gezielte Förderungsmaßnahmen eingeleitet werden.

## 5.2 Kramer Test (Revision 1972)

Der Kramer-Test gehört zur Gruppe der Binet-Verfahren, die historisch am Anfang der Intelligenzdiagnostik standen. Binet und Simon entwickelten bereits 1905 ihr sog. „Stufenmaß der Intelligenz" („Echelle métrique de l'intelligence"). Der Kramer-Test enthält für die Altersstufen von 3 bis 15 Jahren je 10 (3 bis 5 Jahre), 8 (6 bis 8 Jahre) beziehungsweise 6 Aufgaben (9 bis 15 Jahre). Das Besondere – und beispielsweise von den Wechsler-Skalen Abweichende – dieses Verfahrens liegt darin, daß den Probanden der verschiedenen Altersstufen nicht die gleichen Aufgaben vorgelegt werden, sondern daß sie jeweils altersspezifische Items zu bearbeiten haben.

Der Kramer-Test stellt eines der am häufigsten verwendeten Binet-Verfahren dar. Obwohl der Test für Kinder und Jugendliche zwischen 3 und 15 Jahren anwendbar ist, liegt sein Hauptanwendungsbereich doch in den Altersstufen von ca. 4 bis 5 und 8 bis 9 Jahren.

Bei der Untersuchung beginnt man im allgemeinen mit der Altersstufe, die ein Jahr unter dem Lebensalter des Kindes liegt. Löst das Kind nicht alle, sondern nur die Mehrzahl dieser Aufgaben, so werden lediglich die analogen Aufgaben der darunterliegenden Altersstufe gestellt. Löst es nur wenige Items der Einstiegsaltersstufe, so werden alle Aufgaben der darunterliegenden Altersstufe vorgelegt. Der Test wird abgebrochen, wenn das Kind höchstens 2 Aufgaben einer Altersstufe richtig zu lösen vermag.

*Beispiele:*

**3. Lebensjahr:**
Item 3: „Gib 1, gib 2 Perlen"
Item 4: Gegenstände benennen (Uhr, Bleistift, Taschenmesser, Gabel, Schlüssel)
Item 10: Körperteile zeigen „Zeige mir Deine Füße, Deinen Mund, Augen, Nase"

**4. Lebensjahr:**
Item 5: 8 Silben nachsprechen „Mit dem Löffel kann man essen"
Item 8: „Bist Du ein Junge oder ein Mädchen?" (bei Mädchen umgekehrt fragen)
Item 10: Nach Tätigkeiten fragen „Wer/was fahren, schlafen, schneiden, fliegen, stechen, schwimmen, brennen, fallen?"

**7. Lebensjahr:**
Item 2: „Zeige mir Deine rechte Hand und Dein linkes Ohr"
Item 5: Nach Vorlage einen Rhombus abzeichnen
Item 8: 16 Silben nachsprechen „Wenn wir mit unserer Arbeit fertig sind, dürfen wir spielen"

**9. Lebensjahr:**
Item 2: Begriffe unterscheiden: Unterschied zwischen Fenster und Spiegel, Baum und Wald, Sand und Staub, Velo und Auto
Item 4: „Die Uhr ist vor 1 Stunde stehengeblieben. Ist es jetzt später als die Uhr zeigt oder früher? – Warum?"

**11. Lebensjahr:**
Item 2: Aus den folgenden 2 Wortgruppen soll in je 1 Minute ein Satz gebildet werden „Buch – Brief – Lehrer", „Geld – Eisenbahn – Stadt"
Item 4: Dem Kind wird eine Geschichte zum Lesen gegeben mit der Aufforderung, die fehlenden Wörter einzusetzen. Mindestens 5 bis 6 von den Lücken müssen ausgefüllt werden.

Dem auf diese Weise ermittelten Intelligenzalter wird das Lebensalter des Kindes gegenübergestellt. Der Quotient aus Intelligenzalter zu Lebensalter (x 100) ist der Intelligenzquotient. Der Kramer-Test hat sich in einer großen Zahl von Untersuchungen als hilfreiches und von seinen Aufgaben her kindgemäßes Verfahren zur Bestimmung der intellektuellen Leistungsfähigkeit erwiesen. Bei der Interpretation der Befunde ist allerdings zu berücksichtigen, daß ein relativ großer Teil der Testaufgaben (insgesamt $2/3$) verbaler Art ist. Verglichen mit dem HAWIVA und HAWIK-R werden mit dem Kramer-Test also weniger die nichtverbalen Komponenten der Intelligenz erfaßt.

## 5.3 Hamburg-Wechsler-Intelligenztest für Kinder, Revision 1983, HAWIK-R (Tewes, 1985)

Der Hamburg-Wechsler-Intelligenztest für Kinder, Revision 1983, lehnt sich eng an die amerikanische Originalform der Wechsler Intelligence Scale for Children – Revision (WISC-R) an. Die deutschsprachige wie die amerikanische Originalform sind Revisionen der ursprünglichen Wechsler Intelligence Scale for Children (WISC) bzw. des Hamburg-Wechsler-Intelligenztests für Kinder (HAWIK).

Die Wechsler-Skalen beruhen auf einer spezifischen Intelligenztheorie des Autors. Wechsler definiert Intelligenz als „die zusammengesetzte oder globale Fähigkeit des Individuums, zweckvoll zu handeln, vernünftig zu denken und sich mit seiner Umwelt wirkungsvoll auseinanderzusetzen". Der wichtigste theoretische Aspekt liegt bei dieser Definition im *Globalbegriff der Intelligenz*. Wechsler versteht die Intelligenz als Teil eines größeren Ganzen, als Teil der Gesamtpersönlichkeit. Deshalb werden bei den Intelligenztests nach Wechsler nicht nur allgemeine und spezifische intellektuelle Fähigkeiten erfaßt, sondern daneben auch sogenannte nicht-intellektuelle Faktoren der Intelligenz (im Handlungsteil). Ausgehend von einer Zweifaktorentheorie der Intelligenz (nach Spearman), unterscheidet Wechsler in seinen Intelligenzskalen einen Verbal- und einen Handlungsteil. Die einzelnen Untertests erfassen nicht nur den Generalfaktor, d.h. die allgemeine Intelligenz, sondern jeweils auch spezifische Fähigkeiten.

Da der HAWIK in seiner deutschsprachigen Bearbeitung aus dem Jahre 1956 stammte und sowohl inhaltlich als auch im Hinblick auf die Normierung dringend einer Überarbeitung bedurfte, hat Tewes nach umfangreichen Vorarbeiten 1983 eine Revision vorgelegt (s. auch Titze et al., 1984; Schweizer Version 1988). Diese besteht, wie der ursprüngliche HAWIK, aus 11 Untertests. Der Labyrinth-Test aus der WISC-R, der dort zusätzlich oder als Ersatz für den Zahlen-Symbol-Test gegeben werden kann, wurde in die deutschsprachige Version nicht übernommen, weil sich dieser Untertest bei der Neubearbeitung als untauglich erwies. Im Unterschied zum HAWIK werden bei der Durchführung des HAWIK-R nicht zunächst alle Untertests des Verbalteils und anschließend die des Handlungsteils vorgelegt, sondern Verbal- und Handlungsaufgaben im Wechsel dargeboten.

Der HAWIK-R besteht aus einem Verbal- und einem Handlungsteil. Zum *Verbalteil* gehören die folgenden Untertests (die Numerierung der Untertests entspricht der Reihenfolge, in der sie bei der Untersuchung dargeboten werden):

### 2. *Allgemeines Wissen (AW)*

Anhand von 33 Testfragen wird der Wissensumfang des Kindes ermittelt. Beispiele: „Wie viele Beine hat ein Hund?" (Item 1), „Warum schwimmt Öl auf dem Wasser?" (Item 11), „Was sind Gewerkschaften?" (Item 19), „Warum donnert es beim Gewitter?" (Item 32).

### 7. *Allgemeines Verständnis (AV)*

Die 20 Testfragen dieses Untertests betreffen Problemsituationen, mit denen die praktische Urteilsfähigkeit, der „gesunde Menschenverstand", ebenso aber auch die Fähigkeit zur ethischen Wertung geprüft werden sollen. Beispiele: „Warum sollen kranke Kinder zu Hause bleiben?" (Item 1), „Warum gibt es bei Sportwettkämpfen Schiedsrichter?" (Item 6), „Warum muß man einen Führerschein machen, wenn man Autofahren will?" (Item 12), „Warum sehen Gegenstände und Personen in der Ferne kleiner aus?" (Item 20).

### 6. *Rechnerisches Denken (RD)*

Die 29 Aufgaben dieses Untertests sollen Auskunft über die Rechenfertigkeit des Kindes geben. Beispiele: Item 1: Man legt eine Tafel mit einer Reihe von 12 Bäumen vor das Kind und sagt: „Zähle diese Bäume mit dem Finger. Zähle sie bitte laut, damit ich hören kann, ob Du richtig zählst", „Klaus hat 2 Buntstifte und bekommt noch 3 hinzu. Wieviele hat er dann? (Item 5), „Klaus und Peter wollen zusammen verreisen und benötigen dazu 230DM. Klaus hat 17DM, und Peter hat 56 DM. Wieviel Geld fehlt ihnen noch?" (Item 15), „Welche Zahl muß ich mit 7 malnehmen, damit sie $1/5$ von 70 ausmacht?" (Item 23), „Du gewinnst im Lotto 147DM und verschenkst davon $1/3$. Von dem Rest bringst Du $2/7$ auf das Sparbuch. Wieviel hast Du noch übrig?" (Item 29).

## 10. *Gemeinsamkeitenfinden (GF)*

Dem Kind werden 25 Wortpaare vorgegeben, bei denen jeweils das Gemeinsame genannt werden soll. Der Test prüft die Abstraktionsfähigkeit. Beispiele: „Säge – Kneifzange" (Item 1), „Baum – Gras" (Item 6), „Uhr – Waage" (Item 15), „Höhe – Tiefe" (Item 25).

## 4. *Wortschatz-Test (WT)*

Anhand von 44 Begriffen wird der Wortschatz des Kindes geprüft. Beispiele: „Brot" (Item 1), „teilnehmen" (Item 8), „immun" (Item 25), „Dimension" (Item 39).

## 3. *Zahlennachsprechen (ZN)*

Dieser Untertest ist, wie im HAWIK, fakultativ. Er prüft das Kurzzeitgedächtnis. Vom Probanden wird die Wiedergabe von 7 Zahlenreihen (maximal 9stellig) vorwärts und 7 Zahlenreihen (maximal 8stellig) rückwärts verlangt.

Die Untertests des *Handlungsteils* sind die folgenden:

## 11. *Zahlen-Symbol-Test (ZS)*

Das Kind wird aufgefordert, entsprechend einem Schlüssel den Zahlen 1 bis 9 ein bestimmtes Symbol zuzuordnen. Es wird die Anzahl der in einer befristeten Zeit richtig eingesetzten Symbole geprüft. Der Untertest gibt Auskunft über das Arbeitstempo, die visuell-motorische Koordination, die Lernfähigkeit und das Konzentrationsvermögen. Kindern von 6 und 7 Jahren wird eine Version vorgelegt, die auf Zahlen verzichtet und an ihrer Stelle geometrische Figuren wie Kreis, Stern, Dreieck usw. verwendet.

## 1. *Bilderergänzen (BE)*

Dem Probanden werden nacheinander 33 Bilder vorgelegt, auf denen ein wichtiger Teil fehlt. Dieser Teil soll jeweils erkannt und genannt werden. Der Untertest prüft die visuelle Auffassung, die Differenzierung zwischen Wesentlichem und Unwesentlichem, die Realitätskontrolle und die geistige Beweglichkeit.

## 9. *Bilderordnen (BO)*

Dieser Untertest besteht aus 3 Bildserien für Kinder bis zu 8 Jahren sowie 9 weiteren Bildserien für Kinder ab 8 Jahren. Die Bildkarten einer jeden Serie sollen in die richtige Reihenfolge gebracht werden, so daß sich eine sinnvolle Folge ergibt. Geprüft wird die soziale Intelligenz, d.h. die Fähigkeit, soziale Gesamtsituationen zu erfassen.

## 5. *Mosaik-Test (MT)*

Beim MT werden 9 Würfel benutzt, deren Seiten verschieden bemalt sind. Es werden dem Kind insgesamt 17 Vorlagen präsentiert, die mit diesen Klötzchen nachgelegt werden sollen. Der Untertest prüft vor allem die Kombinationsfähigkeit, das räumliche Vorstellungsvermögen und die visuell-motorische Koordination.

## 8. *Figurenlegen (FL)*

Der Proband hat die Aufgabe, nacheinander 10 in verschiedene Teile zerschnittene Figuren richtig zusammenzusetzen. Der Untertest prüft die visuell-motorische Koordination sowie die Fähigkeit, Beziehungen zu erfassen. Ferner ist beim FL die Beobachtung der Problemlösungstechnik, der Ausdauer und des Verhaltens des Prüflings bei Fehlern zu protokollieren (diese qualitativen Merkmale gehen aber nicht in die Verrechnung ein).

Die Auswertung des HAWIK-R ist im Testmanual im Detail beschrieben. Die pro Untertest ermittelten Rohpunkte werden entsprechend dem Alter des Probanden (wobei die Altersbereiche in Gruppen zu 4 Monaten aufgeteilt worden sind) anhand von Normentabellen in Wertpunkte transformiert (Mittelwert = 10, Standardabweichung = 3), Ferner läßt sich für die Gesamtleistung des Kindes ein Gesamtintelligenzquotient (Mittelwert = 100, Standardabweichung = 15) bestimmen sowie für die beiden Testteile ein Verbal- und ein Handlungsintelligenzquotient. Die bisherigen Erfahrungen mit dem HAWIK-R weisen darauf hin, daß diese revidierte Form im Vergleich mit dem ursprünglichen HAWIK größere Ansprüche an die Probanden stellt bzw. die Leistungen strenger bewertet werden, so daß – vor allem bei Kinder mit schwacher intellektueller Leistungsfähigkeit und spezifischen Funktionsstörungen – z.T. deutlich niedrigere IQ-Werte erzielt werden als in der alten HAWIK-Version (s. Gutezeit, 1989; Koop et al., 1989; Titze, 1989; Tscherner, 1990; Schallberger, 1991).

Dieses Verfahren bietet, abgesehen von der Bestimmung des Gesamtintelligenzniveaus und der Fähigkeiten im Verbal- und Handlungsbereich, auch die Möglichkeit zur Beantwortung differentialdiagnostischer Probleme, beispielsweise bei der Diagnostik hirnorganischer Störungen mit spezifischen Ausfällen (s. hierzu Wehrli, 1980; Baud et al., 1982; Rauchfleisch, 1994). Eine derartige differenzierte Interpretation erfordert allerdings, daß sich der Untersucher sorgfältig in die Handhabung des HAWIK-R eingearbeitet hat und sich auch intensiv mit der betreffenden Fachliteratur auseinandergesetzt hat. Von Vorteil ist es, wenn der Untersucher die Auswertung und Interpretation des HAWIK-R mit einem erfahrenen Diagnostiker bespricht.

Wie diese knappen Hinweise erkennen lassen, ermöglicht der HAWIK-R eine differenzierte Intelligenzdiagnostik. In Anbetracht der relativ langen Durchführungszeit (70 bis 90 Minuten) und der testpsychologischen Erfahrung, die zur Durchführung und Interpretation des Verfahrens notwendig ist, wird dieser Test jedoch wohl nur in Ausnahmefällen vom Pädiater selbst angewendet werden können. Zur groben Abschätzung des Intelligenzniveaus liegt für den HAWIK in Gestalt des WIPKI (Baumert, 1973) eine Kurzform vor. Eine spezielle Kurzform zur Prüfung lernbehinderter Sonderschulkinder haben Schmalohr et al. (1971) entwickelt. Diese Autoren haben auch ein Profilblatt entworfen, in dem die Testbefunde eines Kindes graphisch dargestellt und mit Normen von Volks- und Sonderschülern verglichen werden können.

## 5.4 Hamburg-Wechsler Intelligenztest für Erwachsene, Revision 1991 (Tewes, 1994)

Dieses Verfahren ist die deutsche Bearbeitung und Standardisierung der Wechsler-Adult-Intelligence-Scale (WAIS) und orientiert sich weitgehend an der 1981 erfolgten Revision dieser Skala. Der Test beruht auf dem schon beim HAWIK-R (s. Kap. 5.3) besprochenen Intelligenzkonzept von Wechsler. Neben der allgemeinen Intelligenz mißt der Test auch spezifische, nicht-intellektuelle Faktoren. Auch wenn die von Tewes herausgegebene Revision 1991, wie erste Erfahrungen zeigen, größere Anforderungen an die Probanden zu stellen scheint als der ursprüngliche HAWIE (Bondy, 1956), sollte doch unbedingt diese neue Form verwendet werden, da veraltete, ungeeignete Aufgaben eliminiert worden sind und eine neue Normierung an größeren Stichproben erfolgt ist.

Ebenso wie der HAWIK-R besteht der HAWIE-R aus einem Verbal- und einem Handlungsteil. Zum Verbalteil gehören die 6 Untertests: Allgemeines Wissen (AW), Zahlennachsprechen (ZN), Wortschatz-Test (WT), Rechnerisches Denken (RD), Allgemeines Verständnis (AV) und Gemeinsamkeiten finden (GF). In der revidierten Form ist der Wortschatz-Test nicht mehr wie in der ursprünglichen HAWIE-Version fakultativ, sondern obligatorisch. Der Handlungsteil besteht aus den 5 Untertests: Bilderergänzen (BE), Bilderordnen (BO), Mosaik-Test (MT), Figurenlegen (FL) und Zahlen-Symbol-Test (ZS). In der Revision 1991 werden bei der Testdurchführung die Untertests des Verbal- und des Handlungsteils im Wechsel dargeboten, d.h. man beginnt mit dem Untertest „Allgemeines Wissen" (Verbalteil), auf diesen folgt das „Bilderergänzen" (Handlungsteil), danach das „Zahlennachsprechen" (Verbalteil), dann das „Bilderordnen" (Handlungsteil) usw. Eine Beschreibung der einzelnen Untertests und Hinweise auf ihre diagnostische Bedeutung erübrigen sich hier, da sie bereits bei der Darstellung der HAWIK-R diskutiert worden sind.

Die Durchführung des HAWIE-R erfordert im allgemeinen 70 bis 90 Minuten. Der Test kann nur einzeln, nicht in Gruppen vorgenommen werden. Die Bewertung der Aufgaben, die Umwandlung der Roh- in Wertpunkte und die Ermittlung des Verbal-, des Handlungs- und des Gesamt-Intelligenzquotienten sind in der Handanweisung (Tewes, 1994) ausführlich dargestellt. Für die revidierte Form des HAWIE liegen Normen für Probanden zwischen 16 und 74 Jahren vor.

## 5.5 Progressiver Matrizentest von Raven

Das von Raven (1971a, 1971b, 1973) entwickelte sprachfreie Verfahren liegt für Kinder in 3 Ausgaben vor: Für Kinder von 5 bis 11 Jahren kann die farbige Form, *Coloured Progressive Matrices,* verwendet werden, für Probanden ab 6 Jahren ferner die *Standard Progressive Matrices* sowie ab 11 Jahren auch die *Advanced Progressive Matrices.* Wie bereits in Kap. 4.4.3 beschrieben, besteht die Aufgabe darin, bei den „Matrices" (abstrakte Muster, Zeichen und Folgen von Zeichen darstellend) den fehlenden, ausgesparten Teil aus einem Angebot von 6 bis 8 verschiedenen Mustern herauszusuchen.

Die Progressiven Matrizentests erfordern in erster Linie die Entwicklung von Relationen zwischen abstrakten Formen. Sie gelten als gutes Instrument zur Prüfung der Allgemeinbefähigung. Daneben spielen auch Raumerfassung und induktives Verstehen eine Rolle.

Die Testdauer beträgt für die farbige Form im allgemeinen etwa 25 bis 30 Minuten, für die Standardform 45 bis 50 Minuten. Die Auswertung ist sehr einfach: Anhand eines Lösungsschlüssels wird die Anzahl der richtig gelösten Aufgaben festgestellt. Außerdem wird bei jedem Set der Abweichungswert, die „discrepancy", von der Erwartungsnorm bestimmt. Beim Auftreten großer Diskrepanzen kann auf Leistungsschwankungen und Konzentrationsstörungen geschlossen werden (Rauchfleisch, 1975). Für den Summenwert der richtigen Lösungen werden in den entsprechenden, nach Altersstufen aufgeschlüsselten Normentabellen der Prozentrang des individuellen Testresultats und die zugehörige Güteklasse (Grad) der Leistung ermittelt (Kratzmeier, 1978; Schmidtke et al., 1979).

## 5.6 Kaufman Assessment Battery for Children (K-ABC), deutsche Version (K-ABC)

Die Grundlage der K-ABC (Kaufman u. Kaufman; dtsch. Bearbeitung von Melchers u. Preuss, 1994) ist die Definition der Intelligenz als Fähigkeit, Probleme durch geistiges Verarbeiten zu lösen, so daß bei der Diagnose der Prozeß der Lösungsfindung und nicht der Inhalt der Aufgabe im Vordergrund steht. Die Messung intellektueller Fähigkeiten wird von der Messung des Standes erworbener Fertigkeiten (Lernen und Wissen) getrennt, um diese unterschiedlichen Bereiche mentaler Leistung einzeln und im Vergleich miteinander erfassen zu können. Der auf der Basis einer großen Stichprobe von Kindern zwischen 2;6 und 12;5 Jahren konzipierte Test (Normen für elf Altersstufen) ist in vier Skalen gegliedert: „Skala einzelheitlichen Denkens", „Skala ganzheitlichen Denkens" (als Skalen intellektueller Fähigkeiten), „Fertigkeitenskala" und „Sprachfreie Skala".

## 5.7 Testbatterie für geistig behinderte Kinder (TBGB)

Dieses Verfahren wurde von Bondy et al. (1975) aus verschiedenen englischen und amerikanischen Tests zusammengestellt. Das Besondere dieser Testbatterie liegt darin, daß damit ein Instrument entwickelt wurde, das speziell bei geistig behinderten (7- bis 12jährigen) und lernbehinderten (9- bis 12jährigen) Kindern eingesetzt werden kann (die letzte Auflage des Verfahrens enthält auch Vergleichswerte für nichtbehinderte, jüngere Kinder im Alter von 4 bis 6;11 Jahren). Aufgrund umfangreicher Voruntersuchungen haben die Autoren für die TBGB die folgenden sechs Tests ausgewählt, die in verschiedenen Kombinationen und auch einzeln eingesetzt werden können:

- „Columbia Mental Maturity Scale",
- die farbige Form des Progressiven Matrizentests von Raven,
- einen Wortschatztest,
- den Test „Befolgen von Anweisungen",
- die Aufgabe „Kreise punktieren",
- die „Lincoln-Oseretzky-Motor-Development-Scale".

Zusätzlich kann zur Erfassung der sozialen Reife eines Kindes auch eine Kurzform der „Vineland Social Maturity Scale" von Doll verwendet werden.

# 6 Spezielle Entwicklungs- und Leistungstests

Die in diesem Kapitel darzustellenden Tests zeichnen sich – gegenüber den Screening-Verfahren (vgl. Kap. 4.1 und 4.5) – vor allem dadurch aus, daß sie hinsichtlich Durchführung, Auswertung und Interpretation wesentlich höhere Anforderungen an den Untersucher stellen. Sie sind auch zeitlich viel aufwendiger. Aus diesen Gründen kommen sie für den Pädiater und den Allgemeinarzt wohl nur in Einzelfällen in Betracht. Der Vorteil der in diesem Kapitel behandelten Tests liegt allerdings darin, daß sie präzisere Informationen als die meisten Screening-Verfahren liefern und deshalb für differentialdiagnostische Fragestellungen besonders geeignet sind. Ihre Anwendung erfordert vom Untersucher eine sorgfältige Einarbeitung. Von Vorteil ist es auch, sich nicht nur auf die Angaben in den jeweiligen Handanweisungen abzustützen, sondern die ersten selber aufgenommenen Tests mit einem erfahrenen Diagnostiker zu besprechen.

## 6.1 Münchener Funktionelle Entwicklungsdiagnostik für das 2. und 3. Lebensjahr (Coulin, Heiss-Begemann, Köhler, Lajosi, Schamberger, 1977/1994)

Dieses in Form einer „Experimentalfassung 1977" aus dem Institut für Soziale Pädiatrie und Jugendmedizin der Universität München hervorgegangene Verfahren fußt auf den „Entwicklungsphysiologischen Tabellen für das Säuglingsalter" (Hellbrügge et al., 1968), der „Funktionellen Entwicklungsdiagnostik im 2. Lebensjahr" (Hellbrügge et al., 1971) und der Entwicklungsdiagnostik des 3. Lebensjahres (Menara und Schamberger).

Mit diesen Verfahren wird der Entwicklungsstand des Kindes in den folgenden 6 Bereichen erfaßt: statomotorische Entwicklung (mit den Dimensionen Krabbeln, Sitzen und Laufen), Handmotorik und Wahrnehmungsverarbeitung (zur sensumotorischen Entwicklung gehörend), Sprache und Sprachverständnis (zur Prüfung der Sprachentwicklung) sowie Kontaktverhalten und Selbständigkeit (zur Abschätzung der Sozialentwicklung). Die Entwicklung in diesen Bereichen wird anhand verschiedener Aufgaben geprüft (pro Untertest schwankt die Zahl der Items zwischen 14 und 29 Aufgaben), wobei auf dem Testbogen vermerkt ist, in welchem Alter 25 Prozent, 50 Prozent, 75 Prozent und 90 Prozent der Kinder diese Aufgabe normalerweise zu lösen vermögen. Dieses Verfahren, dessen Handhabung allerdings eine sorgfältige Einarbeitung und Erfahrung im diagnostischen Umgang mit Kindern voraussetzt, hat sich als ein aussagekräftiges und für Verlaufsuntersuchungen geeignetes Instrument erwiesen.

## 6.2 Psycholinguistischer Entwicklungstest, PET (Angermaier, 1977)

Von diesem Verfahren sind einzelne Untertests bereits an anderer Stelle (Kap. 4.5) dargestellt worden. Das Verfahren dient der Erfassung spezifischer Fähigkeiten und Störungen in den kommunikativen Prozessen lernbehinderter Kinder, mit dem Ziel, aufgrund der Testresultate geeignete Interventionsmaßnahmen ergreifen zu können. Das Verfahren ist bei Kindern im Alter zwischen 3 und 9;11 Jahren anwendbar. Die Durchführung ist zeitlich recht aufwendig. Je nach Arbeitstempo des Kindes und nach Notwendigkeit, Pausen einzuschieben, dauert die gesamte Testdurchführung ca. 2 Stunden. Bei Vorschulkindern ist es im allgemeinen erforderlich, den Test in 2 Abschnitten zu geben, Untertest 1–6 und 7–12, um eine zu große Ermüdung des Kindes zu vermeiden.

Der PET besteht aus 12 Untertests, welche die beiden Bereiche „Repräsentationsstufe" (mit den Dimensionen „rezeptiver Prozeß", „Organisations- und Vermittlungsprozeß" und „expressiver Prozeß") und „Integrationsstufe" (mit den Dimensionen „Automatik" und „Sequenzen") prüfen. Im folgenden sei eine kurze Charakterisierung der einzelnen Untertests gegeben:

### Wortverständnis (Gehörtes verstehen)

Dieser Test prüft die Fähigkeit, die Bedeutung verbal vermittelter Informationen zu erfassen. Der Test enthält 60 kurze, einfache Fragen folgender Art: „Können Berge niesen?", „Können Tempel einstürzen?", „Können Virtuosen brillieren?"

### Bilder Deuten (Gesehenes verstehen)

Dieser Test ist dem Test Wortverständnis vergleichbar. Er benutzt lediglich eine andere Sinnesmodalität. Anhand von 40 Bildaufgaben wird die Fähigkeit des Kindes geprüft, die Bedeutung optisch dargebotener Informationen zu erfassen. Dem Kind wird eine erste Abbildung von einem Menschen, einem Tier oder einem Gegenstand vorgelegt. Das zweite Bild bietet eine Auswahl von 4 Abbildungen, aus denen die zum ersten Bild Passende ausgesucht werden muß. Die richtigen Antworten bezeichnen Gegenstände oder Situationen, die dem Reizobjekt inhaltlich oder funktionell entsprechen (Beispiele Abb. 6.1).

### Sätze Ergänzen
### (Aus Gehörtem Beziehungen ableiten)

Mit diesem Test wird die Fähigkeit des Kindes geprüft, Gehörtes zueinander in Beziehung zu setzen. Das Kind muß Sätze ergänzen, die mit einer Feststellung beginnen und mit einer unvollständigen, analogen Feststellung enden. Beispiele: „Berge sind hoch, Täler sind ___", „Eis ist fest, Wasser ist ___", „Ein Arzt hat Patienten, ein Anwalt hat ___".

### Bilder Zuordnen
### (Aus Gesehenem Beziehungen ableiten)

Bei diesem Test soll das Kind optisch vorgelegte Objekte miteinander in Beziehung bringen. Ein Reizobjekt soll mit 4 Antwortobjekten verglichen werden, von denen eines zum Reizobjekt paßt. In einem ersten Teil und für jüngere Kinder geht es darum, die größte Ähnlichkeit 2er Objekte zu ermitteln. Der zweite schwierigere Teil des Tests stellt Aufgaben vom Analogietyp dar (Beispiele Abb. 6.2).

### Gegenstände Beschreiben
### (Gedanken in Worten ausdrücken)

Mit diesem Test soll die Fähigkeit, sich sprachlich auszudrücken, erfaßt werden. Dem Kind werden 4 bekannte Gegenstände vorgelegt (ein kleiner Ball, ein Bauklotz, ein Briefcouvert und ein Knopf). Es wird aufgefordert, „alles hierüber" zu erzählen.

### Gegenstände Handhaben
### (Gedanken in Gesten ausdrücken)

Hier soll das Wissen um den Gebrauch und die Verwendungsmöglichkeiten einer Reihe von Gegenständen durch Gesten zum Ausdruck gebracht werden. Dazu werden dem Kind Photos von 15 Objekten gezeigt, und es wird gebeten, zu zeigen „was man damit macht" (Beispiele Abb. 6.3).

### Grammatik Test

Der Test mißt die Fähigkeit, syntaktische und grammatische Regeln automatisch zu benutzen. Das Satzmuster muß grammatisch richtig zu Ende geführt werden. Jeder vorgelegte Satz enthält eine vollständige Feststellung, aus der der Satzbauplan und die Art der grammatikalischen Ergänzung klar wird. Die darauf folgende unvollständige Feststellung muß richtig im Sinn der ersten Satzhälfte ergänzt werden. Beispiele (Abb. 6.4a u. b):

„Dieses Pferd ist *nicht groß*. Aber dieses Pferd ist *groß*. Und dieses Pferd ist noch ___." „Dieses Pferd ist das ___."

„Peter gießt die Blumen. Jetzt ist er fertig. Alle Blumen sind ___."

### Wörter Ergänzen

Das Kind soll die beim Vorsprechen von Wörtern ausgelassenen Laute ergänzen. Beispiele: „Flie/e", „Flugzeu/", „Kro/o/il".

Psycholinguistischer Entwicklungstest, PET

Abb. 6.1 Beispiele für Aufgaben des Untertests „Bilder Deuten" aus dem Psycholinguistischen Entwicklungstest (PET) (Angermaier, M.: Psycholinguistischer Entwicklungstest. Beltz, Weinheim 1977).

## 6 Spezielle Entwicklungs- und Leistungstests

### Laute Verbinden

Die Laute eines Wortes werden isoliert vorgesprochen, und das Kind muß das ganze Wort erkennen. Für jüngere Kinder wird die Aufgabe durch Verwendung von Bildtafeln erleichtert, auf denen es die vorgesprochenen Wörter in Form einer Mehrfachwahlaufgabe aussuchen soll. Beispiele: „Sch-uh", „a-l-t", „G-a-r-t-e-n".

### Objekte Finden

Hier wird vom Kind verlangt, möglichst schnell bekannte Objekte, die unvollständig zu sehen sind, zu erkennen. Es werden 4 Bildstreifen vorgelegt. Jeder enthält 14 beziehungsweise 15 Exemplare eines bestimmten Objektes, mehr oder weniger hinter anderen Gegenständen versteckt (Beispiel Abb. 6.5).

### Zahlenfolgen-Gedächtnis (Eine Reihe von Symbolen wiedergeben, die akustisch geboten werden)

Die Länge der Zahlenfolgen, die wiederholt werden müssen, variiert von 2 bis 8 Zahlen. Expositionsrate: 2 Zahlen pro Sekunde.

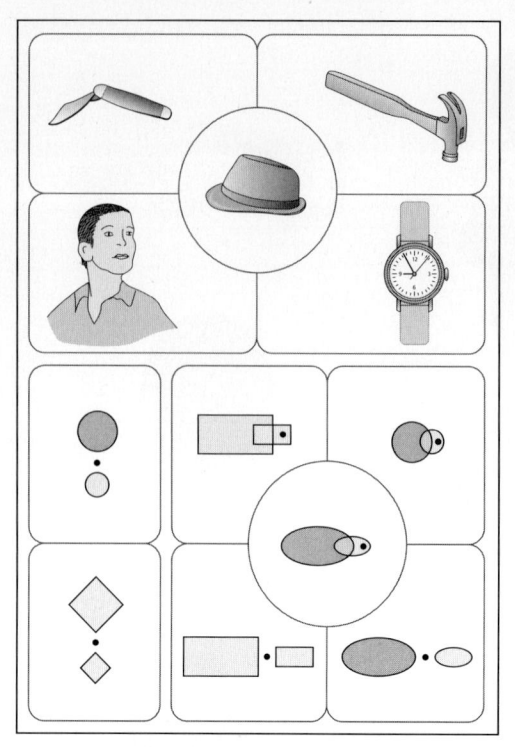

Abb. 6.2  Beispiele für Aufgaben des Untertests „Bilder Zuordnen" aus dem Psycholinguistischen Entwicklungstest, (PET) (Angermaier, M.: Psycholinguistischer Entwicklungstest. Beltz, Weinheim 1977).

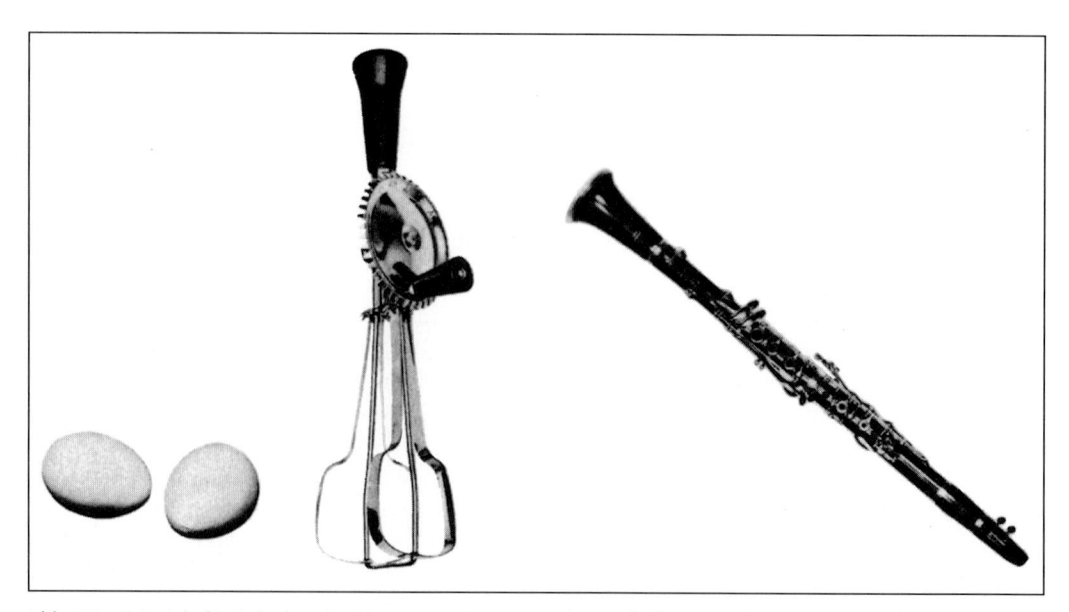

Abb. 6.3  Beispiele für Aufgaben des Untertests „Gegenstände Handhaben" aus dem Psycholinguistischen Entwicklungstest (PET) (Angermaier, M.: Psycholinguistischer Entwicklungstest. Beltz, Weinheim 1977).

Abb. 6.**4a** u. **b** Beispiele für Aufgaben des Untertests „Grammatik-Test" aus dem Psycholinguistischen Entwicklungstest (PET). (Angermaier, M.: Psycholinguistischer Entwicklungstest. Beltz, Weinheim 1977).

Abb. 6.**5** Beispiel für Aufgaben des Untertests „Objekte Finden" aus dem Psycholinguistischen Entwicklungstest (PET). (Angermaier, M.: Psycholinguistischer Entwicklungstest. Beltz, Weinheim 1977).

*Symbolfolgen-Gedächtnis* **(Eine Reihe von Symbolen wiedergeben, die visuell geboten werden)**

Hier sind Sequenzen abstrakter Symbole aus dem Gedächtnis nachzulegen, die zunächst 5 Sekunden lang gezeigt worden sind (Beispiele Abb. 6.**6**).

Für die Verwendung des PET in der Schweiz liegt eine Dialektfassung für die Untertests „Wortverständnis", „Sätze Ergänzen", „Grammatik-Test" und „Wörter Ergänzen" vor (Wettstein et al., 1977).

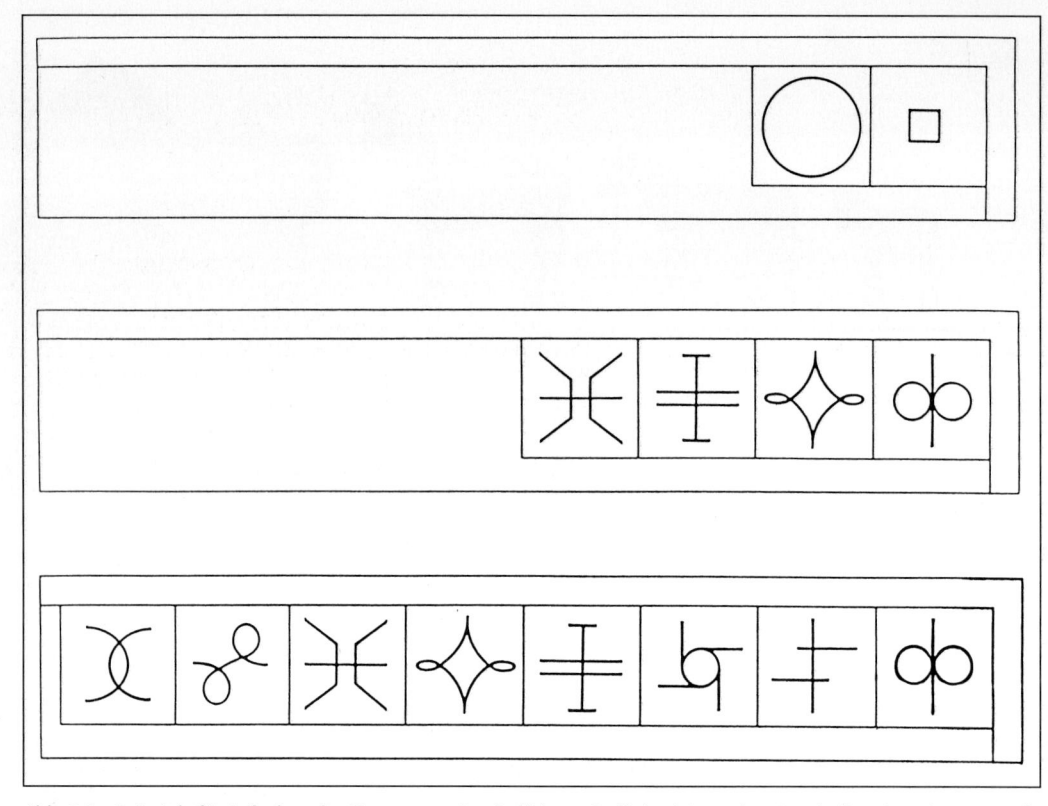

Abb. 6.6 Beispiele für Aufgaben des Untertests „Symbolfolgen-Gedächtnis" aus dem Psycholinguistischen Entwicklungstest (PET). (Angermaier, M.: Psycholinguistischer Entwicklungstest. Beltz, Weinheim 1977).

## 6.3 Frostigs Entwicklungstest der visuellen Wahrnehmung, FEW
(Lockowandt, 1996)

Dieses Verfahren, von dem bereits einzelne Untertests im Kap. 4.5 beschrieben worden sind, ist mit der Absicht konzipiert worden, „Kindern mit Lernstörungen nach einer differenzierten Wahrnehmungsdiagnose in spezifischer und methodischer Weise zu helfen" (Lockowandt, 1996). Da bei Lernstörungen die visuomotorische Koordination, die Fähigkeit zum Unterscheiden einer Figur von ihrem Grund, das Konstanthalten der Form, das Erkennen der Lage im Raum und das Erfassen von räumlichen Beziehungen die häufig gestörten Wahrnehmungsfunktionen sind, wurden diese Bereiche von der Autorin Frostig aus dem Gesamt der Wahrnehmungsfunktionen zur Testkonstruktion ausgewählt.

Das Verfahren besteht aus den folgenden 5 Subtests:

1. *Visuo-motorische Koordination (VM)*

Der Subtest prüft die Fähigkeit zur Koordination von Auge und Hand. Der Proband muß fortlaufende gerade, gebogene oder winklige Linien zwischen unterschiedlich breiten Begrenzungen oder von Punkt zu Punkt ohne Hilfslinien ziehen (Abb. 6.7).

2. *Figur-Grund-Unterscheidung (FG)*

Dieser Subtest prüft die Wahrnehmung von Figuren auf zunehmend komplexerem Grund. Es werden sich überschneidende und versteckte geometrische Figuren verwendet, welche der Proband „umreißen" muß. Die Figuren (Dreieck, Rechteck, Kreuz, Mond, Sterne u.a.) werden der Versuchs-

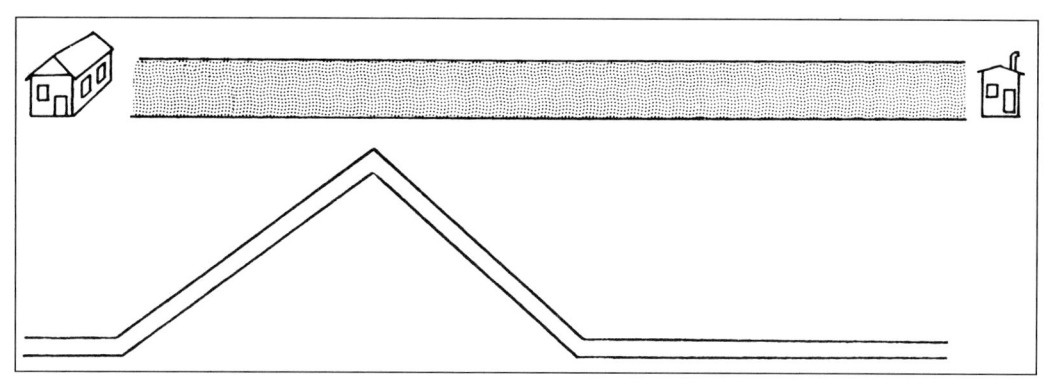

Abb. 6.7  2 Aufgaben aus Subtest I des FEW „Visuomotorische Koordination"
(Lockowandt, O.: Frostigs Entwicklungstest der visuellen Wahrnehmung. Beltz, Weinheim 1996).

person vorher auf Demonstrationskarten gezeigt (Abb. 6.8).

### 3. Formkonstanz-Beachtung (FK)

In diesem Subtest muß der Proband geometrische Figuren (Kreise und Quadrate) unterschiedlicher Größe, Binnenstruktur und Lage wiedererkennen und von ähnlichen geometrischen Figuren wie Ellipsen, Parallelogrammen u.a. unterscheiden (Abb. 6.9).

### 4. Erkennen der Lage im Raum (LR)

Der Proband soll in diesem Subtest, der nach dem multiple-choice-Verfahren gelöst werden muß, bekannte schematisch gezeichnete Objekte, die spiegelbildlich oder gedreht dargeboten werden, unterscheiden und identifizieren (Abb. 6.10).

### 5. Erfassen räumlicher Beziehungen (RB)

In diesem Subtest muß der Proband vorgegebene Formen analysieren und abzeichnen. Die Formen befinden sich als Strichmuster mit unterschiedlich langen Linien und unterschiedlich großen Winkeln in Punktmatrizen und müssen in andere leere Matrizen eingezeichnet werden (Abb. 6.11).

Die Durchführung dieses für Kinder zwischen 4 und 7;11 Jahren anwendbaren Verfahrens erfordert zwischen 30 bis 45 Minuten. Die im Testmanual mitgeteilten Kostruktionen müssen genau beachtet werden. Vor Durchführung der Untersuchung muß sich der Diagnostiker mit dem Test-

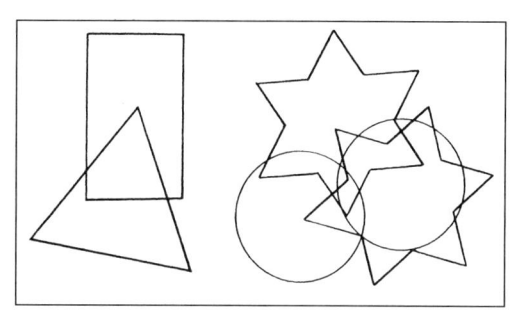

Abb. 6.8  2 Aufgaben aus Subtest II des FEW „Figur-Grund-Unterscheidung" (Lockowandt, O.: Frostigs Entwicklungstest der visuellen Wahrnehmung. Beltz, Weinheim 1996).

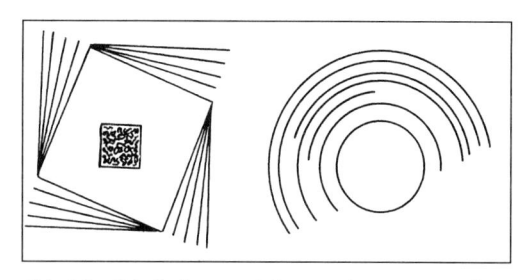

Abb. 6.9  2 Aufgaben aus Subtest III des FEW „Formkonstanz-Beachtung" (Lockowandt, O.: Frostigs Entwicklungstest der visuellen Wahrnehmung. Beltz, Weinheim 1996).

material und der ganzen Testdurchführung vertraut machen. Dieses Verfahren wird, schon allein wegen der relativ langen Durchführungszeit, vermutlich nur in Ausnahmefällen vom Pädiater selber eingesetzt werden.

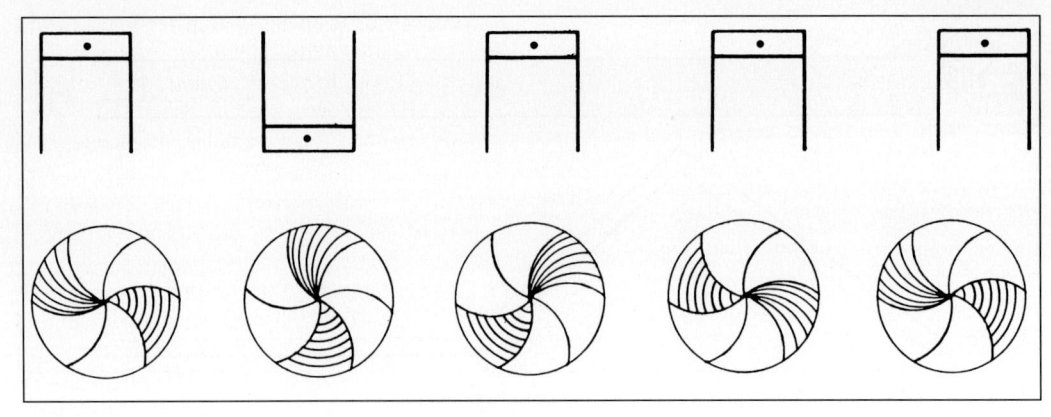

Abb. 6.**10**  2 Aufgaben aus Subtest IV des FEW „Erkennen der Lage im Raum" (Lockowandt, O.: Frostigs Entwicklungstest der visuellen Wahrnehmung. Beltz, Weinheim 1996).

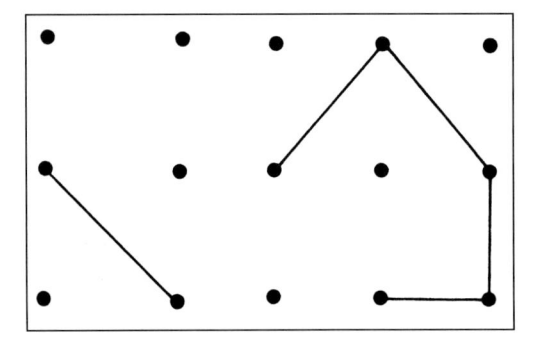

Abb. 6.**11**  2 Aufgaben aus Subtest V des FEW „Erfassen räumlicher Beziehungen" (Lockowandt, O.: Frostigs Entwicklungstest der visuellen Wahrnehmung. Beltz, Weinheim 1996).

## 6.4 Benton-Test

Unter den Leistungstests zur Erfassung spezieller Funktionen hat sich der Benton-Test (Spreen, 1996) als hilfreiches Instrument erwiesen. Das Verfahren, dessen Durchführung nur ca. 15 bis 20 Minuten in Anspruch nimmt, dient der Prüfung von Gedächtnisfunktionen und der visuell-motorischen Koordination und ist bei Kindern, Jugendlichen und Erwachsenen anwendbar. Der Einsatz dieses Tests ist immer dann sinnvoll, wenn es abzuklären gilt, ob und in welchem Ausmaß die genannten Funktionen durch hirnorganische Prozesse beeinträchtigt sind. Über die genauere Ätiologie (z.B. Lokalisation der Traumata) vermag das Verfahren jedoch keine Hinweise zu liefern. Falls sich pathologische Befunde nachweisen lassen, sollten weiterführende neurologische Untersuchungen eingeleitet werden.

Dem Probanden werden jeweils 10 Sekunden lang nacheinander 10 Abbildungen geometrischer Figuren (je Vorlage 1 bis 3 Figuren) vorgelegt, die er sich während dieser Zeit einprägen soll (Abb. 6.**12a** u. **b**).

Nach Wegnahme der Vorlage muß der Proband die zuvor gesehenen Figuren so genau wie möglich zeichnerisch reproduzieren. Bei der Auswertung wird zwischen den folgenden Fehlerarten unterschieden: Auslassungen, Entstellungen, Perseverationen, Drehungen, Fehlplazierungen und

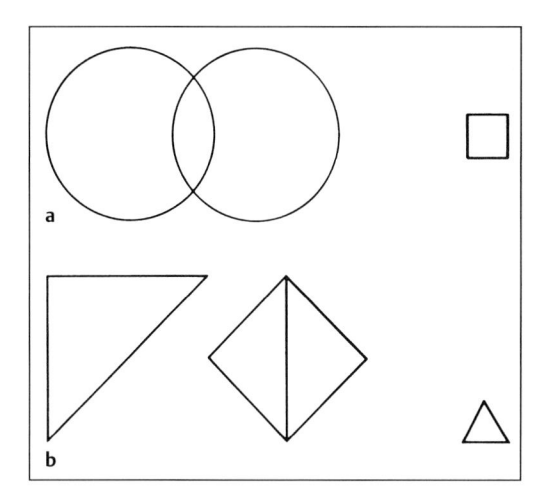

Abb. 6.**12a** u. **b**  Beispiele für 2 Aufgaben (Vorlage 3 und Vorlage 7) aus dem Benton-Test (Spreen, O.: Der Benton-Test. Huber, Bern 1996).

Größenfehlern. Die Signierung der Fehler wirkt für den wenig mit dem Benton-Test vertrauten Benutzer zunächst etwas kompliziert. Mit Hilfe der Handanweisung (Spreen, 1996) ist die Einarbeitung in die Auswertung dieses Verfahrens letztlich jedoch kein großes Problem. Es empfiehlt sich, die ersten Auswertungen mit einem erfahrenen Diagnostiker zu besprechen.

Die Interpretation des Benton-Tests geht davon aus, daß die Gedächtnisleistungen und die zeichnerische Reproduktionsfähigkeit vom Intelligenzniveau und Alter des Probanden bestimmt werden. Dem Auswerter müssen deshalb Angaben zu diesen Kriterien vorliegen. Die vom Probanden im Test erzielten Resultate werden dann in Relation gesetzt zu den nach Alter und Intelligenzniveau zu erwartenden Leistungen. Eigentlich würde man das Resultat einer prämorbiden Intelligenzuntersuchung benötigen. Da dies in der Regel nicht vorliegt, muß man sich darauf beschränken, den jetzigen Intelligenzquotienten zu bestimmen. Durch diese Art des Vorgehens wird die Durchführung des Verfahrens (das selber ja nur eine kurze Zeit erfordert), letztlich doch wieder relativ zeitaufwendig. Allenfalls kann man jedoch aufgrund der anamnestischen Angaben versuchen, das Intelligenzniveau des Probanden zu schätzen (was allerdings bei Kindern wegen des Fehlens von Angaben über erfolgreich durchlaufene Schul- und Berufsausbildungen zumeist schwer fällt) und dieses geschätzte Intelligenzniveau zur Bestimmung der zu erwartenden Testleistungen verwenden. Zusammen mit Intelligenzverfahren, die auch Aussagen über hirnorganische Funktionsstörungen liefern, ist der Benton Test jedoch ein sehr aussagekräftiges Instrument.

# 7 Spezielle Verfahren zur Diagnostik emotionaler Probleme

Die im folgenden zu besprechenden Verfahren zeichnen sich gegenüber den bisher dargestellten Tests vor allem dadurch aus, daß sie nicht quantifizierbar sind und (zumeist nach tiefenpsychologischen Gesichtspunkten) „frei" interpretiert werden. Diese Besonderheit stellt auf der einen Seite zweifellos eine Begrenzung ihrer Aussagekraft dar. Es läßt sich nicht mehr, wie bei den Screening-Verfahren (Kap. 4), eine bestimmte kritische Anzahl von Symptomen oder ein bestimmter Cut Point auf einer Skala angeben, jenseits derer man von „Pathologie" sprechen könnte. Auf der anderen Seite eröffnen sich aber gerade durch diesen Ansatz große diagnostische Möglichkeiten, indem die Verfahren uns Aufschluß liefern über Konfliktinhalte und spezifische Verarbeitungsstrategien des Probanden, über interaktionelle Probleme in der Beziehung zwischen Eltern und Kind sowie über Ängste, Hoffnungen und Idealentwürfe, die das Leben und Erleben des Kindes prägen. Dabei muß sich der Testbenutzer aber stets der Tatsache bewußt sein, daß diese Verfahren nur *Hypothesen* liefern, Anregungen für eine vertiefte, gezielte Exploration bieten und generell dazu dienen, eine differenziertere Sicht von der Erlebniswelt des Kindes zu gewinnen. Diese Rahmenbedingungen sind beim Einsatz solcher Verfahren, vor allem aber bei der Interpretation der damit gewonnenen Befunde, von großer Bedeutung.

## 7.1 Satzergänzungstest

Es erscheint paradox, daß dieses Verfahren nicht in gedruckter Form vorliegt und sich dementsprechend auch in keinem Testkatalog der großen Verlage findet, aber zu einem der in der Kinderdiagnostik am häufigsten verwendeten Tests gehört.

Dem Kind wird die folgende Liste unvollständiger Sätze vorgelegt (in der Version für Jungen mit der Formulierung „er", in der für Mädchen mit „sie") (Tab. 7.1):

Tabelle 7.1  Satzergänzungstest

*Der Junge*

1. Wenn er allein war ..............................
2. Er wünschte sich oft ..........................
3. Manchmal hatte er ein schlechtes Gewissen, weil ..................................................
4. Oft hatte er geglaubt, daß ................
5. Einmal hatte er erlebt, daß ..............
6. Wenn ihn die anderen Kinder nicht mitspielen lassen ..................................
7. Das schönste Lied heißt ....................
8. Wenn er Theater spielt ......................
9. Er mag keine Kinder, die ..................
10. Wenn er erst erwachsen ist ..............
11. Er war sehr traurig, als ......................
12. Wenn seine Mutter nur ......................
13. Er findet es abscheulich ....................
14. Die meisten Väter ..............................
15. Er überlegte sich immer wieder ........
16. Der schönste Beruf ist ........................
17. In seiner Familie ist er immer ..........
18. Er dachte nicht gerne daran, daß ....
19. Ein Mädchen hat er ............................

Tabelle 7.1 Fortsetzung

20. Er hatte am meisten Angst davor, daß ...............
21. Er war sehr stolz darauf, daß ...............
22. Er träumte gerne (von) ...............
23. Er fühlte sich zu Hause nicht wohl, weil ...............
24. Er wünschte, sein Vater ...............
25. Es ist sehr unanständig, wenn ...............
26. Am meisten liebte er ...............
27. Die meisten Mütter ...............
28. Es ist sehr schade, daß ...............
29. Er würde lieber zur Schule gehen, wenn ...............
30. Er war furchtbar wütend, als ...............
31. Er bekam ein schlechtes Zeugnis, weil ...............
32. Sein bester Freund war ...............
33. Er hätte den Menschen umbringen können, der ...............
34. Manchmal machte er sich Sorgen, daß ...............
35. Er wünschte sich einen Freund, der ...............
36. Er findet, daß die meisten Mädchen ...............
37. Er war tief betrübt, als (weil) ...............
38. Die meisten Leute wußten nicht, daß er ...............
39. Er fand seinen Bruder nicht schön (nett), weil er ...............
40. Es ekelte ihn sehr ...............
41. Er tat Unrecht, als er ...............
42. Als seine Mutter ihn bestraft hatte ...............

Tabelle 7.1 Fortsetzung

43. Am glücklichsten ist er, wenn ...............
44. Er schäumte vor Wut, als ...............
45. Er mag seinen Vater, aber ...............
46. Die meisten Leute mochten ihn ...............
47. Er konnte Tiere ...............
48. Er fand, daß sein Lehrer ...............
49. Als sein Vater ihn bestraft hatte ...............
50. Er wünschte, seine Mutter ...............
51. Er lief von zu Hause fort ...............
52. Seine schwächste Seite war ...............
53. Sie waren Freunde, weil ...............
54. Er mag seine Mutter, aber ...............
55. Am strengsten hat man ihm verboten, daß ...............
56. Er weinte, weil ...............
57. Er fand von seinen Eltern nicht schön, daß ...............
58. Wenn er Vater wäre, würde er ...............
59. Die anderen Kinder lachten ihn aus, weil ...............
60. Es gibt Mütter, die ...............
61. Als er merkte, daß ihm keiner helfen konnte ...............
62. Die meisten Leute wissen ...............
63. Wenn er nur ...............
64. Es war ihm peinlich, daß ...............
65. Als er sah, daß die anderen besser waren als er ...............
66. Er grübelte oft ...............

Man teilt dem Kind in der Instruktion mit, es gehe um ein Kind gleichen Geschlechts und gleichen Alters. Der Proband solle die angefangenen Sätze nach seinen spontanen Einfällen so vervollständigen, wie es einem solchen Kind entspreche. Durch diese Instruktion sucht man dem Kind einen gewissen projektiven Spielraum zu schaffen, in dem es sich, seiner eigenen Persönlichkeit entsprechend, entfalten kann, ohne durch das Gefühl beeinträchtigt zu werden, es spreche über sich selbst. Bei der Interpretation der Befunde geht man dann von der Annahme aus, das untersuchte Kind habe sich mit dem in der Instruktion genannten fiktiven Kind identifiziert und spreche in seinen Testantworten von sich selber.

Die Testbearbeitung erfolgt bei Kindern, die schreiben können, indem sie selber ihre Ergänzungen auf dem Testblatt eintragen. Kleinere Kinder können ihre Antworten dem Untersucher mündlich mitteilen, und er notiert sie.

Wie der Testbogen erkennen läßt, erfassen die dem Kind vorgelegten Feststellungen die verschiedensten Lebens- und Erlebensbereiche, zum Beispiel die Einstellung zum Elternhaus, zu Kameraden, zur Schule, die Interessen, die Ängste usw. Bei der Interpretation der Befunde muß man sich aber stets der Tatsache bewußt sein, daß dieses Verfahren lediglich der Hypothesenfindung dient. Man darf nicht unkritisch jede Antwort des Kindes als Darstellung seiner realen Situation auffassen, sondern muß den im Test gemachten Angaben in Form einer vertieften Exploration (von Eltern und Kind) weiter nachgehen. Erst dann ist eine sinnvolle Interpretation der Befunde möglich.

Das folgende Beispiel des 10jährigen Manfred, der in einer Erziehungsberatungsstelle vorgestellt wurde, möge der Veranschaulichung dienen.

1. Wenn er allein war, ... hatte er immer das ganze Haus durchwühlt.
2. Er wünschte sich oft ... ein großes Auto.
3. Manchmal hatte er ein schlechtes Gewissen, weil ... er gemalt hatte.
4. Oft hatte er geglaubt, daß ... seine Mutter nichts merkt.
5. Einmal hatte er erlebt, daß ... seine Mutter nichts merkte.
6. Wenn ihn die anderen Kinder nicht mitspielen lassen, ... hatte er alles kaputt gemacht.
7. Das schönste Lied heißt ... die bösen Kinder.
8. Wenn er Theater spielt, ... machte er alles falsch.
9. Er mag keine Kinder, die ... ihn hauen.
10. Wenn er erst erwachsen ist, ... will er einen guten Beruf erlernen.
11. Er war sehr traurig, als ... sein Vater starb.
12. Wenn seine Mutter nur ... rief, kam er sofort.
13. Er findet es abscheulich, ... wenn seine Eltern ihn schlagen.
14. Die meisten Väter ... würden ihn einsperren.
15. Er überlegte sich immer wieder, ... wie er seiner Mutter helfen kann.
16. Der schönste Beruf ist ... Maurer.
17. In seiner Familie ist er immer ... der allerstillste.
18. Er dachte nicht gerne daran, daß ... er seine Schulaufgaben machen muß.
19. Ein Mädchen hat er ... sehr gern.
20. Er hatte am meisten Angst davor, daß ... seine Eltern ihn schlagen.
21. Er war sehr stolz darauf, daß ... er jetzt eine Uhr hatte.
22. Er träumte gerne von ... schönen Sachen.
23. Er fühlte sich zu Hause nicht wohl, weil ... er Angst hatte.
24. Er wünschte, sein Vater ... sei reich.
25. Es ist sehr unanständig, wenn ... er Sonntag am Tisch saß.
26. Am meisten liebte er ... seine Mutter.
27. Die meisten Mütter ... haben ihn gern.
28. Es ist sehr schade, daß ... er nicht lieb ist.
29. Er würde lieber zur Schule gehen, wenn ... er keine Aufgaben machen müßte.
30. Er war furchtbar wütend, als ... alle mit dem Finger auf ihn zeigten.
31. Er bekam ein schlechtes Zeugnis, weil ... er dumm war.
32. Sein bester Freund war ... Peter.
33. Er hätte den Menschen umbringen können, der ... ihn liebte.
34. Manchmal machte er sich Sorgen, daß ... seine Mutter stirbt.
35. Er wünschte sich einen Freund, der ... ihn liebte.
36. Er findet, daß die meisten Mädchen ... doof sind.
37. Er war tief betrübt, als (weil) ... ihn der Schuh drückte.
38. Die meisten Leute wußten nicht, daß er ... lieb war.
39. Er fand seinen Bruder nicht schön (nett), weil er ... ihn schlug.
40. Es ekelte ihn sehr, ... wenn er nichts zu essen bekommt.
41. Er tat Unrecht, als er ... log.
42. Als seine Mutter ihn bestraft hatte, ... weinte er.
43. Am glücklichsten ist er, wenn ... er lieb ist.
44. Er schäumte vor Wut, als ... er sah, was er gemacht hatte.
45. Er mag seinen Vater, aber ... nur wenn er schläft.
46. Die meisten Leute mochten ihn ... nicht.
47. Er konnte Tiere ... nicht leiden.
48. Er fand, daß sein Lehrer ... nicht nett ist.

49. Als sein Vater ihn bestraft hatte, ... weinte er.
50. Er wünschte, seine Mutter ... wäre nett.
51. Er lief von zu Hause fort, ... weit weg.
52. Seine schwächste Seite war ... Rechnen.
53. Sie waren Freunde, weil ... er gut war.
54. Er mag seine Mutter, aber ... nur wenn sie nett ist.
55. Am strengsten hat man ihm verboten, daß ... er lügt.
56. Er weinte, weil ... sein Huhn totgemacht wurde.
57. Er fand von seinen Eltern nicht schön, daß sie ihn schlugen.
58. Wenn er Vater wäre, würde er ... alles verhauen.
59. Die anderen Kinder lachten ihn aus, weil ... er hinfiel.
60. Es gibt Mütter, die ... ihn lieben.
61. Als er merkte, daß ihm keiner helfen konnte, ... weinte er.
62. Die meisten Leute wissen, ... daß er böse ist.
63. Wenn er nur ... lieb wäre.
64. Es war ihm peinlich, daß ... er böse ist.
65. Als er sah, daß die anderen besser waren als er, ... ging er fort.
66. Er grübelte oft ... in der Schule.

Schon ein erster Überblick über die von Manfred gelieferten Ergänzungen läßt erkennen, daß die Themen „Aggression" und „Schuldgefühle" für dieses Kind von großer Bedeutung sind (Sätze 1, 4, 5, 6, 7, 9, 11, 13, 14, 28, 39, 41, 57, 58, 64). Außerdem spielen in seinem Erleben offensichtlich Insuffizienzgefühle (8, 30, 31, 35, 46, 59, 65) und (kompensatorische?) Geltungswünsche (2, 21, 22, 24) sowie Ängste (11, 13, 20, 23, 34, 45, 57) eine zentrale Rolle. Die Äußerungen des Jungen kreisen vielfach um die Pole „lieb" und „böse" und entsprechende Reaktionen der Umgebung.

Wie ausgeführt, müssen die Resultate dieses Verfahrens in weiteren Gesprächen mit dem Kind (und den Eltern) noch genauer geklärt werden. Dies gilt im zitierten Protokoll etwa für das Item 33 („Er hätte den Menschen umbringen können, der – ihn liebte") sowie für die Items 51 („Er lief von zu Hause fort – weit weg") und 56 („Er weinte, weil – sein Huhn totgemacht wurde").

Schon diese wenigen Hinweise zeigen, daß der Satzergänzungstest ein Verfahren ist, das dem Untersucher einen differenzierten Einblick in die Erlebniswelt des Kindes vermittelt und Anhaltspunkte für eine weiterführende Exploration bietet.

## 7.2 „10-Wünsche-Phantasiespiel" (nach Klosinski, 1988)

Klosinski (1988) hat ein dem Satzergänzungstest ähnliches Verfahren vorgeschlagen, bei dem das Kind 10 Wünsche formulieren soll. Das Kind erhält ein Blatt Papier mit den vorbereiteten Numerierungen von 1 bis 10 und folgende Instruktion: „Alle Kinder und Jugendlichen, die zu mir kommen, dürfen ein Phantasiespiel machen, dürfen sich etwas wünschen. Stell Dir vor, eine Fee, ein Zauberer (bei älteren Kindern spreche ich vom Magier) würden Dir 10 Wünsche erfüllen. 10 Wünsche oder Veränderungen würden in Erfüllung gehen. Was würdest Du Dir wünschen, was würdest Du ändern wollen?"

Die auf diese Weise von den Kindern thematisierten Wünsche und Veränderungsphantasien sollen dem Untersucher als Wegweiser und Einstieg in die Lebenssituation des Kindes dienen und zum Ausgangspunkt eines Dialogs mit dem Kind und den Eltern werden. Es sei hier nur kurz darauf hingewiesen, daß der Proband mit der Formulierung seiner Wünsche auch eine Schriftprobe liefert, die unter Umständen eine Legasthenie oder eine feinmotorische Koordinationsstörung zutage treten läßt.

Klosinski erwähnt in seiner Arbeit als kasuistisches Beispiel die Wunschliste eines 9jährigen Jungen, der wegen einer Schulphobie mit Bauchschmerzen und Einschlafstörungen von den Eltern vorgestellt wurde (Abb. 7.1).

Bei diesen Wünschen fällt auf, daß der Junge dreimal betont, lieb sein zu wollen, zweimal gegenüber seinen Eltern. Der Autor nahm diesen Hinweis auf und erwähnte dem Kind gegenüber im Erstgespräch, daß es dem Jungen offensichtlich sehr wichtig sei, es den Eltern recht zu machen. Der Junge äußerte daraufhin seine Angst, die Eltern könnten sich trennen; in der Schule müsse er immer wieder an die Eltern denken und habe Angst, ihnen könne etwas passieren. Klosinski verweist darauf, daß die Mutter zwar vorsichtige Andeutungen über die Ehekrise gemacht habe, er aber erst durch die Wunschliste des Kindes das Ausmaß der Ehekrise, die der Sohn aktiv zu verhindern versuchte, habe erfassen können.

Wie dieses hier nur kurz skizzierte Beispiel erkennen läßt, vermittelt das „10-Wünsche-Phantasiespiel" zwar eine relativ grobe Momentaufnahme der verschiedensten augenblicklichen

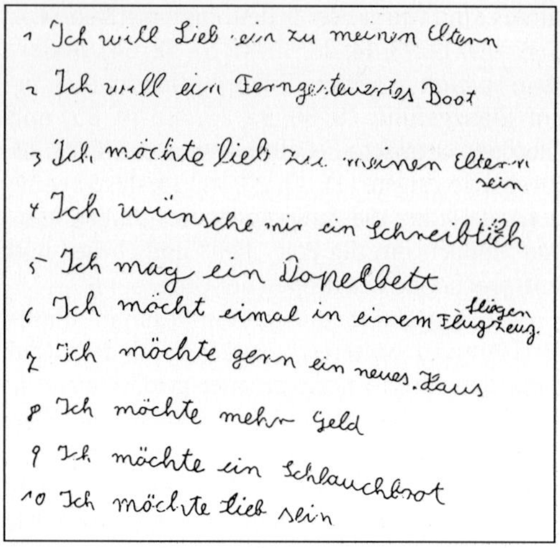

# 7 Spezielle Verfahren zur Diagnostik emotionaler Probleme

*1 Ich will Lieb ein zu meinen Eltern*
*2 Ich will ein Ferngesteuertes Boot*
*3 Ich möchte lieb zu meinen Eltern sein*
*4 Ich wünsche mir ein Schreibtisch*
*5 Ich mag ein Dopelbett*
*6 Ich möcht einmal in einem Flugzeug fliegen*
*7 Ich möchte gern ein neues Haus*
*8 Ich möchte mehr Geld*
*9 Ich möchte ein Schlauchbot*
*10 Ich möchte lieb sein*

Abb. 7.1 Wunschliste eines 9jährigen Jungen (nach Klosinski, G.: Das „10-Wünsche-Phantasiespiel". Gedanken und Erfahrungen zum „projektiven Fragen" am Beginn des therapeutischen Dialoges mit Kindern und Jugendlichen. Acta Paedopsychiat. 51, 1988,167).

Problembereiche des Kindes. Es kann dem Untersucher aber wertvolle Einblicke in die Erlebniswelt des Probanden eröffnen und ihm Hinweise für das weitere Gespräch an die Hand geben.

## 7.3 Düss-Fabeltest

Louisa Düss (1976) hat 10 unvollständige Geschichten entworfen, die der Erfassung von typischen Konfliktsituationen, wie sie in der Kindheit auftreten können, dienen. Es werden Abhängigkeits-/Unabhängigkeitstendenzen, Geschwisterrivalitäten, ödipale Konflikte, Aggressionsprobleme, Schuldgefühle und Ängste angesprochen.

Nachdem der Untersucher jeweils den Beginn der Fabel vorgelesen hat, soll das Kind die Geschichte frei fabulierend zu Ende führen. Seine Erzählung wird wortgetreu notiert (selbstverständlich kann man, wenn das Kind darüber informiert ist, die Antworten auch auf Band aufnehmen und später transkribieren).

Um dem Leser einen Eindruck von den diagnostischen Möglichkeiten dieses Verfahrens zu vermitteln, möchte ich das Protokoll eines zur Zeit der Testaufnahme 10jährigen Jungen zitieren. Er wurde mir von den Eltern vorgestellt, da er unter einer Enuresis diurna litt, die – nachdem er seit dem ca. 3. Lebensjahr tags und nachts trocken gewesen sei – im Alter von $4^1/_2$ Jahren (als der Junge, der zuvor im Zimmer der Eltern geschlafen hatte, ein eigenes Zimmer bezog) auftrat und seither bestand. Im Gespräch mit dem Kind trat außerdem eine erhebliche Aggressionshemmung und als weiteres Symptom eine Hundephobie hervor, wobei die Erklärung, die der Junge dazu abgab, Licht auf die Psychodynamik dieser Störung wirft: Er habe Angst vor Hunden, „die verwildert sind, die eine schlechte Laune haben, weil sich niemand um sie kümmert" (eine ausführlichere Darstellung seiner Biographie und weiterer Testbefunde habe ich an anderer Stelle zitiert, Rauchfleisch, 1989).

Dieser 10jährige Junge lieferte die folgenden 10 Geschichten zu den Düss-Fabeln:

1. *Fabel vom Vogel* **(zur Feststellung der Bindung an einen Elternteil oder der Unabhängigkeit)**

Ein Vogelpapa und eine Vogelmama und ihr kleines Vögelchen schlafen in ihrem Nest auf einem Ast. Aber da kommt ein großer Wind. Der schüttelt den Baum, und das Nest fällt auf die Erde. Die drei Vögel erwachen mit einem Schlag. Der Papa fliegt geschwind auf eine Tanne, die Mama auf eine andere, und was macht wohl das kleine Vögelchen? Es kann schon ein bißchen fliegen.

*Nun versucht das Vogelkind zu der Vogelmutter zu kommen. Es macht Versuche. Vergeblich! Da kommt der gierige Fuchs! Leise schleicht er sich heran. Da! Das Vogelkind hat es geschafft! Es schwingt sich in die Lüfte! Es fliegt zur Mutter hin. Diese Beute war dem hungrigen Fuchs entflohen.*

2. *Fabel vom Hochzeitstag.* (Zur Kontrolle, ob die Vp. im elterlichen Schlafzimmer einen Schock erlitten hat. Eifersucht auf die Verbindung der Eltern)

Papa und Mama haben gerade ihren Hochzeitstag. Sie haben sich beide sehr lieb und machen ein schönes Fest. Während des Festes steht das Kind auf einmal auf und geht ganz allein in den Garten. Warum?

*Draußen im Garten hat das Kind endlich Ruhe und konnte in Ruhe mit Moppel, seinem geliebten Teddybären, spielen. „Diese Eltern", schimpfte es innerlich. „Warum machen sie denn solch einen Krach?". Das Kind wußte natürlich nicht, daß die Eltern diesen Tag feierten, weil sie sich vor einigen Jahren verheiratet hatten, und das war natürlich wichtiger als das ruhige Spiel mit Moppel.*

3. *Fabel vom Lämmchen.* (Zur Exploration des Entwöhnungs- und Geschwisterkomplexes)

Es war einmal eine Schafmama auf einer Wiese und ihr kleines Lämmchen. Das Lämmchen hüpfte den ganzen Tag um die Mutter herum. Jeden Abend gab ihm seine Mama gute warme Milch, die es sehr gern hatte. Aber es kann auch schon Gras fressen. Eines Tages wird der Mama ein kleines Lämmchen gebracht, das hungrig ist, und es soll bei der Mama Milch trinken. Aber die Schafmama hat nicht genug Milch für beide, und so sagt sie zu ihrem großen Lämmchen: „Ich habe nicht genug Milch für zwei: geh du frisches grünes Gras fressen." Was macht darauf wohl das Lämmchen?

(Um den Entwöhnungskomplex für sich zu beurteilen:) Die Ankunft des neuen Lämmchens weglassen und sagen, daß das Mutterschaf keine Milch mehr hat und das Lämmchen beginnen müsse, Gras zu fressen.

*Traurig verzog es sich in einen dunklen Winkel. Zwei Tage lang ließ es sich nicht mehr sehen, so traurig war es. Am dritten Tage aber lief es zu der Mama wieder hinaus auf die Wiese und spielte mit dem neuen Lämmchen. Die beiden wurden Freunde und teilten sich die Milch.*

4. *Begräbnis.* (Zur Exploration der Aggressivität, der Todeswünsche, der Schuldgefühle und der Selbstbestrafungstendenz)

Ein Begräbniszug geht durch die Straße im Dorf, und die Leute fragen: „Wer wird da beerdigt?" Sie bekommen die Antwort: „Es ist jemand von der Familie, die dort in dem Haus wohnt." Wer ist es wohl? Für Kinder, die nicht wissen, was „tot" heißt, erzähle man die Fabel folgendermaßen:

Jemand in der Familie ist mit dem Zug weit, weit weggefahren, und jetzt kommt er nie mehr nach Hause zurück. Wer kann das sein? (Man kann die einzelnen Familienmitglieder aufzählen.)

*Da gehen die Leute in das Haus und sehen an dem Klingelschild nach, wer der Inhaber dieser Wohnung war. Einer der Menschen merkt, daß es ja seine Stiefmutter war. Traurig ging er auf den Friedhof und kniete vor dem Grab nieder und legte Blumen hin.*

5. *Fabel vom Sichfürchten.* (Für die Angst und die Selbstbestrafungstendenz)

Es war einmal ein kleines Kind, das sagte ganz leise: „O, ich fürchte mich so!" Wovor fürchtet es sich?

*Das Kind hatte Eltern, die ihm einprägten, daß eines Tages ein Mann kommen würde und das Kind nehmen würde und es tief unter die Erde graben würde. Jeden Tag erwartete das Kind voller Angst und Spannung, daß der Mann kommen würde, es nehmen und tief unter die Erde begraben würde. Deshalb fürchtete es sich.*

6. *Fabel vom Elefanten.* (Zur Prüfung des Kastrationskomplexes)

Ein Kind hat einen kleinen Elefanten, den es sehr gern hat. Es ist ein hübscher Elefant mit einem langen Rüssel. Eines Tages, wie das Kind von seinem Spaziergang nach Hause kommt und in sein Zimmer geht, findet es, daß der Elefant verändert ist. Was ist an ihm jetzt anders? Und warum ist er anders?

*Der Elefant hatte an diesem Tage von der Mutter (der menschlichen Mutter) zu viel Hafer/Heu bekommen. Er hatte sich den Magen verdorben. Von den Schmerzen gequält, war er traurig in die Küche getrampelt und hatte der Mutter gezeigt, wie stark seine Schmerzen waren. Sie hatte ihm gleich einen Verband um den Bauch gewickelt, um so die Schmerzen zu lindern. Als ihm später der Verband abgenommen wurde, ging er trübselig in sein Zimmer und hat sich dort auf den Boden gelegt. So hatte ihn das Kind gefunden.*

7. *Fabel vom selbstgemachten Gegenstand.* (Zur Feststellung des habsüchtigen und eigensinnigen Charakters. Analkomplex)

Ein Kind hat aus Kitt etwas gemacht, was ihm gut geraten ist und ihm sehr gefällt. Was macht es wohl damit?
Seine Mama bittet, es soll es ihr schenken, aber nur, wenn es wirklich will. Was macht das Kind nun?

*Schnell holt es den Eimer mit dem restlichen Kitt, baut erst noch einen Turm, dann noch zwei weitere und verbindet diese 4 Türme durch eine von Kitt hergestellte Mauer. Mitten in der Mauer hatte es ein großes Loch freigelassen, das vom Boden aus einige Zentimeter in die Höhe ragte. Jetzt war nur noch ganz wenig Kitt im Eimer geblieben. Aus diesem Rest baute es sich noch 2 Ritter. Sie stellte es auf die Türme. So war die Burg hergestellt.*

*Da das Kind die Mama sehr lieb hat, schenkt es ihr die Burg. Die Mutter stellt sie auf den Frisiertisch und läßt sie dort stehen. Am Abend, als der Vater in das Haus zurückkehrte, fiel sein erster Blick auf die Burg. Er fragte seine Frau, woher sie sie habe. Sie antwortete, daß sie ihr Fritzchen geschenkt hatte. „Zum Muttertag" war in die Burg graviert. Jetzt wurde die Burg auf den Kleiderschrank gestellt und guckte dort stolz auf das Tal bzw. auf den Boden herab. Als Vater und Mutter später älter als 80 Jahre alt geworden waren, erinnerten sie sich oft noch an das schöne Muttertagsgeschenk.*

8. *Spaziergang mit Vater oder Mutter.* **(Zur Abklärung des Ödipuskomplexes)**

Ein Junge (oder ein Mädchen) hat mit seiner Mama (oder ihrem Papa, bei Mädchen) zusammen einen sehr schönen Spaziergang im Wald gemacht. Sie' waren ganz allein, und sie haben es sehr lustig miteinander gehabt.

Wie der Junge nach Hause zurückkommt, findet er, daß der Papa ein anderes Gesicht macht als sonst. Warum?

(Und für das Mädchen: wie es nach Hause kommt, findet es, daß die Mama ein anderes Gesicht macht als sonst. Warum?)

*Der Vater hatte erfahren, daß Willi, so hieß der Junge, nach einem schönen, bunten Vogel mit der Schleuder geschossen hatte. Doch das war nicht sein einziger Ärger. Auch wurde ihm gesagt, daß sein Gehalt von 800 DM auf 400 DM gesunken war. Daher war seine Laune nicht gut, und dafür sprachen seine Gesichtszüge.*

*Eigentlich habe ich eine Geschichte vom Doppelgänger des Vaters gemeint:*

*Der Vater war zu seinem Freund gegangen und blieb da einige Stunden. Indessen war ein Mann, der fast die gleichen Gesichtszüge wie der echte Herr Kronstein hatte, im Haus eingetroffen. Er meinte, wenn er das Gehalt bekäme, das in einer Viertelstunde Herrn Kronstein zugewiesen würde, würde er schnell ein reicher Mann werden. Doch durch die Aufmerksamkeit des Jungen wurde er verhaftet. So hatte er nichts bekommen, weder Geld noch sein freies Leben. Vater Kronstein bekam so sein Gehalt, und er teilte es sich zu 15% mit seinem Sohn.*

9. *Fabel von der Nachricht.* **(Zur Feststellung der Wünsche und Befürchtungen)**

Ein Kind kommt von der Schule nach Hause (oder von einem Spaziergang), und seine Mama sagt zu ihm: „Fange nicht gleich mit deinen Aufgaben an, ich habe eine Neuigkeit für dich." Was will die Mutter ihm wohl sagen?

*Dein Lehrer hatte mich vor 5 Minuten angerufen und mir telefonisch mitgeteilt, daß Sonnabend, Sonntag, Montag, Dienstag und Mittwoch die Schule für die ganze Klasse ausfällt. Der Grund dafür ist der, daß er zu einer wichtigen Tagung nach Berlin muß. Deshalb werden die Tage frei sein. Da Du heute noch zu Dr. Rauchfleisch mußt, wirst Du sowieso mit Deinen Hausaufgaben nicht fertig werden. Deshalb verschiebe sie doch auf morgen (Der Junge bin ich.)*

10. *Schlechter Traum.* **(Zur Kontrolle der vorhergehenden Fabeln)**

Ein Kind wacht morgens auf, es ist noch ganz verschlafen und sagt: „O, was habe ich für einen bösen Traum gehabt!" Was hat es wohl geträumt?

*Das Kind hatte in der Nacht geträumt, daß es mit Vaters Wagen gefahren war, mit 140 km/Std. gegen einen Baum gesaust war, und da war es aufgewacht und rieb sich verschlafen die Augen.*

Schon eine erste oberflächliche Sichtung dieses – in psychodynamischer Hinsicht sehr informativen – Testprotokolls läßt einige Besonderheiten erkennen. Zunächst fällt auf, daß in etlichen Geschichten emotionale Reaktionen mehr oder weniger ausgeblendet werden. In besonders eindrücklicher Weise geschieht dies in der 1. Geschichte, hier unterstützt durch einen „dramaturgisch" geschickten Aufbau und verbunden mit einem Überraschungseffekt. Aufgrund der Abfolge der Geschichte vermutet der Leser (und der Junge erzählte die Geschichte auch dementsprechend) zunächst, daß das Vogelkind vom Fuchs gepackt worden sei („... Da! ..."). An keiner Stelle ist dabei die Rede von Gefühlen wie Angst, Erleichterung etc. Ähnlich, wenn auch weniger offensichtlich, ist die emotionale Distanzierung in der Geschichte zu Fabel 7, wo die Burg auf dem Frisiertisch der Mutter wie der Blumenstrauß eines Liebhabers anmutet, und die Schilderung des „stolz" auf die Eltern herabblickenden Muttertagsgeschenks ebenfalls eine ironische Distanzierung andeutet.

Neben einer solchen emotionalen Distanzierung von Konflikten, die als belastend erlebt werden könnten, tritt als weitere Verarbeitungsstrategie des Jungen eine auffallende „Vernünftigkeit" hervor: Er sucht Konflikte unter allen Umständen zu vermeiden, indem er sich den Eltern unterwirft und sich letztlich deren Ansichten zu eigen macht (ausdrücklich in der Geschichte zu Fabel 2, wo das Fest der Eltern „natürlich" wichtiger ist als das Spiel des Kindes, oder auch in der 3. Geschichte, wo nach anfänglichem Rückzug des Lämmchens der Konflikt durch einen Kompromiß entschärft wird).

Ein weiterer für die psychodynamische Situation des Jungen bedeutsamer Hinweis liegt in der Tatsache, daß männlich-väterliche Gestalten mit einer als außerordentlich bedrohlich erlebten Aggression assoziiert werden (Geschichten Nummer 5 und 10). In beiden Erzählungen sieht sich das Kind einer Gewalt gegenüber, die ihm höchst gefährlich zu werden droht und der es sich nur mit großer Mühe zu entziehen vermag (bei Nummer 10 durch die Verbannung des ganzen Geschehens in einen Traum und durch das plötzliche Erwachen). Allerdings könnte man aus der Formulierung in Geschichte 5, das Kind erwarte jeden Tag „voller Angst und *Spannung*" den Mann, auch auf eine gewisse Faszination schließen, die von dieser männlichen Aggression ausgeht.

Psychodynamisch bedeutsam ist schließlich die Tatsache, daß der Junge bei Fabel 8 nicht – wie es in der Instruktion heißt und wie es Probanden im allgemeinen tun – lediglich 1 Geschichte erzählt, sondern 2. Bedenkt man die ausgeprägte Aggressionshemmung des Kindes, auf die ich eingangs hingewiesen habe, so wird verständlich, daß die 1. zur Fabel 8 gelieferte Geschichte so nicht stehenbleiben konnte. Der aggressive Impuls, der sich unverhüllt auch gegen den Vater richtet („Gehalt ... gesunken") mußte aus psychodynamischen Gründen in einer 2. Geschichte entschärft werden. Dies gelingt, wie die 2. Version zeigt, allerdings nur zum Teil: wieder drängt der aggressive Impuls an (dem Vater soll Geld entwendet werden). Doch diesmal schildert der Junge sich als Retter des Vaters und versucht auf diese Weise die aggressiven Gefühle zu entschärfen.

Diese hier nur in groben Zügen skizzierte Interpretation des Düss-Fabeltests zeigt, daß es ein Verfahren ist, das eine Fülle psychodynamischer Hypothesen zu liefern vermag. Wie bereits ausgeführt, muß sich der Untersucher beim Umgang mit derartigen Tests allerdings stets darüber klar sein, daß er auf diese Weise nicht absolut „richtige" Informationen erhält, sondern Hinweise, denen er im weiteren Gespräch mit Eltern und Kind nachgehen muß. Ähnlich wie beim „10-Wünsche-Phantasiespiel" (Kap. 7.2) können ihm diese Anregungen aber den Einstieg in die Erlebniswelt seines Patienten wesentlich erleichtern.

## 7.4 Hamburger Erziehungsverhaltensliste für Mütter, HAMEL (Baumgärtel, 1979)

Dieser Test ist der erste seiner Art, der von einem Verlag als geeichtes Verfahren publiziert worden ist. Mit seiner Hilfe sollen verschiedene Erziehungsstile von Müttern festgestellt werden, wobei der Autor die 3 Verhaltensbereiche „Unterstützung", „Strenge" und „Zuwendung" unterscheidet.

Die 24 Items umfassende Fragenliste ist von der Mutter des zu untersuchenden Kindes zu beantworten. Sie soll angeben, mit welcher Häufigkeit sie sich innerhalb der letzten 4 Wochen gegenüber dem Kind unterstützend, streng beziehungsweise zuwendend verhalten hat. Die Häufigkeitsangaben sind für jedes Item standardisiert und 6fach abgestuft vorgegeben. Ergänzend zu den Items werden von der Mutter einige soziobiographische Angaben über sich und über die Familienmitglieder erbeten. Es liegen geschlechtsbezogene Normen für die Altersstufen 9 bis 14 Jahre vor (Prozentrangbänder beziehungsweise Centilwerte).

Auch wenn dieses Verfahren in formaler Hinsicht noch einige Mängel aufweist (so ist zum Beispiel die Skala „Zuwendung" nur durch 4 Items repräsentiert, und die Normstichprobe erscheint konfessionell und regional zu einseitig), ist die Hamburger Erziehungsverhaltensliste für Mütter doch ein für die Diagnostik fruchtbares Instrument. Die mit diesem Verfahren gewonnenen Befunde bedürfen aber der anschließenden weiteren Klärung im Rahmen eines Gesprächs mit dem Kind und den Eltern (der Fragebogen selber ist nur für Angaben der Mutter konzipiert).

## 7.5 Familiensystem-Test (FAST)

Häufig werden Pädiater, Kinderpsychiater und -psychologen in ihrer Sprechstunde mit Kindern konfrontiert, die in schwierigen familiären Verhältnissen leben. Im Gespräch mit Eltern und Kind wird spürbar, daß sich die familiären Konflikte für alle Beteiligten belastend auswirken und sich nicht selten in psychischen Störungen des Kindes manifestieren. Charakteristischerweise gelingt es aber nur schwer, durch die Exploration einen differenzierten Einblick in die Familiendynamik zu gewinnen.

Um die Diagnostik intrafamilialer Probleme zu erleichtern, hat Gehring (1998; s. auch Gehring et al., 1989, 1990) den Familiensystem-Test (FAST) entwickelt. Der Autor geht von der Überlegung aus, daß Familiensysteme sich vor allem durch die drei Merkmale Kohäsion, Hierarchie und Flexibilität auszeichnen. Die *Kohäsion* ist Ausdruck der emotionalen Bindung zwischen den Familienmitgliedern. Der Aspekt der *Hierarchie* umfaßt vor allem Autorität, Entscheidungsmacht und die gegenseitigen Einflußmöglichkeiten von Familienmitgliedern. Die *Flexibilität* beinhaltet die Fähigkeit von Familiensystemen zur Strukturtransformation im Zusammenhang mit situativen und entwicklungsbedingten Anforderungen oder Stressoren.

Das Testmaterial besteht aus männlichen und weiblichen Holzfiguren (Höhe = 8 cm), mit leicht strukturierten Gesichtern (Augen, Mund), zylindrischen Holzblöcken in drei verschiedenen Höhen (1,5; 3 und 4,5 cm) und einem quadratischen Brett (45 × 45 cm), welches in 81 Felder (5 × 5 cm) unterteilt ist.

Der Testleiter zeigt den Probanden, wie Kohäsion sichtbar gemacht wird, indem er Figuren in unterschiedlich entfernte Felder stellt. Er erklärt, daß mit der Distanz zwischen Figuren die emotionale Bindung der Familienmitglieder dargestellt wird. Danach zeigt der Testleiter, wie Hierarchie veranschaulicht wird, indem er die Figuren mit Blöcken unterschiedlich erhöht. Er führt aus, daß mit der Erhöhung der Figuren der Einfluß der entsprechenden Familienmitglieder bzw. der Machtunterschied zwischen diesen dargestellt wird. Anschließend bittet der Testleiter die Familienmitglieder zuerst einzeln und dann als Gruppe, a) die *typischen Beziehungen* in ihrer Familie, b) die Beziehungen in einer für sie *idealen Situation* sowie c) in einer *bedeutenden Konfliktsituation* darzustellen. Die Anordnung der Familienmitglieder wird protokolliert. Je nach Untersuchungszielen kann auch noch eine Nachbefragung durchgeführt werden. Fragen für die „typischen Beziehungen" in der Familie sind beispielsweise „Zeigt diese Darstellung eine konkrete Situation? Wenn ja, welche?" oder „Was bedeutet die Blickrichtung der Figuren?". Zur Nachbefragung bei der „idealen Situation" schlägt der Testautor etwa vor „Zeigt diese Darstellung eine Situation, die sich schon einmal ereignete? Wenn ja, welche (Situation)?" oder „Was müßte geschehen, damit die typischen Beziehungen Deinem/Ihrem Idealbild entsprechen?". In bezug auf die Konfliktdarstellung kann gefragt werden „Wer ist an diesem Konflikt beteiligt?", „Worum geht es in diesem Konflikt?" oder „Welche Rolle spielen die Familienmitglieder für die Lösung des Konfliktes?".

Die Kohäsion wird mit den Distanzen zwischen den Figuren bestimmt. Aussagen über die Hierarchie liefern die Höhendifferenzen zwischen den Figuren. Die Flexibilität der familialen Beziehungsstruktur schließlich läßt sich durch den Vergleich der Ideal- bzw. Konfliktdarstellung mit der Darstellung der typischen Beziehungen erfassen.

Der FAST stellt eine interessante Bereicherung unseres diagnostischen Repertoires dar und ermöglicht es, auf einfache und anschauliche Weise Einblick in die intrafamiliale Dynamik zu gewinnen. Zu besonders aufschlußreichen Befunden kommt man, wenn man nicht nur das Kind die drei Familiensituationen darstellen läßt, sondern auch die Familie bittet, in einem zweiten Schritt den FAST als Gruppe auszuführen, indem die Familienmitglieder sich auf eine gemeinsame Darstellung einigen. Hier lassen sich diagnostische Schlüsse sowohl aus den Interaktionen im hic et nunc ableiten als auch aus der Darstellung, auf die sich die Familienmitglieder schließlich einigen.

## 7.6  Scenotest

Der zu den spielerischen Gestaltungsverfahren zählende Scenotest (von Staabs, 1992; Handbuch von Emert, 1997) stellt insofern eine Besonderheit dar, als er ein Instrument ist, das sowohl zu diagnostischen Zwecken als auch im Rahmen einer psychodynamisch orientierten Therapie eingesetzt werden kann.

Das Testmaterial besteht aus biegbaren Puppenfiguren, die durch Größe, Kleidung und Gesichtsausdruck verschieden charakterisiert sind. Ferner gehören zum Testkasten Bausteine, Tiere und die verschiedensten Gebrauchsgegenstände (Abb. 7.2).

Dem Kind wird der Deckel des Testkastens vorgelegt, und es wird aufgefordert, darin mit Hilfe des Testmaterials irgendeine ihm gerade einfallende Szene zu gestalten. Der Untersucher protokolliert das Vorgehen beim Bau der Szene mit und läßt sich nach Fertigstellung des Ganzen erklären, worum es in der dargestellten Szene geht.

Von Staabs beschreibt den Scenotest als eine „medizinisch-psychologische Untersuchungs-

Abb. 7.2 Der Scenotest-Kasten (nach von Staabs, G.: Der Scenotest. Huber, Bern 1964, S. 150).

und Behandlungsmethode ... zur Erfassung der seelischen Einstellung eines Probanden gegenüber den Menschen und Dingen in der Welt, besonders in ihrem Bezug auf sein affektives Leben, unter spezieller Berücksichtigung tiefenpsychologischer Faktoren". Der Test vermittelt Einblicke in die innere Problematik eines Menschen, in seine Ängste und Abwehrtechniken sowie in die Art, wie die betreffende Person ihre Umwelt erlebt und sich mit ihr auseinandersetzt. Als Modifikation zur Standardform des Scenotests schlagen von Staabs (a.a.O.) und Knehr (1974) einen sog. „Gezielten Scenotest" vor. In diesem Falle wird dem Probanden ein Thema gestellt, beispielsweise das Thema „Einer hat es behaglich und gemütlich" oder „Einer hat Angst". Zimmermann et al. (1978) regen als Modifikation einen „Gemeinsamen Sceno" an, mit dessen Hilfe die zwischen Mutter und Kind ablaufenden Kommunikationsprozesse erhellt werden können.

Der Scenotest kann vom 3. Lebensjahr an eingesetzt werden und läßt sich, da das Testmaterial für Kinder einen hohen Aufforderungscharakter besitzt, in der Regel leicht durchführen. Obwohl ursprünglich zur Untersuchung neurotischer und erziehungsschwieriger Kinder entwickelt, findet der Test heute auch Anwendung in der Diagnostik und Therapie von Jugendlichen und Erwachsenen. Das Verfahren eignet sich besonders zur Darstellung von Konfliktsituationen (z.B. regressive Tendenzen, Aggressionshemmungen, Kompensationsversuche, ambivalente Einstellungen des Probanden usw.).

Die Auswertung erfolgt wie bei den anderen in diesem Kapitel beschriebenen Verfahren in Form einer „freien" tiefenpsychologisch orientierten Interpretation. Man geht dabei zum einen vom Symbolgehalt der dargestellten Szene aus (nicht selten äußert sich dieser, wie beim unten angeführten Beispiel, bereits im „Titel", den der Proband der Szene gibt). Zum anderen kann man den psychodynamischen Gehalt den Hinweisen entnehmen, die der Proband dem Untersucher bei der sich an die Gestaltung der Szene anschließenden Exploration gibt. Man läßt sich dabei detailliert die Rollen, welche die in der Szene auftretenden Menschen spielen, erklären (möglichst mit den sie bewegenden Gefühlen) und läßt sich die dargestellten Ereignisse in allen Einzelheiten schildern. Dabei kann man an psychodynamisch wichtigen Stellen auch gezielte Fragen stellen.

Die Anwendung dieses Tests soll am Beispiel einer Szene veranschaulicht werden, die ein 12jähriger Junge, Peter, mit schwerer dissozialer Fehlentwicklung („Verwahrlosung") gestaltet hat (vgl. Heinemann et al., 1992). Schon der Umgang mit dem Testmaterial war ungewöhnlich: Und zwar rührte Peter keine der Menschenfiguren, weder Babies noch Kinder oder Erwachsene, an, benutzte dafür aber *sämtliche* Klötze, Gegenstände und Tiere, die der Testkasten enthält. Das Resultat war eine geradezu chaotisch wirkende Szene, wobei der Deckel des Testkastens, in dem die Szene gestaltet wird, überquellend voll war. Als er den Bau der Szene bereits beendet hatte, entschloß sich Peter schließlich doch noch, eine

Menschenfigur zu verwenden: Er wählte die kleinste Babypuppe, legte sie in die (von ihm aus gesehen) hinterste Ecke und fügte hinzu, das Baby spiele da. Die Szene nannte er „Ein Zoo, in dem alle Tiere frei und friedlich miteinander leben und keines dem anderen etwas tut".

Die von Peter dargestellte Szene ist in verschiedener Hinsicht bemerkenswert: Zunächst ist es völlig unüblich, daß sämtliches Testmaterial verwendet wird. Der dadurch entstehende chaotische Eindruck der Gestaltung stellt in anschaulicher Weise ein Abbild seines inneren emotionalen „Chaos" dar. Diese mangelnde Strukturierung zeigte sich beispielsweise auch in seinen schriftlichen Äußerungen und in seinem Verhalten: So schrieb Peter kreuz und quer über die Heftseiten, verhielt sich in der Schule wie ein Kleinkind, indem er während der Stunden aufstand und ziellos im Klassenzimmer umherlief, und war auch in den Therapiesitzungen anfangs nicht in der Lage, irgendeine Tätigkeit auch nur für kurze Zeit auszuüben. Er riß vielmehr wahllos Spielmaterial aus den Regalen und verstreute es im Zimmer oder verharrte längere Zeit schweigend, vor sich hinbrütend, ohne irgendwelche Aussagen über das machen zu können, was in ihm vorging (vgl. auch die Zeichnungen dieses Jungen in Kap. 7.8).

Ein weiteres auffälliges Merkmal bei der von Peter gestalteten Szene ist das völlige Fehlen, ja geradezu Vermeiden von Menschenfiguren. Man kann aus dieser Tatsache auf eine tiefgreifende Störung der sozialen Bezüge dieses Kindes schließen, wie sie auch in der obengegebenen Schilderung seines Verhaltens deutlich wird.

Die Tatsache, daß Peter sich schließlich doch noch entschloß, als einzige menschliche Figur die Babypuppe zu wählen und im Hintergrund spielen zu lassen, deutet auf starke regressive Tendenzen des Jungen hin. Wie er in seiner Beschreibung der Szene andeutet, möchte er in einer paradiesischen, alle seine Bedürfnisse befriedigenden, aggressionsfreien kindlichen Welt leben. Dieses Bild steht in einem starken Kontrast zu seiner tatsächlichen inneren und äußeren Welt. In einer von großen Spannungen erfüllten Familie lebend, erfüllt von ungeheuren Aggressionen, völlig desorientiert im Hinblick auf seine eigenen Gefühle und auf die Ansprüche der sozialen Realität, hat er im Scenotest ein Wunschbild entworfen, von dem er sich die Lösung seiner ihm unerträglichen Konflikte versprach.

Eine ganz ähnliche psychodynamische Konstellation zeigte sich im Verlaufe der Psychotherapie auch in einer Szene, die Peter mit Plastilin gestaltete: Er formte einen Mann, der auf einer Wiese unter einem mit reifen Äpfeln geradezu überladenen Apfelbaum saß und an einer (unverhältnismäßig dicken, fast einer Nabelschnur gleichenden) „Leine" einen Hund hielt. Die ganze Szene war umgeben von einem Bach, so daß der Mann und sein Hund wie auf einer „Insel" saßen (Peter äußerte dies auch expressis verbis). Es ist bemerkenswert, daß Peter den Mann, den Baum mit den Äpfeln, die Wiese und den Bach äußerst sorgfältig und naturgetreu formte, den Hund aber als ein amorphes Kügelchen Plastilin am Ende der Leine anklebte. Zu dieser Szene führte er aus, der Herr und sein Hund säßen in völligem Frieden auf einer inselartigen Wiese und genössen miteinander die Stille. Auch dies ist eine paradiesische Szene, die in starkem Kontrast zur inneren und äußeren Situation dieses Kindes stand (vgl. auch Peters zeichnerische Gestaltungen in Kap. 7.8).

Wie das zitierte Beispiel erkennen läßt, vermag der Scenotest dem Untersucher psychodynamisch wichtige Informationen zu liefern, die zu einem vertieften Verständnis des Probanden beitragen. Die aufgrund der Befunde entwickelten Hypothesen müssen dann in der Exploration und mit Hilfe anderer Untersuchungsmethoden weiter geklärt und möglicherweise spezifiziert werden.

## 7.7 Thematische Apperzeptionsverfahren

Bei dieser Gruppe von Tests (die hier nur der Vollständigkeit halber genannt werden sollen, ohne daß es möglich ist, ausführlicher auf sie einzugehen) werden dem Probanden Bildtafeln vorgelegt, zu denen er, frei fabulierend, Geschichten erzählen soll. Die bekanntesten Verfahren dieser Art sind der Kinder-Apperzeptions-Test, Children Apperception Test, CAT (Bellak et al., 1955), der Thematische Apperzeptionstest, TAT (Murray, 1943; Rauchfleisch, 1989), der für Kinder konzipierte Schwarzfuß-Test (Corman, 1977) und das Verfahren „Geschichten Erzählen projektiv" (GEp,

Preuss und Landsberg, 1996). Aufgrund der erzählten Geschichten kann man (ähnlich wie bei den Düss-Fabeln, s. Kap. 7.3) Hypothesen über spezifische Konflikte und Verarbeitungsstrategien sowie über interaktionelle Probleme des Kindes formulieren (Abb. 7.3 u. 7.4).

Die thematischen Apperzeptionstests liefern eine Fülle von psychodynamischem Material, erfordern aber sowohl für die Testaufnahme als auch vor allem für die Auswertung und Interpretation einen recht großen zeitlichen Aufwand. Will der Untersucher diese Tests einsetzen, so ist eine sorgfältige Einarbeitung in die ihnen zugrunde liegende Theorie und in die praktische Handhabung unumgänglich (s. Rauchfleisch, 1989). Von Vorteil ist es auch, wenn der Untersucher zumindest die ersten selber aufgenommenen Protokolle mit einem erfahrenen Diagnostiker bespricht.

Abb. 7.3 Children Apperception Test (CAT), Tafel 2 (Bellak, L., Bellak, S.: Kinder-Apperzeptions-Test (CAT). Hogrefe, Göttingen 1955).

Abb. 7.4 Schwarzfuß-Test, Tafel 3 (Corman, L.: Der Schwarzfuß-Test. Reinhardt, München 1977).

## 7.8 „Zeichne Deine Familie in Tieren"

Dieses zur Gruppe der thematischen Zeichentests gehörende, von Brem-Gräser (1995) entwickelte Verfahren erfreut sich in der Kinderdiagnostik großer Beliebtheit. Es ist leicht durchführbar, da Kinder sich im allgemeinen gerne zeichnerisch äußern und die Durchführung wenig Zeit in Anspruch nimmt. Auch die Interpretation stellt keine allzu großen Anforderungen. Hinzu kommt, daß dieser Test wichtige Informationen über Konflikte im familialen Bezugssystem zu liefern vermag.

Die Instruktion lautet, das Kind solle sich vorstellen, die eigene Familie sei eine Tierfamilie, und nun diese Familie zeichnen. Die Auswertung erfolgt, ähnlich wie bei den anderen im vorliegenden Kapitel beschriebenen Tests in „freier" Form, d.h. nach inhaltlich-tiefenpsychologischen Gesichtspunkten. Eine Hilfe dabei bietet ein von der Autorin aufgrund umfangreicher Untersuchungen zusammengestellter „Katalog der Tiereigenschaften". Ferner berücksichtigt man bei der Interpretation die Anordnung der Familie auf dem Zeichenblatt (z.B.: Welche Familienmitglieder werden in der gleichen Ebene gezeichnet? Wer wendet sich wem zu? Wer von wem ab? Welche räumlichen Distanzen bestehen zwischen den Familienmitgliedern? usw.), die Größenverhältnisse der dargestellten Tiere und Übereinstimmungen bzw. Unterschiede hinsichtlich der Gattung der gezeichneten Tiere (z.B. Haus- oder Wildtiere, Säugetiere, Insekten etc.). Schließlich ist es sinnvoll und diagnostisch zumeist auch sehr fruchtbar, mit dem Kind nach Durchführung des Tests über die Zeichnung zu sprechen und den Test, ähnlich wie beim „10-Wünsche-Phantasiespiel" (Kap. 7.2), als Einstieg in eine vertiefte, konfliktbezogene Exploration zu verwenden.

Das Vorgehen soll an 2 Beispielen veranschaulicht werden:

Die Zeichnung des 5jährigen Andreas (Abb. 7.5) ist insofern bemerkenswert, als alle dargestellten Tiere vom Betrachter abgewendet gezeichnet sind und alle Tiere der gleichen Gruppe, den Steppentieren, angehören. Der Junge drückt auf diese Weise eine große Einheitlichkeit und Geschlossenheit der Familie aus. Dieser Eindruck wird noch dadurch verstärkt, daß das Zeichenblatt durch die Darstellung weitgehend ausgefüllt ist, also auch insofern im Betrachter das Gefühl erweckt, einer „kompakten" Familie gegenüberzustehen, die ihm keinen Einblick gewährt (die „Gesichter" der von hinten gezeichneten Tiere sind nicht sichtbar), sondern geradezu eine Front gegen alle Außenstehenden bildet. Für die Familienstruktur (so wie Andreas sie erlebt) ist ferner kennzeichnend, daß alle Familienmitglieder offensichtlich als gleichwertig erlebt werden (Größenverhältnisse der gezeichneten Tiere).

**Abb. 7.5** „Zeichne Deine Familie in Tieren", Beispiel eines 5jährigen Jungen. Für die Überlassung dieser Beispiele sei Frau Eva Schellander, Klagenfurt, herzlich gedankt.

Die größte Nähe empfindet Andreas offenbar zwischen sich selbst und dem Vater (beides Elefanten) und, etwas weniger ausgeprägt, zwischen dem Bruder und der Mutter (beides Huftiere). Tatsächlich bestehen nach Angaben der Untersucherin auffallende Ähnlichkeiten in den Persönlichkeiten von Vater und Andreas einerseits (eher bedächtig, im sozialen Bereich zurückhaltend) und Mutter und Bruder andererseits (sehr lebhaft und gesellig). Aufgrund dieser Unterschiede im Temperament und im sozialen Umgang war es auch zu (wenn auch nicht gravierenden) Problemen in der Familie gekommen. Erst nach dem Schuleintritt gelang es der Mutter, Andreas' ruhigere Art zu akzeptieren und ihn nicht mehr, wie früher, mit der Erwartung zu überfordern, er möge wendiger und sozial aufgeschlossener sein.

Ein völlig anderes Bild von seiner Familie entwirft der 6jährige Christian (Abb. 7.6).

Die Tier-Familienmitglieder sind weit über das Blatt verstreut gezeichnet und wirken, verglichen mit der Zeichnung des fast gleichaltrigen Andreas, noch ausgesprochen kleinkindhaft und undifferenziert. Dieser Befund kann als Ausdruck der Entwicklungsverzögerung verstanden werden, die infolge einer minimalen zerebralen Dysfunktion bei Christian im Bereich der Sprachentwicklung und der visuellen Wahrnehmungsfähigkeit bestand. Neben der Verstreutheit der Familienmitglieder fällt auch Christians Position im Zentrum des Zeichenblattes auf. Die Tatsache allerdings, daß er den Elefanten (das größte der gewählten Tiere) sehr „wacklig" und unsicher dargestellt hat, kann wohl als Hinweis darauf gedeutet werden, daß Christians zentrale, dominierende Rolle in der Familie weniger der Realität als vielmehr seinem Wunsch nach einer derartigen Position entspricht.

Abgesehen von diesen formalen Auffälligkeiten weist auch die Wahl der Tiergestalten auf eine als wenig einheitlich erlebte Familienstruktur hin: Alle Tiere gehören von ihrer Art und ihrem Vorkommen her verschiedenen Gruppen an. Eine gewisse „Verwandtschaft" findet sich lediglich zwischen Christian und dem Großvater (beide sind Dschungeltiere, allerdings wieder je einer anderen Gattung angehörend) und zwischen dem Bruder und der Großmutter (beides Waldtiere, aber auch hier große Unterschiede). Mutter und Vater hingegen gehören keiner dieser Gruppen an. Hinzu kommt, daß die Mutter sich völlig von der Familie abwendet. Die männlichen Familienmitglieder sind durch Schwärzung besonders hervorgehoben, spielen also offensichtlich in Christians Erleben eine dominierende Rolle.

Tatsächlich ist der Großvater für Christian von besonderer Bedeutung. Die Kindergärtnerin berichtet, daß sich der Junge stark zum Großvater hingezogen fühlt und beispielsweise von ihm viele Lieder lernt (die jedoch von Text, Inhalt und Melodie her nicht dem Alter des Kindes entsprechen). Die sich in der Zeichnung (in Gestalt der

Abb. 7.6 „Zeichne Deine Familie in Tieren", Beispiel eines 6jährigen Jungen. Für die Überlassung dieser Beispiele sei Frau Eva Schellander, Klagenfurt, herzlich gedankt.

weitgehend „zerrissenen" Familie) andeutende Kontaktproblematik tritt auch in der Kindergartengruppe deutlich hervor.

Wie an den zitierten Beispielen dargestellt, vermag die Testaufgabe „Zeichne Deine Familie in Tieren" dem Untersucher wichtige Informationen darüber zu liefern, wie das Kind die Struktur und Dynamik seiner Familie empfindet. In jedem Falle sollen die aus den Befunden abgeleiteten Hypothesen jedoch in einer vertieften, gezielten Exploration mit Eltern und Kind weiter geklärt werden.

## 7.9 Freie zeichnerische Gestaltungen

Wie bereits beim Test „Zeichne Deine Familie in Tieren" (Kap. 7.8) erwähnt, stellen zeichnerische Gestaltungen bei Kindern ein beliebtes Ausdrucksmittel dar. Neben den thematisch gebundenen Verfahren können auch freie Zeichnungen diagnostisch sehr ergiebig sein.

Die Aufgabe lautet in diesem Falle, das Kind soll „einfach irgendetwas zeichnen", was ihm „gerade in den Kopf" komme. Am besten legt man dem Kind dabei verschiedenes Zeichenmaterial vor, unter dem es gemäß seinen Vorlieben und seiner augenblicklichen Befindlichkeit eine Auswahl treffen kann (verschiedene Formate der Zeichenblätter, Wachskreiden, Blei- und Farbstifte, Wasserfarben usw.). In der Regel lassen sich Kinder ohne Schwierigkeiten zur Anfertigung solcher freien Zeichnungen anregen. Ähnlich wie beim Scenotest kann man solche zeichnerischen Gestaltungen zu diagnostischen Zwecken oder auch – unter Umständen wiederholt – im Rahmen der Therapie einsetzen.

Die diagnostischen Möglichkeiten, die solche Gestaltungen dem Untersucher bieten, seien am Beispiel des in Kap. 7.6 bereits erwähnten 12jährigen Jungen Peter mit schwerer dissozialer Fehlentwicklung veranschaulicht (vgl. Heinemann et al., 1992). Während einer langen Phase seiner Psychotherapie waren freie Zeichnungen mit Wachskreiden auf großformatigem Papier das von ihm bevorzugte Mittel zur Darstellung seiner Befindlichkeit und zur Kommunikation mit mir. Er fertigte jeweils ein Bild an und erzählte dazu eine mehr oder weniger ausführliche Geschichte.

Abb. 7.7 zeigt ein aus der Anfangszeit der Therapie stammendes Bild, das er folgendermaßen kommentierte: Die eine Person (rechts) sei ein Professor, der „Unsinn" erzähle. Er habe gesagt, man könne einen Fisch in einen Hund verwandeln (der Patient hatte Hunde sehr gern, vor allem liebte er, wie er früher schon ausgeführt hatte, das weiche, warme Fell der Tiere). Peter berichtete weiter, er habe den anderen Menschen (links) vom Professor abgewendet gezeichnet, weil dieser das, was der Professor sage, nicht hören wolle. Wenn man sich nicht ansehe, könne man nämlich auch nichts hören (hierbei ist zu ergänzen, daß dieser Patient sich tatsächlich, wenn er eine Äußerung von mir nicht aufnehmen wollte, demonstrativ Augen und Ohren zuhielt). Es sei etwas Unmögliches, einen Fisch in einen Hund zu verwan-

Abb. 7.7 Freie Zeichnung eines 12jährigen Jungen mit schwerer dissozialer Fehlentwicklung.

deln. Auf meine Intervention hin, der andere höre es vielleicht doch, auch wenn sich die beiden nicht ansähen, malte Peter mit dicken Strichen eine Mauer zwischen die beiden Gesichter. Meinen nochmaligen Interventionsversuch (ich fände es schade, wenn gar keine Verbindung zwischen ihnen zustande kommen könnte; vielleicht gebe es doch eine Tür in dieser Mauer?) kommentierte der Patient mit folgenden Worten: „Er will schon, daß der Professor durch die Tür kommt. Aber trotzdem läuft er dann weg". Ich habe dem Patienten daraufhin gesagt, daß der Professor es sicherlich respektieren werde, wenn der andere es gar nicht aushalte dazubleiben. Zugleich vertraute ich aber darauf, daß die Worte den anderen doch letztlich erreichten.

Während Peter in diesem Bild vor allem seine Kontaktängste und (auf die therapeutische Situation bezogen) die augenblickliche Übertragungskonstellation dargestellt hat, lieferte er in einer anderen, etwa aus der gleichen Zeit stammenden Gestaltung ein eindrückliches Bild von der ihn beherrschenden oralen Aggressivität (Abb. 7.8).

Zu diesem Bild erzählte Peter folgende Geschichte: Es sei ein Maschinenwesen von einem fremden Stern. Dieses Wesen habe ein riesiges Maul. Zusammen mit anderen Wesen dieser Art sei es in einer Invasion zur Erde gekommen, von dem Wunsch erfüllt, alles zu zerstören und zu fressen. Die Wesen hätten nur einen einzigen Gedanken: „Haben, haben, haben!" Angesichts dieser furchtbaren Macht werde sogar die Sonne bleich vor Entsetzen.

In dieser freien zeichnerischen Gestaltung wird das Thema der oralen Aggressivität, wie wir sie bei vielen dissozialen Klienten finden, in eindrücklicher Weise dargestellt (vgl. Rauchfleisch, 1996b, 1999). Peter charakterisiert diese Impulse als nicht beherrschbare Wesen, die mit ihrer zerstörerischen Macht sich alles einverleiben und vernichten wollen.

Zweifellos besteht bei der Interpretation freier zeichnerischer Gestaltungen – mehr noch als bei den anderen in diesem Kapitel beschriebenen Tests – auf der einen Seite die Gefahr „wilder" Spekulationen, die der inneren und äußeren Realität des Probanden kaum gerecht werden. Es ist deshalb eine kritische Haltung des Untersuchers seinen Deutungen gegenüber besonders wichtig. Auf der anderen Seite ermöglichen solche Zeichnungen, wie die Beispiele des 12jährigen dissozialen Jungen gezeigt haben, dem diagnostisch und therapeutisch Tätigen aber auch wichtige Einblicke in die Psychodynamik des Untersuchten und liefern fruchtbare Hinweise auf aktuelle Übertragungskonstellationen, deren Beachtung für die weitere Behandlung unter Umständen von großer Bedeutung ist.

Abb. 7.8 Freie Zeichnung eines 12jährigen Jungen mit schwerer dissozialer Fehlentwicklung.

# 8 Beratung

Im Grunde ist eine Beratung von Eltern und Kind – zumindest in einem weiten Sinne – Bestandteil jeder Konsultation. Selbst bei Routineuntersuchungen oder Impfungen wird der Pädiater seinen Eindruck vom Kind und dessen Entwicklung den Eltern mitteilen, sei es auch nur in Form einiger kurzer Bemerkungen darüber, daß sich das Kind so gut entwickle.

Eine Beratung im engeren Sinne wird hingegen in all den Situationen notwendig, in denen sich Eltern mit dem ausdrücklichen Wunsch um Abklärung bestimmter Verhaltensauffälligkeiten und somatischer oder psychischer Symptome des Kindes an den Pädiater gewendet haben. Hier kann und darf sich der Arzt nicht auf einige kurze Bemerkungen beschränken und Patient und Eltern vielleicht an Fachleute anderer Disziplinen weiterweisen. Er muß sich vielmehr die Zeit für eine sorgfältige Information von Eltern *und* Kind nehmen und mit den Ratsuchenden zusammen nach Wegen für eine gezielte Behandlung, Förderung oder Rehabilitation suchen. Bei derartigen Beratungsgesprächen sieht sich der Arzt einer Reihe von Problemen gegenüber, die im folgenden behandelt werden sollen.

Stellt man sich die Frage, *was* der Arzt aufgrund einer Untersuchung Eltern und Kind mitteilen soll, so scheint – bei einer ersten Konfrontation mit dieser Frage – die Antwort sehr einfach zu sein: Er soll Informationen über seine Untersuchungsbefunde liefern. Doch schon eine kurze Reflexion über diese im Grunde banale Antwort führt zum Resultat, daß sich der Untersucher dabei in einer keineswegs unproblematischen Lage befindet und daß der Inhalt seiner Mitteilungen nicht so „selbstverständlich" ist, wie es zunächst den Anschein haben mag.

Ein Beispiel möge diesen Sachverhalt veranschaulichen: Frau M., Mutter eines 4jährigen Jungen, sucht den Pädiater wegen eines grippalen Infekts ihres Sohnes auf. Nach Abklingen der Erkrankung stellt der Arzt bei der Kontrollkonsultation dem Kind beiläufig einige Fragen zur groben Prüfung seiner intellektuellen Entwicklung. Da das Kind dabei einen ausgesprochen retardierten Eindruck erweckt, entschließt sich der Pädiater zum Einsatz eines Entwicklungs-Screening-Verfahrens. Dies bedingt, daß er mit Mutter und Kind einen weiteren Termin vereinbaren muß. Dabei sieht er sich vor die Notwendigkeit gestellt, diese neue Konsultation in irgendeiner Weise zu begründen.

Auch wenn sich der Arzt dabei ausgesprochen taktvoll verhält und vorsichtig äußert, kann allein die Vereinbarung einer weiteren Konsultation bei den Eltern zu einer erheblichen Beunruhigung führen. Sie werden sich – und vielleicht auch den Arzt – selbstverständlich fragen, warum denn eine genauere Untersuchung überhaupt notwendig ist, und werden allein aus der Tatsache, daß eine Abklärung vorgenommen wird, den Schluß ziehen, irgendetwas „stimme" wohl nicht.

In dieser Situation sieht sich der Arzt bereits vor Durchführung der eigentlichen Untersuchung vor die Notwendigkeit gestellt, eine Quasi-Beratung vorzunehmen – ohne allerdings über „handfeste" Befunde zu verfügen. Ich erwähne hier diese im Grunde triviale Situation, um zu zeigen, daß sich der Pädiater mitunter schon im Vorfeld von Abklärungen im engeren Sinne mit – ausgesprochenen oder oft auch unausgesprochenen – Fragen und Erwartungen der Eltern konfrontiert sieht, die er, wenn sie nicht direkt ausgedrückt werden, zu erspüren und, soweit möglich, auch zu beantworten versuchen sollte.

Je nach Persönlichkeit von Eltern und Kind und je nach Art der vermuteten Störung können die Eltern den Vorschlag einer genaueren Abklärung beunruhigend oder auch beruhigend empfinden; sie können sich der „Mängel" des Kindes schämen und sie unbedingt zu verheimlichen versuchen; sie können sich aber auch, wenn das Kind für sie Träger eigener zentraler Hoffnungen und Erwartungen ist, dadurch gekränkt fühlen, daß der Arzt durch den Vorschlag einer genaueren Untersuchung ihnen vermittelt, etwas „stimme nicht" bei ihrem Kind. Dies sind nur einige mögliche Gefühlsreaktionen der Eltern noch vor Beginn der eigentlichen Untersuchung. Sie lassen sich nicht vermeiden. Aber gerade deshalb sollte der Arzt sie unbedingt genau beachten, und er sollte versuchen, vor allem unrealistische Hoffnungen oder Befürchtungen mit dem Kind und den Eltern zu besprechen. Je einfühlsamer dies geschieht, desto reibungsloser wird im allgemeinen die Untersuchung verlaufen und desto besser ist die spätere Beratung vorbereitet.

Auf die an den Beginn dieses Kapitels gestellte Frage bezogen, heißt das bisher Gesagte: Der Arzt soll Eltern und Kind schon im Vorfeld der eigentlichen Untersuchung die Informationen geben, die der Realität entsprechen (z.B. daß er aufgrund seines bisherigen Eindrucks Vermutungen dieser oder jener Art habe, daß es sich beim jetzigen Informationsstand dabei aber nur um *Hypothesen* handle, die durch die Untersuchung weiter geklärt werden müßten). Neben dieser sachlichen Information ist beim Vorgespräch zu berücksichtigen, daß der Pädiater vor allem 2 „Gefahren" zu vermeiden suchen muß: einerseits eine Eltern und Kind belastende Beunruhigung und andererseits ein nicht verantwortbares Bagatellisieren. Je nach Persönlichkeit der Ratsuchenden und nach der eigenen Persönlichkeit und je nach Bedeutung der bisher vorliegenden Informationen, wird der Pädiater einmal vor allem mit der einen, ein anderes Mal eher mit der anderen Gefahr konfrontiert sein. Soweit sich überhaupt allgemein verbindliche Richtlinien aufstellen lassen, kann man sagen, die Informationen sollten, abgestimmt auf die emotionale Tragfähigkeit und die intellektuelle Aufnahmefähigkeit der Betroffenen, so realitätsgerecht wie möglich sein.

Diese Maxime gilt in gleicher Weise dann für die Beratung, die im Anschluß an die Untersuchung stattfindet. Eine solche Information von Eltern *und* Kind sollte in jedem Fall erfolgen. Ich halte es für unzumutbar und ethisch nicht vertretbar, wenn Abklärungen vorgenommen werden und die Betroffenen keinerlei Rückmeldung über die Resultate erhalten (vgl. Rauchfleisch, 1982). Selbstverständlich ersetzt auch eine Weiterweisung an Fachleute anderer Disziplinen nicht die Beratung durch den Erstuntersucher.

So eindeutig die Situation also von den äußeren Rahmenbedingungen her ist, so schwierig kann sich die Beratung selbst gestalten. Der oben erwähnte Hinweis darauf, daß die intellektuelle Aufnahmefähigkeit und die emotionale Tragfähigkeit von Eltern und Kind zu berücksichtigen sind, hat bereits erkennen lassen, daß die Frage, welche Informationen man auf welche Weise mitteilt, oft nicht einfach zu lösen ist und dem Berater einen relativ großen Ermessensspielraum läßt. In den meisten Fällen sind es nicht die *intellektuellen Fähigkeiten,* an denen es den zu Beratenden mangelt. Eigentlich alle Sachverhalte psychologischer und somatischer Art lassen sich so formulieren, daß sie auch Nicht-Fachleuten – zumindest in ihren wichtigsten Dimensionen – verständlich werden. Dazu bedarf es jedoch der Bereitschaft und Fähigkeit des Arztes, sich von seiner Fachterminologie zu lösen und sich in einer dem Patienten entsprechenden Art zu äußern.

Dies gilt auch für Kinder, deren Aufnahmefähigkeit von Erwachsenen leicht unterschätzt wird. Bei ihnen kommt es natürlich noch mehr als bei der Beratung von Eltern darauf an, ihr „Fassungsvermögen" richtig einzuschätzen. Bei Berücksichtigung dieser Bedingungen ist jedoch eine Beratung des Kindes selber sehr wohl möglich und sollte unbedingt durchgeführt werden. Auch das Kind sollte, ebenso wie die Eltern, nach einer Untersuchung nie ohne eine Rückmeldung bleiben, und sei diese Information auch noch so rudimentär. Vor allem wenn es – auch im Hinblick auf weitere Maßnahmen – darum geht, die Eigeninitiative und die Selbstverantwortlichkeit des Kindes zu stärken, so wirkt sich ein Übergehen des Kindes bei der Beratung – zwangsläufig – kontraproduktiv aus.

Wie erwähnt, besteht das Hauptproblem bei der Beratung jedoch im allgemeinen nicht in der intellektuellen Aufnahmefähigkeit, sondern im *emotionalen Bereich.* Die Schwierigkeit liegt hier vor allem darin, daß der Berater oftmals kaum Informationen über die augenblickliche Gefühlsbefindlichkeit von Eltern und Kind besitzt und nicht weiß, was die Betroffenen bestimmten Informationen entnehmen. Abgesehen davon, daß durch die Mitteilungen des Arztes bei den Ratsuchenden Hoffnungen, Erwartungen und Ängste aktiviert oder enttäuscht werden können, muß man auch stets berücksichtigen, daß Informationen, die für Fachleute und Nicht-selbst-Betroffene „harmlos" sind, für die Betroffenen selber eine völlig andere Bedeutung besitzen können. Diese im Grunde triviale und von jedem selber leicht nachvollziehbare Tatsache gerät allerdings in der „Hektik des beruflichen Alltags" allzu leicht in Vergessenheit und führt nicht selten dazu, daß an sich gut gemeinte und sachlich richtige Informationen Ratsuchenden in einer Weise mitgeteilt werden, die sich belastend für die Betroffenen und letztlich kontraproduktiv für alle weiteren Maßnahmen auswirkt.

Probleme können sich auch dann ergeben, wenn nur ein einzelnes Beratungsgespräch stattfindet und der Arzt keine Rückmeldung darüber erhält, wie seine Beratung von Eltern und Kind aufgenommen worden ist. Das Spektrum der möglichen „Mißverständnisse" reicht von sachlich nicht richtig erfaßten Details bis zu emotional bedingter Abwehr und Verzerrung bestimmter Informationen. Da die Wirksamkeit solcher Mechanismen im Beratungsgespräch selbst in der Regel nicht oder nur in begrenztem Maße wahrnehmbar ist, empfiehlt es sich, mit Eltern und Kind bei einer 2. Konsultation noch einmal über den ganzen Sachverhalt zu sprechen und sich zu erkundigen, wie sie die Informationen empfunden haben und welche nachträglichen Fragen sich für sie noch daraus ergeben haben. Gewiß bedeutet ein solches Vorgehen einen etwas größeren Zeitaufwand. Diesen in Kauf zu nehmen, lohnt sich aber sehr angesichts der Bedeutung, welche der Beratung unter Umständen für die Einleitung von Förder- und Therapiemaßnahmen zukommt. Vielfach ist die erste Beratung ausschlaggebend für die Bereitschaft von Eltern und Kind, weitere Abklärungen vornehmen zu lassen und andere Empfehlungen zu befolgen, und der Pädiater kann bei diesbezüglichen Ängsten und Widerständen wichtige Motivationsarbeit leisten.

Ein zweites Gespräch mit Eltern und Kind enthält neben der Möglichkeit zu Rückfragen und Klärung allfälliger Mißverständnisse selbstverständlich auch die Möglichkeit, eine *sukzessive Beratung* vorzunehmen. Der Pädiater kann etwa beim ersten Mal einen eng umschriebenen Sachverhalt mitteilen, der den Eltern selber schon mehr oder weniger klar war und sich nun durch die Untersuchung bestätigt hat. In der Zeit zwischen den Konsultationen können die Betroffenen diese Informationen verarbeiten und unter Umständen die Störungsbereiche im Alltag genauer beobachten. Im zweiten Gespräch kann der Pädiater dann auf umfassendere aus der Störung sich ergebende Probleme eingehen und diese im Detail besprechen. Oder der Berater wählt die umgekehrte Strategie: Er schildert zunächst in eher allgemeiner Form die Grundlagen der festgestellten Störung und versucht bei Eltern und Kind ein erstes Verständnis für die Art der Behinderung zu wecken und kommt bei der zweiten Konsultation auf die konkreten Details der Störung.

Wichtig erscheint mir in jeder Art von Beratungsgespräch, daß es nicht nur um die Schilderung von Pathologie, „Beeinträchtigung", „Störung", „Behinderung", „Mangel" etc., geht, sondern immer auch um den Hinweis auf *kompensatorische Funktionen* und *nicht-gestörte Bereiche* der Persönlichkeit. Dies ist zwar im Grunde eine Selbstverständlichkeit und implizit Bestandteil jeder Diagnostik. In der Praxis kann es jedoch leicht dazu kommen, daß die gesunden Anteile (psychischer und somatischer Art) als „selbstverständlich" und damit als nicht mehr speziell erwähnenswert vorausgesetzt werden und lediglich die Abweichung davon, die Pathologie, hervorgehoben wird.

Dies ist jedoch eine Diagnostik und Therapie letztlich behindernde und die Sicht von Arzt und Patient verzerrende Auffassung. Gerade wenn es bei Kindern um Förderung und Rehabilitation geht, liegt es auf der Hand, daß zur Erfassung des Gesamtbildes nicht nur die beeinträchtigten, sondern immer auch die gesunden Bereiche und Funktionen gehören. Ganz besonders gilt diese Berücksichtigung der nicht-gestörten Anteile natürlich für die Beratung. Es wäre geradezu eine Grausamkeit (und entspräche ja auch in keiner Weise der Realität), wenn Eltern und Kind nach der Beratung unter dem Eindruck stünden, das Kind sei ein „Problemhaufen" oder ein „Mängelwesen", und wenn sie nichts über seine positiven, kompensatorischen Fähigkeiten erführen.

Bei der Frage, *wie* man als Berater Eltern und Kind bestimmte, sie vielleicht emotional belastende oder irritierende Sachverhalten mitteilen kann, erscheint es mir sinnvoll, die Informationen als – mehr oder weniger gesicherte – *Hypothesen* zu formulieren. Dies gilt ganz besonders für die Resultate aus den projektiven Tests, die ja, wie in Kap. 7 beschrieben, der Hypothesenfindung dienen und deren Resultate deshalb auch nur als *Anregung* für das therapeutische Gespräch oder die Eigenreflexion der Betroffenen verstanden werden dürfen. Diese Vorsicht in der Formulierung solcher Befunde ist einmal durch die Art der betreffenden Verfahren bedingt: Es sind keine „meßbaren" Daten, die mit großer Sicherheit auf ein bestimmtes Phänomen hinweisen, sondern qualitative Informationen mit Hypothesencharakter. Zum anderen ist eine vorsichtige Formulierung aber auch wegen des Inhalts der Resultate notwendig: Es sind ja zumeist keine rational erfaßbare und ohne Schwierigkeiten integrierbare „Fakten", sondern emotional bedeutsame, von vielen – auch gegensätzlichen – Gefühlen begleitete „Haltungen", Charakterzüge, Arten, die eigene Person und die Umwelt zu sehen, d.h. vielfach den Kern der Persönlichkeit betreffende Inhalte, die nicht ohne weiteres aufgegeben oder modifiziert werden können. Aus diesem Grunde sollte der Berater gerade bei solchen Informationen behutsam vorgehen und im Gespräch ebenso wie anhand mimischer und gestischer Signale der Betroffenen abzuschätzen versuchen, was und wie er es mitteilen kann. Bei sehr konflikthaften Themen wird man nicht bei ein oder zwei Beratungsgesprächen stehen bleiben können, sondern muß die Mitteilung der Befunde in einen längeren Beratungs-Therapie-*Prozeß* einbauen (zu grundsätzlichen Fragen solcher Beratungen s. Rauchfleisch, 2000b).

# Literatur

Achenbach, T.M., Edelbrock, C.S.: The classification of child psychopathology: A review and analysis of epidemiological efforts. Psychol. Bull. 85 (1978) 1275

Angermaier, M.: Psycholinguistischer Entwicklungstest. Manual. Beltz, Weinheim 1977

Antonovsky, A.: Unraveling the Mystery of Health. How People Manage Stress and Stay Well. Jossey-Bass, San Francisco 1987

Aronen, E.: Die Beständigkeit von psychischen Störungen bei Kindern im Alter von 5 – 6 Jahren bis zum Alter von 10 – 11 Jahren. Eine Longitudinaluntersuchung. Z. Kinder-Jugendpsychiat. 16 (1988) 67 – 73

Asam, U., Karrasz, W.: Kinderpsychiatrie und Psychopharmakotherapie in der Allgemeinen-, Kinder- und nervenärztlichen Praxis. Z. Kinder-Jugendpsychiat. 7 (1979) 221–231

Barcay, A., Dreman, S.B.: The natural history of childhood psychiatric disorders; differential spontaneous remission rates in a psychiatric outpatient clinic for children in Israel; a pilot study. Acta paedopsychiat. 39 (1972) 335–346

Battegay, R.: Psychoanalytische Neurosenlehre. Eine Einführung. Fischer, Frankfurt/M. 1986

Baud, U., Rauchfleisch, U.: Zur Diagnostik hirnorganischer Störungen mit Hilfe des Hamburg-Wechsler-Intelligenztests für Erwachsene. Eine Untersuchung zur differentialdiagnostischen Validität des HAWIE. Diagnostica 28 (1982) 248–262

Baumert, I.: Untersuchung zur diagnostischen Valenz des HAWIK und die Entwicklung einer Kurzform (WIPKI). Huber, Bern 1973

Baumgärtel, F.: Hamburger Erziehungsverhaltensliste für Mütter (HAMEL). Hogrefe, Göttingen 1979

Bellak, L., Bellak, S.S.: Kinder-Apperzeptions-Test (CAT). Hogrefe, Göttingen 1955

Bilsky, W., Flaig, M.: Verhaltensbeurteilung von Kindern – Reanalyse zweier Instrumente für den Einsatz in Kindergarten und Vorschule. Diagnostica 32 (1986) 129–141

Bondy, C.: Der Hamburg-Wechsler-Intelligenztest für Erwachsene (HAWIE). Huber, Bern 1956

Bondy, C., Cohen, R., Eggert, D., Lüer, G.: Testbatterie für geistig behinderte Kinder. TBGB. Manual. 3. Aufl. Beltz, Weinheim 1975

Brem-Gräser, L.: Familie in Tieren. 7. Aufl. Reinhardt, München 1995

Brickenkamp, R.: Test d2. Aufmerksamkeits-Belastungs-Test. 6. Aufl. Hogrefe, Göttingen 1978

Brown, G.W., Harris, T.O.: The Bedford College Life-Events and Difficulty Schedule: Directory of Severity for Longterm Difficulties. Bedford College, University of London, London 1979

Brown, G.W., Harris, T.O.: Life Events and Illness. Unwin Hyman, London 1989

Burgemeister, B.B., Blum, L.H., Lorge, I.: The Columbia Mental Maturity Scale. Yonkerson-Hudson 1954

Burgemeister, B.B., Blum, L.H., Lorge, I.: Columbia Mental Maturity Scale, 2. Aufl. Beltz, Weinheim 1994

Castell, R., Biener, A., Artner, K., Dilling, H.: Häufigkeit von psychischen Störungen und Verhaltensauffälligkeiten bei Kindern und ihre psychiatrische Versorgung. Z. Kinder-Jugendpsychiat. 9 (1981) 115–125

Chazan, M., Jackson, S.: Behaviour problems in the infant school, changes over two years. J. Child. Psychol. Psychiat. 15 (1974) 33–46

Cohen, S., Wills, T.A.: Stress, social support and the buffering hypothesis. Psychol. Bull. 98 (1985) 310–357

Cohn, J., Holzer, K.I.M., Severin, B., Koch, L.: Auswirkungen von Folter auf Kinder: doppelt betroffen. Soziale Medizin 15 (1988) 25–27

Corman, L.: Der Schwarzfuß-Test. Reinhardt, München 1977

Coulin, S., Heiss-Begemann, E., Köhler, G., Lajosi, F., Schamberger, R.: Münchener Funktionelle Entwicklungsdiagnostik 2. und 3. Lebensjahr. Experimentalfassung 1977. Institut für Soziale Pädiatrie und Jugendmedizin München 1977 (letzte Aufl. 1994)

Detzner, M., Schmidt, M.H.: Epidemiologische Methoden, In: H. Remschmidt, M.H. Schmidt (Hrsg.): Kinder- und Jugendpsychiatrie in Klinik und Praxis. Band I: Grundprobleme, Pathogenese, Diagnostik, Therapie. Thieme, Stuttgart 1988, 320–337

Deutscher Kinderschutzbund: Pressemitteilung. Frankfurter Rundschau 10. 1. 84

Dittmann, R.W., Hein, H., Wallis, H.: Zur Psychopharmaka-Anwendung im Säuglings-, Kleinkindes- und Vorschulalter. Mschr. Kinderheilk. 129 (1981) 349–353

Dohrenwend, B.S., Dohrenwend, B.P. (Hg.): Stressful Life Events: Their Nature and Effects. J. Wiley, New York 1974

Doll, E.A.: The Measurement of Social Competence. American Guidance Service, Minneapolis 1953

Doll-Tepper, G.M.: Children with special needs: Motodiagnostic test procedures and Kiphard's mototherapeutic approach. Adapt. Phys. Act. Quart. 6 (1989) 170–175

Dührssen, A.: Risikofaktoren für die neurotische Krankheitsentwicklung. Ein Beitrag zur psychoanalytischen Geneseforschung. Z. psychosom. Med. 30 (1984) 18–42

Düss, L.: Fabelmethode. Heft 4 der Studien zur diagnostischen Psychologie. Instit. Psycho-Hygiene Biel, 3. Aufl. 1976

Eggert, D.: HAWIVA. Hannover-Wechsler-Intelligenztest für das Vorschulalter. Huber, Bern 1978

Emert, C.: Scenotest-Handbuch. Huber, Bern 1997

Esser, G.: Über den Zusammenhang von Verhaltens- und Leistungsstörungen im Vorschulalter (und Grundschulalter). Phil. Diss. Mannheim 1980

Esser, G., Schmidt, M.H.: Epidemiologie und Verlauf kinderpsychiatrischer Störungen im Schulalter-Ergebnisse einer Längsschnittstudie. Nervenheilkunde 6 (1987a) 27–35

Esser, G., Schmidt, M.H.: Minimale Cerebrale Dysfunktion – Leerformel oder Syndrom? Enke, Stuttgart 1987b

Esser, G., Schmidt, M.H., Blanz, B., Fätkenheuer, B., Fritz, A., Koppe, T., Laucht, M., Rensch, B., Rothenberger, W.: Prävalenz und Verlauf psychischer Störungen im Kindes- und Jugendalter. Z. Kinder- u. Jugendpsychiat. 20 (1992) 232–241

Flehmig, I.: Normale Entwicklung des Säuglings und ihre Abweichungen. Früherkennung und Frühbehandlung. 3. Aufl. Thieme, Stuttgart 1987

Frankenburg, W.K., Dodds, J.B.: The Denver Developmental Screening Test. J. Pediatr. 71 (1967) 181–191

Frankenburg, W.K., Dodds, J.B.: The Denver Developmental Screening Test. Manual. Univ. of Colorado Press, Denver 1968

Frankenburg, W.K., Fandal, A.W., Kemper, M.B., Thornton, S.M.: A Practical Approach to Routine and Periodic Developmental Screening of All Children. In: S. Harel (ed.): The At Risk Infant. Excerpta Medica, Amsterdam 1980, 221–224

Frankenburg, W.K., van Doorninck, W.J., Liddell, T.N., Dick, N.P.: The Denver Prescreening Developmental Questionnaire (PDQ). Pediatrics 57 (1976) 744–753

Friedrich, G.: Empirische Befunde zur Ontogenese begrifflichen Wissens bei Vorschulkindern – eine Längsschnittstudie. Fakultät für Kultur-, Sprach- und Erziehungswissenschaften Universität Leipzig 1989

Gehring, T.M.: Der Familiensystemtest (FAST), 2. Aufl. Beltz, Göttingen 1998

Gehring, T.M., Funk, U., Schneider, M.: Der Familiensystem-Test (FAST): Eine drei-dimensionale Methode zur Analyse sozialer Beziehungsstrukturen. Prax. Kinderpsychol. Kinderpsychiat. 38 (1989) 152–164

Gehring, T.M., Marti, D.: Der Familiensystemtest: Typen familiärer Beziehungsstrukturen. Bull. Schweiz. Psychol. 11 (1990) 13–19

Geisel, B., Eisert, H.G., Schmidt, M.H., Schwarzbach, H.: Entwicklung und Erprobung eines ScreeningVerfahrens für kinderpsychiatrisch auffällige Achtjährige (SKA 8). Prax. Kinderpsychol. Kinderpsychiat. 31 (1982) 175–179

Göllnitz, G., Meyer-Probst, B.: Das leicht hirngeschädigte Kind in der aktuellen Diskussion. In: G. Göllnitz, H.-D. Rösler (Hrsg.): Psychologische Untersuchungen zur Entwicklung hirngeschädigter Kinder. VEB, Deutscher Verlag der Wissenschaften, Berlin 1975, 15–26

Goodenough, F.L.: Measurement of Intelligence by Drawings. World Book Company, New York 1926

Gutezeit, G.: Ergebnisse mit der Revision des Hamburg-Wechsler-Intelligenztests für Kinder von 1983 (HAWIK-R) bei Schülern mit schweren Lesestörungen. Z. Kinder-Jugendpsychiat. 17 (1989) 70–78

Heinemann, E., Rauchfleisch, U., Grüttner, T.: Gewalttätige Kinder. Psychoanalyse und Pädagogik in Schule, Heim und Therapie. Fischer Taschenbuch Verlag, Frankfurt/M. 1992

Hellbrügge, Th., Menara, D., Reiner-Schamberger, R., Stünkel, S.: Funktionelle Entwicklungsdiagnostik im zweiten Lebensjahr. „Fdm-Tabellen für die Praxis", No. 13/1971. Fortschr. Med. 89 (1971) 558–562

Hellbrügge, Th., Pechstein, J.: Entwicklungsphysiologische Tabellen für das Säuglingsalter. „Fdm-Tabellen für die Praxis" No. 11 und 14/1968. Fortschr. Med. 86 (1968) 481–484, 608–609

Hennicke, K.: „Kinderpsychiatrisches Klientel" und die Behandlung mit Psychopharmaka bei niedergelassenen Ärzten in einer ländlich-kleinstädtischen Region. Z. Kinder-Jugendpsychiat. 13 (1985) 342–353

Holmes, T.H., Rahe, R.H.: The social readjustment rating scale. J. psychosom. Res. 11 (1967) 213

Hornung, R.: Das psychosoziale Immunsystem. Krankheitsverhinderung und Gesundheitsförderung als Bereich angewandter Sozialpsychologie. Neue Zürcher Zeitung, Mittwoch 30.11.1988

Hünnekens, H., Kiphard, E.J.: Heilpädagogische Leibesübung als Mittel zur Verhaltensintegration bei Schwererziehbaren. Wiss. Inform. Schr. AFET, Hannover, 1 (1967) 1–16

Jäger, R.S.: Biographische Daten. In: R.S. Jäger, Petermann, F. (Hg.): Psychologische Diagnostik. 2. Aufl. Psychologie Verlags Union, Weinheim 1992, 350–362

John, R., Mednick, S., Schulsinger, F.: Teacher reports as predictor of schizophrenia and borderline schizophrenia: A Bayesian decision analysis. J. Abnorm. Psychol. 91 (1982) 399–413

Kamhi, A.G., Minor, J.S., Mauer, D.: Content analysis and intratest performance profiles on the Columbia and the TONI. J. Speach Hear. Res. 33 (1990) 375–379

Kestenberg, J.: Survivor Parents and their Children. In: M.S. Bergman, M.E. Jucovy (ed.): Generations of the Holocaust. 83–101. Basic Books, New York 1982

Kiese, C.: Zur Anwendung der Menschenzeichnung bei der Psychodiagnostik von Sprachentwicklungsstörungen. Sprache – Stimme – Gehör 4 (1980) 154–157

Kiphard, E.J.: Probleme der sensomotorischen Entwicklungsdiagnostik im Kleinkind- und Vorschulalter. In: H.-J. Müller, R. Decker, F. Schilling (Hrsg.): Motorik im Vorschulalter. Schriftenreihe des Bundesinstituts für Sportwissenschaft. Band 1. Verlag Karl Hofmann, Schorndorf 1975, 103–116

Klosinksi, G., Lempp, R., Müller-Küppers, M.: Die Bedeutung frühkindlicher Hirnschädigungen bei schulschwierigen Kindern. Prax. Kinderpsychol. Kinderpsychiat. 21 (1972) 82–86

Klosinski, G.: Das „10-Wünsche-Phantasiespiel". Gedanken und Erfahrungen zum „projektiven Fragen" am Beginn des therapeutischen Dialoges mit Kindern und Jugendlichen. Acta Paedopsychiat. 51 (1988) 164–171

Knehr, E.: Konflikt-Gestaltung im Scenotest. 2. Aufl. Reinhardt, München 1974

Kohlberg, L., LaCrosse, J., Ricks, D.: The predictability of adult mental health from childhood behavior. In: P. Wolman (ed.): Manual of Child Psychopathology. McGraw-Hill, New York 1972

Kohn, M., Rosman, B.L.: A social competence scale and a symptom checklist for the preschool child: Factor dimensions, their cross-instrument generality, and longitudinal persistence. Develop. Psych. 6 (1972) 430–444

Koop, J., Röttger, K.: Der HAWIK-R im Vergleich zu anderen Intelligenztests. Diagnostica 35 (1989) 201–210

Koppitz, E.M.: Die Menschdarstellung in Kinderzeichnungen und ihre psychologische Auswertung. Hippokrates, Stuttgart 1972

## Literatur

Kramer, H.H., Awiszus, D., Sterzel, U., van Halteren, A., Classen, R.: Development of Personality and Intelligence in Children with Congenital Heart Disease. J. Child Psychol. Psychiat. All. Discipl. 30 (1989) 299–308

Kramer, J.: Intelligenztest. Arbeiten zur Psychologie, Pädagogik und Heilpädagogik. Bd. 5. 4. Aufl. Antonius, Solothurn 1972

Kratzmeier, H.: Raven-Matrizen-Test. Standard Progressive Matrices (SPM). Beltz, Weinheim 1978

Lempp, R.: Frühkindliche Hirnschädigung und Neurose. 2. Aufl. Huber, Bern 1970

Lerner, J., Inui, T., Trupin, E., Douglas, E.: Preschool behavior can predict future psychiatric disorders. J. Amer. Acad. Child. Adolesc. Psychiat. 21 (1985) 42–48

Levine, H.: Toward a psychoanalytic understanding of children of survivors of the Holocaust. Psychoanal. Quart. 11 (1982) 70–79

Lienert, G.A.: Testaufbau und Testanalyse. 3. Aufl. Beltz, Weinheim 1969

Lockowandt, O.: Frostigs Entwicklungstest der visuellen Wahrnehmung. Manual. 8. Aufl. Beltz, Weinheim 1996

Lüer, G., Cohen, R., Nauck, W.: Eine Kurzform der Vineland Social Maturity Scale für minderbegabte Kinder. Prax. Kinderpsychol. Kinderpsychiat. 15 (1966) 101–105

Masendorf, F., Kullik, U., Heyland, H.: Zur Trainierbarkeit des abstrakten Denkens bei lernbehinderten Schülern. Vierteljahresschr. Heilpäd. Nachbargeb. 58 (1989) 145–157

Melchers, U., Preuss, U.: Kaufman Assessment Battery for Children (K-ABC), Deutsche Version (K-ABC). 3. Aufl. Swets & Zeitlinger, Frankfurt 1994

Mellsop, G.W.: Psychiatric patients seen as children and adults: childhood predictors of adult illness. J. Child Psychol. Psychiat. 13 (1972) 91–101

Munoz, L.: Exile as Bereavement. Socio-psychological Manifestations of Chilean Exiles in Great-Britain. In: Mental Health and Exile, 6–9. World Univ. Service, London

Murray, H.A.: The Thematic Apperception Test. Harvard Univ. Press, Cambridge/Mass. 1943

O'Neal, P., Robins, L.N.: The relationship of childhood behaviour problems to adult psychiatric status. Amer. J. Psychiat. 114 (1958) 961–969

Otto, G., Otto, U.: Prognosis in child psychiatry, a follow-up study of a youth clientele. Acta psychiat. scand. Suppl. 273, 1978

Preuss, U., Landsberg, W.: Geschichten Erzählen projektiv (GEp). Swets & Zeitlinger, Frankfurt 1996

Raatz, U., Möhling, R.: Frankfurter Tests für Fünfjährige – Konzentration (FTF-K). Beltz, Weinheim 1971

Rauchfleisch, U.: Zur Frage der diagnostischen Bedeutung der „Diskrepanzen" im Progressiven Matrizentest von Raven. Diagnostica 21 (1975) 107–115

Rauchfleisch, U.: Nach bestem Wissen und Gewissen. Die ethische Verantwortung in Psychologie und Psychotherapie. Vandenhoeck & Ruprecht, Göttingen 1982

Rauchfleisch, U.: Der Thematische Apperzeptionstest (TAT) in Diagnostik und Therapie. Eine psychoanalytische Interpretationsmethode. Enke, Stuttgart 1989

Rauchfleisch, U.: Mündigkeit des Klienten bei testpsychologischen Untersuchungen und in der Psychotherapie? In: R. Battegay, U. Rauchfleisch (Hrsg.): Menschliche Autonomie. Vandenhoeck & Ruprecht, Göttingen 1990

Rauchfleisch, U.: Testpsychologie. Eine Einführung in die Psychodiagnostik. 3. Aufl. UTB, Vandenhoeck & Ruprecht, Göttingen 1994

Rauchfleisch, U.: Allgegenwart von Gewalt. 2. Aufl. Vandenhoeck & Ruprecht, Göttingen 1996a

Rauchfleisch, U.: Begleitung und Therapie straffälliger Menschen. 2. Aufl. Matthias-Grünewald, Mainz 1996b

Rauchfleisch, U.: Alternative Familienformen. Eineltern, gleichgeschlechtliche Paare, Hausmänner. Vandenhoeck & Ruprecht, Göttingen 1997

Rauchfleisch, U.: Außenseiter der Gesellschaft. Psychodynamik und Möglichkeiten zur Psychotherapie Straffälliger. Vandenhoeck & Ruprecht, Göttingen 1999

Rauchfleisch, U.: Psychopathologie nach Extremtraumatisierungen (politische Verfolgung und Folter). In: H.H. Studt, Petzold, E.R. (Hrsg.): Psychotherapeutische Medizin. Psychoanalyse – Psychosomatik – Psychotherapie. Walter de Gruyter, Berlin 2000a, 76–79

Rauchfleisch, U.: Arbeit im psychosozialen Feld. Beratung, Psychotherapie, Begleitung, Seelsorge. Vandenhoeck & Ruprecht, Göttingen 2000b (im Druck)

Remschmidt, H. (Hrsg.): Kinder- und Jugendpsychiatrie. Eine praktische Einführung, Thieme, Stuttgart 1987

Remschmidt, H.: Psychiatrie der Adoleszenz. Thieme, Stuttgart 1992

Remschmidt, H., Schmidt, M. (Hrsg.): Multiaxiales Klassifikationsschema für psychiatrische Erkrankungen im Kindes- und Jugendalter nach Rutter, Schaffer und Sturge. Huber, Bern 1994

Rennen-Allhoff, B., Allhoff, P.: Entwicklungstests für das Säuglings-, Kleinkind- und Vorschulalter. Springer, Berlin 1987

Report of a WHO Expert Commitee: Child Mental Health and Psychosocial Development. Techn. Report Ser. 613. Genf 1977

Richman, N.: Is a Behavior Checklist for Preschool Children Useful? In: P.J. Graham (ed.): Epidemiological Approaches in Child Psychiatry. Academic Press, London 1977

Robins, L.: Sturdy childhood predictors of adult antisocial behavior. Psychol. Med. 8 (1979) 611–622

Rutter, M., Quinton, D.: Psychiatric Disorder – Ecological Factors and Concepts of Causation. In: M. McGurk (ed.): Ecological Factors in Human Development. North-Holland, Amsterdam 1977

Rutter, M., Tizard, J., Whitmore, K.: Education, Health and Behavior. Longman, London 1970

Rutter, M., Tizard, J., Yale, W., Graham, P., Whitmore, E.: Epidemiologie in der Kinderpsychiatrie – die Isle of Whight Studien 1964–1974. Z. Kinder-Jugendpsychiat. 5 (1977) 238–279

Schallberger, U.: Benachteiligt der HAWIK-R leistungsschwache Kinder? Diagnostica 37 (1991) 120–123

Schenck, E., Weber, D.: Diagnostische Kriterien zur Einteilung frühkindlicher Hirnschädigungen. In: H. Stutte, H. Koch, (Hrsg.): Charakteropathien nach frühkindlichen Hirnschäden. Springer, Berlin 1970, 24–27

Schloon, M., Schelhorn, B., Flehmig, I.: Die Zuverlässigkeit des Denver-Entwicklungstests. Z. Entwicklungspsychol. Päd. Psychol. 6 (1974) 39–50

Schmalohr, E., Winkelmann, W.: Normen und Kurzform des Hamburg-Wechsler-Intelligenztests für Kinder (HAWIK) für lernbehinderte Sonderschulanwärter. Heilpäd. Forsch. 3 (1971) 165–177

Schmidt, L.R., Kessler, B.H.: Anamnese. Methodische Probleme, Erhebungsstrategien und Schemata. Beltz, Weinheim 1976

Schmidt, M.H., Esser, G.: Psychologie für Kinderärzte. Enke, Stuttgart 1985

Schmidt, M.H., Göhring, J., Armbruster, F.: Einschätzung von Verhaltensauffälligkeiten im Einschulungsalter durch Screening-Fragen an die Eltern. Öff. Gesundh.-Wes. 46 (1984) 237–240

Schmidtke, A., Schaller, S., Becker, P.: Raven-Matrizen-Test. Coloured Progressive Matrices (CPM). Beltz, Weinheim 1979

Schneider, W.: Intelligenzentwicklung zwischen dem 4. und 8. Lebensjahr. In: Schneider, W., Knopf, M., Stern, E., Helmke, A., Asendorpf, J.: Die Entwicklung kognitiver, motivationaler und sozialer Kompetenzen zwischen dem 4. und 8. Lebensjahr. Max Planck Institut für Psychologische Forschung, München 1990

Schraml, W.J.: Das Psychodiagnostische Gespräch (Exploration und Anamnese). In: R. Heiss (Hrsg.): Handbuch der Psychologie. Band 6: Psychologische Diagnostik. Hogrefe, Göttingen 1964

Sehringer, W.: Der Goodenough-Test. Psychol. Forsch. 25 (1957) 155–237

Sehringer, W.: Zeichnen und Spielen als Instrumente der psychologischen Diagnostik. Schindele, Heidelberg 1983

Spreen, O.: Der Benton-Test. 7. Aufl. Huber, Bern 1996

Staabs, G. von: Der Scenotest. 8. Aufl. Huber, Bern 1992

Strassmeier, W.: Frühförderprogramme für behinderte und entwicklungsverzögerte Kinder – Evaluation eines kombinierten Diagnose/Förder-Ansatzes – Phil. Diss. München 1979

Strunk, P., Faust, V.B.: Die Bewertung hirnorganischer Befunde bei Verhaltensstörung im Kindesalter. Arch. Psychiat. Nervenkr. 210 (1967) 152–160

Tewes, U.: Hamburg-Wechsler-Intelligenztest für Kinder. Revision 1983 (HAWIK-R). 3. Aufl. Huber, Bern 1985

Tewes, U.: Hamburg-Wechsler Intelligenztest für Erwachsene Revision 1991. 2. Aufl. Huber, Bern 1994

Thomas, A., Chess, S.: Genesis and evolution of behavioral disorders: from infancy to early adult life. Amer. J. Psychiat. 141 (1984) 1–9

Tietze, W., Feldkamp, J., Gratz, D., Rossbach, H.-G., Schmied, D.: Eine Skala zur Erfassung des Sozialverhaltens von Vorschulkindern. Z. Empir. Pädagog. 5 (1981) 37–48

Titze, I., Tewes, U.: Messung der Intelligenz bei Kindern mit dem HAWIK-R. Huber, Bern 1984

Titze, I.: Über den Zusammenhang von Persönlichkeitsmerkmalen und Intelligenz bei Kindern. Z. Diff. Diagn. Psychol. 10 (1989) 91–101

Tscherner, K.W.H.: Zur Frage der Übereinstimmung der Testergebnisse von Raven und HAWIK-R. Z. Heilpäd. 41 (1990) 108–113

Tress, W.: Das Rätsel der seelischen Gesundheit. Traumatische Kindheit und früher Schutz gegen psychogene Störungen. Vandenhoeck & Ruprecht, Göttingen 1986

Tress, W.: Seelische Widerstandskraft trotz schwerer Kinderjahre. Sozialpädiatrie 9 (1987) 606–612

Udris, I.: Organisationale und personale Ressourcen der Salutogenese. Gesund bleiben trotz oder wegen Belastung? Z. ges. Hyg. Grenzgeb. 36 (1990) 453–455

Warnke, A.: Früherkennung. In: H. Remschmidt, M.H. Schmidt (Hrsg.): Kinder- und Jugendpsychiatrie in Klinik und Praxis. Band I: Grundprobleme, Pathogenese, Diagnostik, Therapie. Thieme, Stuttgart 1988, 562–582

Wechsler, D.: Die Messung der Intelligenz Erwachsener. Textband zum Hamburg-Wechsler-Intelligenztest für Erwachsene (HAWIE). 3. Aufl. Huber, Bern 1964

Wehrli, A.: Neuropsychologische Untersuchungen bei Kindern. Diss., Univ. Zürich 1980

Wettstein, P., Schalch, F.: Psycholinguistischer Entwicklungstest. Manual für die Schweiz. Dialektfassung der Untertests Wortverständnis, Sätze Ergänzen, Grammatik-Test, Wörter ergänzen. In: M. Angermaier (Hrsg.): Psycholinguistischer Entwicklungstest. Beltz, Weinheim 1977

Winkelmann, W.: Normen für den Mann-Zeichen-Test von Ziler und die Coloured Progressive Matrices von Raven für 5–7jährige Kinder. Psychol. Beitr. 14 (1972) 80–94

Ziler, H.: Der Mann-Zeichen-Test in detail-statistischer Auswertung. 10. Aufl. Aschendorffsche Verlagsbuchhandlung, Münster 1997

Zimmermann, F., Degen, W.: Erfahrungen mit dem Gemeinsamen Sceno. Prax. Kinderpsychol. Kinderpsychiat. 27 (1978) 245–253

# Sachregister

## A

Advanced Progressive Matrices 64
Aggression 3f., 48, 77–81, 83, 88f.
Anamnese 11–19, 20f., 76, 88
Anamneseschema 15–18
Angst 4, 40f., 44, 74, 76–83, 89, 91f.
Apperzeptionstest, thematischer
   s. Thematischer Apperzeptionstest
Ausländische Bevölkerung 1–4

## B

Behaviour Check List 40
Benton-Test 72f.
Beratung 8, 18f., 90–93
Bevölkerung, ausländische s. Ausländische Bevölkerung

## C

Children Apperception Test (CAT) 84f.
Coloured Progressive Matrices 49f., 64
Columbia Mental Maturity Scale (CMM) 49–52, 64

## D

Denver-Entwicklungstest (DDST) 21–24
Düss-Fabeltest 78–81, 85

## E

Einelternfamilien 14f.
Elternfragebogen zur Erfassung kinderpsychiatrisch auffälliger 8jähriger 42–45
Eltern-Kind-Beziehung 9, 12–15, 18, 74, 81f., 86–88
Entwicklungsgitter, sensomotorisches s. Sensomotorisches Entwicklungsgitter
Entwicklungsstand 16, 21, 24, 32, 65
Entwicklungsstörungen 21, 25, 40
Entwicklungstabellen 24–32
– von Strassmeier 29–32
Entwicklungsverzögerung 16, 25, 29
Enuresis 4, 40f., 78
Extremtraumatisierung 2–4

## F

Familiensystem-Test (FAST) 81f.
Fördermaßnahmen 21, 29, 90, 92
Fragebogen zur Erfassung von Verhaltensstörungen im Vorschulalter 40–42
Frankfurter Test für 5jährige – Konzentration (FTF-K) 52f.
Frostig Entwicklungstest der visuellen Wahrnehmung (FEW) 51, 70–72
Funktionen, kognitive s. Kognitive Funktionen

## G

Gedächtnisfunktionen 16, 62, 72f.
Geschichten erzählen, projektiv 84f.
Gestaltung, szenische 8, 82–84
– zeichnerische 8, 32, 38–40, 84, 86–89
– – freie 88f.

## H

Hamburger Erziehungsverhaltensliste für Mütter (HAMEL) 81
Hamburg-Wechsler Intelligenztest für Erwachsene, Revision 1991 (HAWIE-R) 55, 63
Hamburg-Wechsler-Intelligenztest für Kinder, Revision 1983 (HAWIK-R) 55, 61–63
Hannover-Wechsler-Intelligenztest für das Vorschulalter (HAWIVA) 55–59
Hirnschädigung 4f., 42f., 72f.
Homosexualität 15

## I

Inanspruchnahme von Behandlung 6f., 13

Intelligenzdefekte 4f., 21, 48–50
Intelligenzkonzept 5, 55, 61
Interview 1, 3, 15, 40, 42

## K

Kaufman Assessment Battery for Children (K-ABC) 64
Kinder-Apperzeptions-Test (CAT) 84f.
Kognitive Funktionen 30, 32, 36f.
Kramer-Test 55, 60

## L

Life Event-Forschung 12

## M

Mann-Zeichen-Test 32, 38–40, 48
Minimal Brain Dysfunction 4, 87f.
Möhring-Test 51f., 54
Motorik 9, 21, 24–32, 65, 77
Münchener Funktionelle Entwicklungsdiagnostik für das 2. und 3. Lebensjahr 65
Multiaxiales Klassifikationsschema für psychiatrische Erkrankungen im Kindes- und Jugendalter 2, 16

## N

Neurose 2–4, 11f., 18, 83
Normierung von Tests 10, 24, 40, 47, 49, 55, 62–64, 81

## O

Objektivität von Tests 9, 21

## P

Permanenz psychischer Störungen 6
Prävalenz 1–6
Progressiver Matrizentest 49f., 64
Projektion 76

# Sachregister

Psychodynamik 11, 16–19, 80–86, 89
Psycholinguistischer Entwicklungstest (PET) 51–54, 65–70

## R

Reliabilität 9, 21
Risikofaktoren 12–14

## S

Salutogenese 14
Satzergänzungstest 74–77
Schuldgefühl 77f.
Schwarzfuß-Test 84f.
Scenotest 82–84
Screening-Fragen an Eltern zur Einschätzung von Verhaltensauffälligkeiten im Einschulungsalter 42f.
Screening-Tests 12, 16, 20–54, 65, 74
– entwicklungsdiagnostische 21–40, 90
– zur Erfassung von intellektuellen Minderbegabungen 48–50
– zur Erfassung von psychiatrischen Störungen und Verhaltensauffälligkeiten 40–45
– zur Erfassung von Teilleistungsschwächen 50–54
– zur Untersuchung der sozialen Entwicklung 45–48
Sensitivität 20, 42, 45
Sensomotorisches Entwicklungsgitter 24–29
Skala zur Erfassung des Sozialverhaltens von Vorschulkindern 47f.
Social Competence Scale 47
Sozialentwicklung 2, 21f., 29–32, 40f., 45–48, 65
Spezifität 20, 42, 45
Sprachfunktionen 6, 21, 24–26, 28–30, 35f., 44f., 50, 65f.
Standard Progressive Matrices 50, 64
Status, sozioökonomischer 1, 6, 13f.
Suizid 4
Systemtheorie 6

## T

Teilleistungsschwäche 4f., 14, 21, 50–54
Testbatterie für geistig behinderte Kinder (TBGB) 46, 64
– zur Erfassung von Teilleistungsschwächen bei 4jährigen und 5jährigen 50–54
Thematischer Apperzeptionstest 84f.
Therapie 11, 13, 20, 24, 82–84, 88f., 92

## V

Validität 9, 21
Verhaltensauffälligkeiten 4, 40–45, 88, 90
Vineland Social Maturity Scale 45–47

## W

Wahrnehmungsfunktionen 16, 24–27, 29f., 36f., 43, 49, 65, 70–72, 87

## Z

10-Wünsche-Phantasiespiel 77f., 81, 86
„Zeichne Deine Familie in Tieren" 86–88

# Pädiatrie 2000/2001

## Ultraschall der Säuglingshüfte
Graf/Baumann

**Kursorientiert - didaktisch herausragend**
Vier Kurse auf einer CD-ROM:
Grund-, Aufbau-, Abschluss- und Refresherkurs!

- 3-D-Animationen und Ultraschallbilder
- über 50 animierte Videosequenzen
- zuschaltbarer Kommentar mit Tipps

CD-ROM. Win95/WinNT
2.Hj. 2001. **Ca. DM 199,-**
ISBN 3 13 125091 7

Das Buch zur Ergänzung:
**Sonographie der Säuglingshüfte und therapeutische Konsequenzen**
Graf
1999. 5. A., 272 S., 263 Abb.,
ISBN 3 13 117525 7. DM 148,-

**Unser Komplettpreis CD-ROM und Buch:**
statt DM 347,-
nur **ca. DM 299,-**
Sie sparen nahezu 50,- Mark!
ISBN 3 13 126771 2

## Atlas der Entwicklungsdiagnostik
Baumann/Niemann

**Ausgesprochen praxisnah**
- alle Vorsorgeuntersuchungen U1 bis J1
- **Checklisten** für die Untersuchung in jedem Lebensalter
- konkrete Entscheidungsgrundlagen

**Ausserordentlich hilfreich**
- zahlreiche Hinweise zur Beurteilung und Überprüfung **grenzwertiger Befunde**
- plus **viele Tipps** für die Testdurchführung bei nichtkooperativen Kindern
- Checklisten für die Dokumentation

2. Hj. 2001. **Ca. DM 199,-**
Ca. 224 S., ca. 350 Abb.
ISBN 3 13 125061 5.

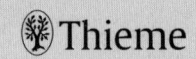

## Entwicklungsneurologie und Neuropädiatrie
Michaelis/Niemann

- Kindliche Entwicklung und Beurteilung
- Anlagestörungen und Schädigungsmöglichkeiten des Gehirns
- Zerebralparesen und Lernschwächen
- Diagnostische Strategien bei neuropädiatrischen Symptomen und Befunden

1999. 2. A., **DM 99,-**
336 S., 46 Abb., 26 Tab.,
ISBN 3 13 118532 5

## Ultraschalldiagnostik in Pädiatrie und Kinderchirurgie
Hofmann/Deeg/Hoyer

1996. 2. A.
552 S., 1.476 Abb.,
statt DM 368,- jetzt **DM 148,-**
ISBN 3 13 100952 7

**Thieme**

| Telefonbestellung: 0711/89 31-333 | Faxbestellung: 0711/89 31-133 | e-mail Bestellung: kunden.service@thieme.de | Klicken Sie sich ein: www.thieme.de |

Preisänderungen und Irrtümer vorbehalten.

# In jedem Fall kompetent:

**Klinische Pädiatrie**
Zeitschrift für Klinik und Praxis

2000

FACH ZEITSCHRIFTEN

- Ausgewählte Originalarbeiten aus allen Bereichen der Pädiatrie
- Interessante **Kasuistiken** und **Bildinterpretationen**
- Aktuelle Fortschritte in Diagnostik und Therapie
- Jährliches Schwerpunktheft: »Ergebnisse der pädiatrischen Onkologie«

**Plus**
- Buchbesprechungen
- Umfangreicher Kongresskalender

Erscheint 6mal im Jahr.
Jahresbezugspreis 2001 DM 432,– inkl. MwSt., zzgl. Versandkosten.
**Interessiert an einem Abo?**
Fax: 07 11 / 89 31-133

**Thieme**